전문 신학자들의 관심은 주로 "무엇"이다. 그들은 "진리란 무엇인가?", "예수는 누구인가?", "삼위일체란 무엇인가?"와 같은 문제에 주로 골몰한다. 그런데 일반 성도들의 주 관심사는 "어떻게"다. 무언가를 어떻게 알고 체득할 수 있는지에 집중하는 것이다. 이 책의 저자는 자신의 삶의 경험을 통해 신학자와 성도들의 관심사를 매끄럽게 연결함으로써 오늘날 그리스도인들이 성경의 진리를 체득할 수 있는 방법이 무엇인지를 설명한다. 예수의 복음을 알고 실천하기를 원하는 그리스도인이라면 이 책을 읽고 질문에 답하는 과정을 통해 복음의 내용을 이해하고 복음의 삶을 체득하기 위한 발판을 다질 수 있을 것이다.

김동수 | 평택대학교 신학과, 한국신약학회 직전 회장

이 책은 예수님을 주님이자 그리스도라고 고백하는 예수 그리스도의 제자도가 무엇을 의미하는지를 스물 네 과에 걸쳐 자세히 해설한다. 오늘날 일주일에 한 번 교회만 다니는 교인들은 일상생활의 모든 영역에서 하나님의 부왕(second king=하나님의 보좌 우편에 앉은 버금 왕)이신 예수 그리스도를 따르고 모방해야 할 필요성을 잘 느끼지 못한다. 상당수 한국교회의 구성원들은 그저 교인일 뿐 예수 그리스도의 제자가 아니다. 그들은 성령의 조명과 중생케 하시는 사역을 맛본 하나님의 자녀가 아니다. 그러나 성령의 죄 조명과 죄 사함을 맛본 후 예수님을 주님이자 그리스도로 영접하고 하나님의 자녀가 된 사람들은 정치, 경제, 문화 생활 등 모든 영역에서 예수 그리스도의 통치를 추구하고 실현하고자 분투한다. 이 책을 읽고 부담을 느끼는 독자는 아마도 성령의 중생케 하심과 조명을 받고 예수님을 주요 그리스도로 영접한 참된 하나님의 자녀일 가능성이 크다. 예수님을 따르는 일은 억압이 아니라 자유와 해방이다. 진정으로 예수님을 따를 때 우리는 돈과 소비 욕망에 중독된 이 땅의 현실을 이겨낼 수 있다. 예수 그리스도는 아파트 100채보다 더 귀한 자산이며 예수 그리스도가 알려주신 아버지 하나님은 돈에 중독된 사람들이 그토록 사모하는 건물주 아버지보다 천배 만배 존귀한 아버지시다.

김회권 | 숭실대학교 기독교학과

예수님을 믿는다는 것은 무슨 뜻인가? 뜬금없는 질문 같지만 진지한 크리스천이라면 이 질문을 마음에 담아두고 되씹어야 한다. 이 책은 스캇 맥나이트가 저술한 책들을 교과서 삼아 토론하고 소모임이 모여 함께 문제를 푸는 형식을 취하는 실용적 책이다. 스캇 맥나이트는 "예수님이 왕이시다!"가 복음의 핵심이라고 주장하는 저명한 학자다. 그의 제자이며 본서의 저자인 베키 캐슬 밀러는 복음이 무엇이고 복음적 삶이 무엇인지를 실천적으로 논의하면서 토론을 이끌어간다. 복음을 알고 읽으며 실천하고 보여주는 과정을 통해 독자들은 학습 목표와 영성 형성 목표를 일궈간다. 이 책은 개인 성경공부를 위한 경건 훈련용 교재로서뿐만 아니라 소모임 토론용 교재로 기획된 매우 실용적이고 실제적 수련집으로서 교회의 각종 성경공부 모임(남녀 전도회, 청장년부, 권사회, 집사회, 주일학교교사, 심지어 성가대!)에 적극적으로 추천한다.

류호준 | 백석대학교 신학대학원

이 책은 제자도가 예수님을 따르는 여정이라고 강조하면서 "복음이라는 플랫폼에 근거한 삶의 방식"이 무엇인지를 자세히 소개한다. 이처럼 복음의 내용을 구체화할 수 있는 방법을 안내하는 지침서를 찾기란 쉽지 않다. 그리스도인은 예수님의 선포 주제인 "하나님 나라"를 향해 걷는 순례자로서 "왕이신 예수님 따르기"의 최종 목적지를 그 하나님 나라로 삼아야 한다. 기독교는 왕이신 예수님을 따르는 사람들의 공동체로 각인될 때 비로소 생명을 살려내는 순기능을 수행할 수 있는데, 이 점은 한국교회가 성찰해야 할 교훈이다. 이 책은 평신도가 함께 읽고 토론하기에 적합하며, 사역의 새로운 지평을 열기 위해 고심하는 신학도와 목회자들의 소중한 동반자가 될 것이다.

윤철원 | 서울신학대학교 신학대학원

이 책은 스캇 맥나이트가 복음과 제자도에 관해 집필한 여러 내용을 종합하여 쉽게 설명함으로써 그리스도인들이 삶에서 복음을 실천할 수 있도록 돕는다. 말씀과 복음을 묵상하는 것도 무미건조하게 반복되다 보면 틀에 갇히기 쉽다. 이 책의 친절한 안내를 따라가다 보면 그간 교회의 전통적인 메시지와 전달 방식에 만족스러움을 느끼지 못한 많은 이들이 복음의 위대함을 새로운 방식으로 접할 수 있을 것이다.

이민규 | 한국성서대학교 성서학과

솔직히 회의적이었다. 구원이라는 개인의 참호 안에 안주하는 사람들에게 하나님 나라를 신앙 목표로 삼고 제자도의 길을 가자고 권하는 일이 얇은 책 한 권으로 가능할지 말이다. 나는 사람들이 이런 담론을 나누는 과정에서 지적 역량을 가동하지 못하고 오히려 모호함에 빠지거나 실천의 부담감으로 인해 정작 해야 할 일을 회피하는 것을 자주 봤기 때문이다.

우리는 신앙을 왜 할까? 예수님을 왕으로 따른다는 것은 무슨 의미일까? 우리는 하나님 나라가 이 땅에 도래하기를 원하고 그에 걸맞은 삶을 살기를 원할까?

의료인인 내가 신학을 공부하기로 작정하게 만든 두 가지 질문이 있었다. 첫째는 "신앙과 일치된 삶은 어떠해야 하고 그렇게 살아야 할 신학적 이유는 무엇일까?"라는 것과, 둘째는 "신학적 통찰을 누구나 쉽게 실생활에 적용할 수 있는 방법이 무엇일까?"라는 것이었다.

이 책은 (하나님 나라의) 복음을 알고, 가르치고, 실천하고, 따르는 삶의 방식이 어떠해야 하는가를 정리한다. 각 장은 하나님 나라와 제자의 삶에 관한 저자의 저서에서 발췌한 본문을 구역 공과처럼 재구성했다. 이 책을 구경꾼처럼 읽는다면 별 유익이 없을 것이다. 하지만 모든 야전 교범이 그러하듯이 적극적으로 따라 해보면서 왜 안 되는지를 고민하다 보면 전투력이 향상되고 어느덧 하나님 나라를 소망하는 제자의 삶을 따르고 있는 자신을 발견하게 될 것이다. 이 책을 함께 공부하다 보면 하나님 나라를 신앙 목표로 삼고 제자도의 길을 걷는 일이 가능할 것 같다. 이 책을 교우들과 나누고 싶다.

이철규 | 치의학박사, 신학석사, 『오늘을 그날처럼』 저자

이 책은 성경에서 말하는 복음의 참된 가치를 알기, 읽기, 실천하기, 보여주기라는 제자도의 네 가지 프레임 안에서 친절하고도 쉽게 풀이해준다. 교회 현장에서 제자도 사역을 감당하고 있는 베키 밀러는 자신의 멘토인 스캇 맥나이트의 빼어난 작품 네 권을 선별한 뒤 "복음"과 "제자도"라는 두 주제에 집중했다. 이로써 마땅히 주목받아야 할 성경의 핵심 가치가 매우 실천적 방식으로 새 옷을 입고 다시 태어났다. 이 책은 복음과 제자도의 상호관계를 성경적이면서도 실용적으로 조명함으로써 거기서 얻어진 주요 메시지를 개인적이면서도 공동체적으로 이해하고 적용하는 데 매우 효과적인 도구가 될 것이다. 따라서 복음의 의미가 교회 안으로 축소되고 점점 더 좁아지고 있는 현재 상황에서 성도들의 소모임 성경공부에 매우 적합한 저서가 될 수 있다고 본다. 교회 안에서의 임상실험을 성공적으로 끝낸 이 책이 한국의 다양한 교단과 교파에 속한 그리스도인들에게도 많은 사랑을 받았으면 좋겠다. 독자들이 이 책을 읽고 복음의 새 노래를 부르는 소망의 길로 함께 나아가면 참 좋겠다.

허주 | 아세아연합신학대학교, 한국복음주의신약학회 회장

Following King Jesus

How to know, read, live, and show the gospel

Scot Mcknight, Becky Castle Miller

Following King Jesus

왕이신 예수 따르기 프로젝트

복음을 알고, 읽고, 실천하고, 보여주는 방법

이용중 옮김

스캇 맥나이트, 베키 캐슬 밀러 지음

새물결플러스

다메섹 도상 국제 교회 성도들에게,

예수님이 사랑하신 것처럼 사랑하고
예수님이 가르치신 것을 가르치며
예수님이 순종하신 것처럼 순종하면서
왕이신 예수님을 계속해서 따르십시오.

- 베키 캐슬 밀러 -

목차

서론

베키 캐슬 밀러

그리스도인과 예수님의 제자는 무엇이 다른가?

둘 사이에 차이가 있어선 안 된다.

그러나 실제로는 종종 차이가 있다. 우리 "**그리스도**-인들"이 언제나 "그리스도인"이라는 호칭이 의미하는 그분을 따르는 것은 아니다. 나는 안다. 나는 30년 동안 스스로를 그리스도인이라고 불러왔기 때문이다. 그러나 오랫동안 내가 실천한 신앙은 예수님과 별 관계가 없었다.

나는 부모님으로부터 갈색 눈, 큰 발과 함께 기독교를 물려받았다. 나는 목사의 자녀다. 이 사실은 목사인 나의 아버지에게는 상당한 안도 감을 주었지만, 성경 이야기를 바탕으로 나를 양육하시고 내가 네 살 때 침대 머리맡에서 나와 함께 기도하며 "예수님을 내 마음속에 영접하도록 간구"하신 어머니께는 그다지 안도감을 주는 사실이 아니었다. 나는 미주리주에 있는 교회의 사택에서 살았고, 집과 교회 뒷문 사이의 짧은 길을 큰 바퀴가 달린 세발자전거를 타고 오갔다. 나는 「반짝반짝 작은 별」이라는 노래를 배우기도 전에 「사슴이 시냇물을 찾기에 갈급하듯 이」라는 찬양을 배웠다. 기독교는 내 삶의 일부가 아니었다. 기독교는 내 삶 그 자체였다. 나는 예수님에 대해 모든 것을 알고 있었지만 그분 은 "기독교"와 그에 수반되는 규칙들 아래 끔찍하리만치 묻혀 계셨다. 기독교는 내 성장 과정의 동반자로서 나를 안전하게 지켜줄 방법들을 알려주었다.

- 정확히 이런 식으로 믿어라. 그러면 너의 교리는 안전할 것이다.
  (이와 다르게 믿는 사람은 누구든 진짜 그리스도인이 아니므로 피해라.)
- 관계에 대해서는 이런 원리를 따르라. 그러면 네 마음은 안전할 것이다.
- 이런 행동들을 해라. 그러면 너의 영적인 생활은 안전할 것이다.
- 있어야 할 장소에 머물러라. 그러면 권위 있는 사람들이 너를 안전하게 지켜줄 것이다.
- 하나님이 명하신 이 모든 규칙을 지켜라. 그러면 너는 행복하고 복된 삶을 살 것이고 죽은 후에도 천국에서 안전하게 지낼 것이다.

그런데 문제가 하나 있었다. 이 규칙들이 별로 소용이 없었던 것이다. 나는 이 약속들의 잘못된 점들을 하나씩 발견하게 되었다. 이 규칙들 은 나를 상한 마음이나 학대로부터 안전하게 지켜주지 않았다. 권력을 악용하는 "그리스도인" 지도자들로부터 나를 안전하게 지켜주지도 않았다. 20대에 접어들고 내가 안전하지도 행복하지도 않다는 사실을 깨달은 순간, 나의 기독교는 무너졌다. 그 약속과 규칙을 제시했던 유명한 그리스도인 교사들 중 일부는 더 이상 신뢰할 수 없는 위선자임이 밝혀졌다.

나는 영적인 용기가 무너져 내리는 느낌을 감당할 수 없었다. 그래서 의지력과 부정이라는 고무줄로 나를 꽁꽁 묶었다. 그 방법은 대학을 졸업하고 직장을 얻고 결혼하고 아이들을 낳고 교회에서 성의 없이 봉사를 하던 몇 년 동안은 효과가 있었다. 열정이 없어서 성의가 없었던 것이 아니라, 헌신하고 싶은 마음이 반쪽밖에 안 된다는 **느낌**이 들지 않도록 나 자신을 꽁꽁 묶어놔서 성의가 없었던 것이다.

산후 우울증, 억눌린 슬픔, 정신적 외상은 그 고무줄을 끊어지기 직전까지 늘려놓았고 나는 완전히 망가졌다. 정서적 장애로 인해 매일같이 울고 있었고 정상적인 생활을 거의 할 수 없었다. 죽고 싶은 생각과 싸우면서 겨우 목숨을 부지했다. 그 원초적이고 공허한 공간에서 하나님은 성령의 거친 위로와 함께 나를 만나주셨고, 나의 생각과 마음뿐만 아니라 영혼도 변화시킨 치유의 여정을 걷게 하셨다. 나는 치료 요법과 약 복용을 통해 병을 고쳐가면서 나의 기독교를 해체하고 재구성하기 시작했다. 그런 고통스러운 과정을 통해 나는 기독교가 실제로 어떤 종교인지를 배웠다.

기독교는 내적인 믿음과 외적인 문화 종교적 관행과 관련된 것이 아니다. 기독교는 안전과 관련된 것이나 규칙과 관련된 그 어떤 것도 아니다. 기독교는 내면으로부터 예수님처럼 알고 생각하며 느끼고 행동하며 사랑하도록 변화되는 것이다. 다시 말해 그리스도인이 된다는 것은 **실제로 예수님을 따르는 것**과 관련이 있다.

　스캇 맥나이트는 그의 책 『원.라이프』(One.Life)에서 그리스도인은 어떤 사람이어야 하는가에 관해 자신의 변화된 생각을 밝혔다.

> 질문: 그리스도인은 어떤 사람인가?
> 과거의 대답: 그리스도인은 예수님을 받아들인 사람이며 그리스도인의 삶은 개인적인 경건의 실천에 집중하는 것이다.
>
> 　나는 지난 30년 동안 복음서를 연구하고 가르친 경험을 바탕으로 우리가 "그리스도인의 삶"이라고 부르는 것을 예수님께서 어떻게 이해하셨는지 간단히 설명하고 싶다. 우리가 예수님께 "그리스도인은 어떤 사람입니까?"라고 질문한다면 그분은 뭐라고 말씀하실까?…예수님은 수없이 "나를 따르라" 또는 "나의 제자가 되라"고 말씀하셨다(OL 15).

예수님은 혁신적인 분이다. 그분은 무질서한 기쁨이 체계적인 종교로 바뀌는 현장에 불쑥 나타나신다. 예수님은 이상한 분이다. 그분은 어떤 맹인의 눈에 진흙을 발라 그의 눈을 고치셨다. 예수님은 위험한 분이다. 그와 그분의 많은 제자들은 매를 맞고 죽임을 당했다. 예수님은 규칙을 통해 우리를 안전하게 지켜주시겠다고 약속하신 적이 없다. 예수님은 심지어 우리가 고난을 겪을 것이며 자기를 따르는 것은 편안한 삶을 위협하는 일이라고 경고하셨다. 예수님이 실제로 약속하신 바는 고난 가운데 우리와 **함께하시겠다**는 것이다. 그리고 나는 그 약속이 사실임을 알게 되었다.

6년 전 나는 네덜란드의 한 국제적인 교회로부터 가족과 함께 이주하여 그곳을 섬겨달라는 청빙을 받았다. 전 세계에서 온 제자들과 함께 성장하면서 나는 예수님을 따르는 일이 70억 가지로 다르게 보일 수 있다는 점을 배웠다. 당신은 인도 사람으로서 예수님을 따를 수 있다. 영국, 나이지리아, 또는 중국 사람으로서 예수님을 따를 수 있다. 당신은 천주교인이거나 성공회 신자거나 개신교인이거나 정교회 신자거나 오순절 교인일 수도 있다. 나는 우리 교회에서 그 모든 사람들을 다 보았다. 어떤 스타일로 예수님을 따르든 규칙은 오직 두 가지다. 하나님을 사랑하고 다른 사람들을 사랑하는 것이다. 우리는 교회에서 다른 사람들과 함께 있음으로써 그 규칙을 삶으로 실천하는 법을 가장 잘 배울 수 있다.

몇 년 전 우리 교회 목사님은 "예수님처럼 살아보기"라는 과제를 수행하게 하셨다. 우리는 매달 예수님의 생애를 기록한 복음서 중 한 권을 읽으면서 1년 동안 사복음서를 세 번 통독했다. 그토록 많은 시간을 예수님의 생애에 푹 빠져 지내다 보니 나의 삶이 바뀌었다. 그 시간을 통해 나는 성장하면서 경험한 기독교가 예수님 위에 겹겹이 쌓아놓은 문화와 전통과 **규칙**의 껍질들을 계속해서 벗겨낼 수 있었고, 예수님의 실제 가르침과 행동을 중심으로 삼은 채 나의 신앙생활의 방향을 설정하는 법을 배웠다.

성경 공부 모임을 통해 우리 교회의 영성 형성에 영향을 끼치고자 노력하는 도중에 우리 교회 성도들과 나의 제자도 과정에 각각 존재하는 간극을 발견했다. 나는 제자도에 관한 책을 읽고 연구하면서 성도들이 예수님의 제자로서 성장하는 것을 돕기 위한 다양한 접근 방식들을 시도했다. 이 국제적인 교제 속에서 예수님을 따르는 이들이 다시 제자가 되는 과정을 지켜보면서 나는 결국 제자도란 그리고 기독교란 왕이신 예수님을 따르는 것이라는 하나의 교훈으로 요약됨을 알게 되었다.

나는 지난 2년간 노던 신학교에서 스캇과 함께 공부하면서 학구적인 신학자로 성장했지만, 그보다 더 중요한 것은 내가 예수님의 제자로 성장했다는 점이다. 스캇은 예수님을 따른다. 이 점은 스캇의 학문, 사역, 관계, 일상생활이 그분의 인도하심을 받는 방식을 통해 분명히 드러난다. 나의 회심 이야기는 여러 가지 면에서 스캇의 이야기와 비슷하다. (독자들은 "복음으로 살기"라는 장의 서론에서 그의 이야기를 접할 수 있다.) 우리는 둘 다 교회에서 자랐고 율법주의의 무게에 짓눌려 발버둥 친 적이 있으며 예수님의 제자가 되면서 자유를 발견했다. 나는 그리스도의 제자가 되지 않고도 기독교라는 종교의 신봉자가 될 수 있다는 생각을 다시는 하고 싶지 않다.

나의 다섯 아이들 중 두 명은 내 갈색 눈을 물려받았고 큰 아이의 발은 벌써 내 발보다 크다(그리고 내 신발을 훔쳐 신는다). 나는 온갖 복잡함과 단순함이 함께 있는 예수님을 아이들에게도 물려주고 싶다. 어제 나는 네 살짜리 딸과 함께 걸었다. 우리가 커다란 십자가 앞을 지나가고 있을 때 딸이 예수님과 하나님에 대해 이야기하기 시작했다. 내가 삼위일체 신학을 설명하려고 하자 딸은 내 말을 가로막으며 이렇게 말했다. "난 예수님을 정말로 **보고** 싶어."

순간 나는 목이 메었다. "엄마도 그렇단다." 나도 어서 빨리 예수님의 얼굴을 대면하여 보고 싶다.

나는 당신이 예수님을 이해하고 그분을 닮아가는 여정에서 어디쯤 도달해 있는지 알지 못한다. 당신은 예수님을 믿고 따르는 일을 완전히 낯설게 느낄 수도 있다. 아니면 오랫동안 그리스도인으로 살아왔지만 예수님의 방식으로 다시 제자가 되어 그분을 따라 더 나은 삶을 살기를 원할 수도 있다. 당신의 출발점이 어디든 우리는 당신에게 앞으로 24주에 걸쳐 함께 왕이신 예수님을 따르는 것이 무슨 의미인지에 대해 더 많은 것을 배우고, 배운 내용을 행동으로 옮기길 권한다.

왕이신 예수 따르기 프로젝트

- - - - - - - - - - - - - - - - - - - -

이 책은 예수님을 따르는 삶을 사는 데 핵심적인 네 가지 개념을 다룬다. 각 주제는 스캇의 책들에서 뽑아낸 것으로서 다음과 같은 순서로 되어 있다.

- 복음 알기(『예수 왕의 복음』, 약어: KJG)

- 복음 읽기(『파란 앵무새』 제2판, 약어: BP)

- 복음으로 살기(『원.라이프』, 약어: OL)

- 복음 보여주기(『다른 사람들과의 교제』, 약어: FOD)

각 장은 여섯 개의 과로 구성되어 있으며 각 과는 **개인 성경공부**와 **소모임 토론**으로 나누어진다. 여러분은 매주 스캇의 책에서 발췌한 글을 읽게 된다(이 책에서 사용할 각 책의 약어는 1부에서는 KJG, 2부에서는 BP, 3부에서는 OL, 4부에서는 FOD다). 이어서 성경 본문을 읽고 성경공부, 기도,

활동과 관련된 질문에 답하고 글쓰기를 통해 묵상을 한다. 소모임 토론에서는 회원들과 함께 배운 것을 토론하고 생각을 나눈 후 서로를 위해 기도한다. 마지막으로는 안식할 시간을 갖는다.

이 책의 몇 가지 측면에 대한 추가적인 정보는 다음과 같다.

■ 예수 신경

누군가 예수님께 가장 큰 계명이 무엇이냐고 질문하자 그분은 하나님을 사랑하는 것이 가장 큰 계명이며 다른 사람들을 사랑하는 것이 두 번째로 큰 계명이라고 말씀하셨다. 스캇은 이 진술을 "예수 신경"이라고 부른다. 그는 2004년에 이 단어를 제목으로 하는 책을 썼고 이것은 그의 블로그 이름이기도 하다. 스캇은 예수 신경에 대해 다음과 같이 말한다.

> 나는 매일 예수 신경을 암송하면서 하루를 시작하고 끝내는 버릇을 들이기 시작했다. 또한 생각날 때마다 (때때로 그랬듯이) 심지어 하루에 50번 생각이 나더라도 매번 암송하기로 나 자신과 약속했다. 그러자 나는 더 많이 사랑해야 할 필요가 있음을 인식하게 되었다. 장담하건대 이 예수 신경은 당신의 도덕적 건강에 치명적이다. 왜냐하면 우리의 태도와 행동에 의문을 제기하기 때문이다.
>
> 만일 당신이 예수님의 제자가 되고 싶다면 매일 예수 신경을 암송하면서 하루의 시작과 끝을 맞이하고 생각날 때마다 그렇게 해보라.…그렇게 한 후 당신의 삶에 무슨 일이 일어나는지 지켜보라(OL 53).

스캇은 학생들과 함께 예수 신경을 암송하면서 강의를 시작한다. "이스라엘아, 들으라. 주 곧 우리 하나님은 유일한 주시라. 네 마음을 다하고 목숨을 다하고 뜻을 다하고 힘을 다하여 주 너의 하나님을 사랑하라 하신 것이요. 둘째는 이것이니 네 이웃을 네 자신과 같이 사랑하라 하신 것이라. 이보다 더 큰 계명이 없느니라." 이처럼 예수님이 알려주신 우선순위를 반복해 암송함으로써 그것을 우리 자신의 우선순위로 삼고자 노력한다. 당신은 소모임 시간마다 예수 신경을 큰 소리로 암송하게 될 것이다. 처음에는 약간 바보같이 느껴져도 계속해서 암송하라. 나와 많은 학생들이 경험했던 것처럼 어느 순간부터는 예수 신경을 암송해야 비로소 수업이 시작되었다는 느낌을 받을 것이다. 이 말씀이 당신의 마음과 영혼과 생각과 몸 안에 깊이 스며들기를 기원한다.

■ 기도

예수님은 다음과 같은 모범적인 기도를 제시하심으로써 제자들에게 기도하는 법을 가르치셨다.

하늘에 계신 우리 아버지여, 이름이 거룩히 여김을 받으시오며 나라가 임하시오며 뜻이 하늘에서 이루어진 것 같이 땅에서도 이루어지이다. 오늘 우리에게 일용할 양식을 주시옵고 우리가 우리에게 죄 지은 자를 사하여 준 것 같이 우리 죄를 사하여 주시옵고 우리를 시험에 들게 하지 마시옵고 다만 악에서[1] 구하시옵소서. 나라와 권세와 영광이 아버지께 영원히 있사옵나이다. 아멘(마 6:9-13).

예수님처럼 기도하는 것은 우리의 삶을 그분의 삶처럼 변화시킬 수 있는 한 가지 방법이다. 당신은 이 책을 읽으면서 흔히 주기도문 또는 "우리 아버지"라고 불리는 이 기도로 기도 시간을 마무리하게 될 것이다.

■ 묵상

당신의 생각과 개념을 글로 적으면서 정리하다 보면 당신이 어떤 주제에 대해 어떻게 생각하는지를 알 수 있다. 이 책의 각 과는 당신이 배운 것을 분명하게 정리하는 데 도움이 될 글쓰기를 위한 조언을 제시한다. 또한 당신의 성장과 진보를 보여주는 데 유용한 도구를 제공해준다. 이책을 공부하는 24주 동안 당신의 생각이 점점 발전하기를 바란다. 그리고 예수님이 당신의 생각과 마음에 어떻게 영향을 끼치시는지를 발견하기를 원한다.

---

1   또는 **악한 자**에게서.

■ 소모임

당신이 교회에서 이 공부를 하고 있다면 이미 도우미, 대표 및 기타 구성원들이 있는 소모임에 소속되어 있을 것이다. 혼자서 또는 친구들과 함께 공부하고 있다면 소모임을 계획해보라. 모임 인원은 몇 명으로 하겠는가? 두 명에서 네 명, 심지어 여덟 명에서 열두 명까지 함께 만날 수도 있지만 아마도 여섯 명이 적절한 숫자일 것이다. 인원이 이보다 적으면 심도 있는 토론이 가능하지만 매주 일관성 있게 모일 수 있는 인원을 확보하기가 어렵다. 인원이 이보다 많으면 더 활발한 토론을 할 수 있지만 모임 시간이 길어질 가능성이 높다. 누가 대화를 이끌어갈지, 누가 모임을 대표할지, 언제 모일지를 결정하라. 책의 말미에 소모임을 인도하는 요령을 정리한 부록이 있다. (중요: 모임 전에 소모임 토론 가이드를 통독하라. 어떤 주에는 선택할 수 있는 활동이 있거나 미리 준비해야 할 물품들이 있다.)

■ 안식

영혼과 정신과 몸을 위한 전인적 건강을 추구하려면 안식이 필요하다. 각 과는 제자도에 안식을 포함하는 데 도움이 될 다양한 활동이나 접근법으로 마무리된다.

1장

복음 알기

"우리 목사님은 복음을 자주 전하지 않아요." 우리 교회의 열성적인 한 자매가 이렇게 말했다.

나는 머그잔을 앞에 놓고 그분을 넌지시 바라보며 말했다. "목사님은 한 해 내내 복음서를 설교하시면서 우리한테 예수님을 닮으라고 권면하셨잖아요."

"하지만 목사님은 성도들한테 어떻게 하면 구원받는지를 말해주지 않으시잖아요."

나는 그분이 무슨 말을 하고 있는지 깨달았다. "목사님이 **영접 기도**(altar call)를 자주 안 하신다는 말이죠?"

"네. 목사님은 복음을 전하지 않아요."

나는 웃는 모습을 보이지 않으려고 잔을 들어 커피를 들이켰다. 몇 년 전이었다면 나도 그분과 똑같은 말을 했을 것이다.

나는 교회에서 주일마다 함께 따라 말하는 표어를 떠올렸다. **"교회인 우리는 예수님의 제자들로서 예수님이 사랑하신 것처럼 사랑하고 예수님이 가르치신 것을 가르치며 예수님이 순종하신 것처럼 순종하겠습니다."** 나는 이보다 더 복음 중심적인 교회에 다녀본 적이 없다. 이 교회는 나를 변화시켰다.

나는 말했다. "제 생각에 매트 목사님은 일시적인 결정을 내리도록 감정적으로 호소하기보다는 사람들이 예수님을 따르는 데 드는 대가를 생각해보고 장기적으로 그들이 제자가 되도록 돕는 일에 더 초점을 맞추고 계신 것 같은데요."

"복음"은 일종의 영접 기도인가? 복음은 사람들에게 "구원받기" 위해 기도하는 법을 말해주는가? 복음은 사람들에게 개인적인 용서를 베풀고 천국행 기차표를 나눠줌으로써 개인의 죄를 해결해주는 설득력 있는 권유인가? 내가 교회에서 성장하면서 기독교 신앙에 대해 배우고 있었을 때라면 이 질문에 아마 그렇다고 대답했을 것이다. 나는 "복음"이란 질병과 같은 죄에 대한 치료법으로서의 예수님이라는 메시지를 의미한다고 생각했다. 또한 "전도"란 사람들에게 그 메시지를 전하고 기독교로 개종하도록 설득하는 것이라고 여겼다.

나는 "닥터 후"(Doctor Who)라는 영국 텔레비전 드라마의 열혈 시청자다. 주인공인 의사는 갈리프레이 행성에서 벗어나 "타디스"(T. A.R.D.I.S.)라고 불리는 우주선을 타고 시공간을 가로질러 여행하는 외계인이다. 그가 타고 다니는 우주선은 바깥에서 보면 1960년대의 경찰 비상전화 부스처럼 생겼고 크기와 모양은 영국의 빨간 공중전화 부스와 비슷한데 색깔은 푸른색이다. 이 사람은 때때로 인간 동료와 함께 여행하는데, 새로운 동료 한 명이 우주선의 문을 간신히 열고 (작은 외관에 비해 너무나) 거대한 조종실을 발견하는 것이 이 프로그램의 러닝 개그(running gag, 영화의 희극적 요소나 동작이 한 작품에서 반복해서 나오는 것—역주)다. 우주선의 복도는 미로처럼 얽힌 통로와 수영장을 포함한 여러 방으로 이어진다. 인간들은 거의 언제나 "안이 훨씬 크네!"라는 말로 놀라움을 표현한다! (어떤 사람들은 "밖이 훨씬 작네!"라고 말하기도 한다.)

신학 연구와 더불어 예수의 제자로 성장하는 일에 한층 더 진지해질수록 나는 마치 복음의 문을 연 뒤 그 아름다움에 놀라 앞으로 탐험해야 할 끝없는 공간에 압도되어 숨이 막힐 것 같은 기분을 느낀다. "안에서 보니 훨씬 더 크구나!" 나는 "복음"이 단 한 번의 결정으로 이어지는 짧고 개인주의적인 메시지보다 포괄적이며 모든 것을 아우르고 있음을 배우고 있다. 복음은 하나님과 그분의 백성에 대한 이야기 전체이자 최초의 창조부터 새 창조까지 이어지며 예수님의 성육신과 그분의 생애, 사역, 가르침, 죽음, 부활, 승천을 중심축으로 삼는 이야기다. 복음은 우주 전체를 다시 만드는 하나님의 사역의 일부가 되라는 초대와 같다.

곳곳에서 발견되는 "복음"과 "개인적 구원의 결단" 간의 융합은 복음을 제한한다. 그것은 예수님이 가르치신 복음의 요점에서 벗어나 있다. 예수님은 갈릴리 전역과 자신이 방문한 모든 도시와 마을에서 하나님 나라에 대한 좋은 소식을 선포하셨다. 그 좋은 소식은 곧 하나님 나라의 소식이며 하나님 나라 소식은 좋은 소식이다. 하나님 나라와 무관한 복음은 없으며 왕이신 주님과 무관한 복음은 없다.

"복음 전파"나 "복음화"가 단순히 개인적 구원에 대한 일련의 믿음에 말로 단 한 번 동의할 것을 요구하는 일이라면 나는 더 이상 그런 일에 관심이 없다. 나는 그런 메시지로 인해 하나님 나라의 백성으로나 왕이신 예수님의 제자로 살지 않는 사람들이 교회를 가득 메우는 모습을 보았다. 그러나 복음 전파가 하나님의 현재와 미래의 나라로 모여든 그분의 백성의 왕이 되시는 예수님의 이야기를 들려주는 것이라면, 나는 기쁘게 복음을 선포하고 예수님이 가르치신 것을 전하고 있다.

> 오늘날의 전도는 대부분 누군가로 하여금 **결단**을 내리게 하는 일에 사로잡혀 있다. 그러나 사도들은 **제자**를 만드는 일에 사로잡혀 있었다. 그 결단과 제자라는 두 세계가 이 책 전체에 배경으로 깔려 있다. 결단에 초점을 맞춘 전도는⋯복음의 계획을 방해하는 반면, 제자를 목표로 삼는 전도는 예수와 사도들의 복음 전체를 전하기 위해 기꺼이 속도를 늦춘다(KJG 18).
>
> 나는 우리가 개인적 구원에 대해 믿는 내용이 **복음**이라는 단어를 강탈해 갔고 복음 자체마저도 "결단"을 내리는 일을 촉진하도록 재구성되었다고 믿는다. 이런 강탈의 결과로 우리가 사는 세상에서 "복음"은 예수님이나 제자들에게 원래 의미했던 바를 뜻하지 않게 되었다(KJG 26).

이번 장에서는 복음에 대한 성경적 이해가 오늘날 갖는 의미를 되찾기 위해 예수님과 바울과 베드로에게 "복음"의 의미가 무엇이었는지를 살펴볼 것이다.

시작하기 전에 한 가지 중요한 점을 짚고 넘어가자. **복음서**는 신약의 처음 네 권의 책인 마태복음, 마가복음, 누가복음, 요한복음으로서 사도들의 비망록이나 예수님의 전기로 간주할 수 있는 그분의 생애와 가르침에 대한 글로 된 기록을 뜻한다. **복음**은 하나님으로부터 나온 좋은 소식에 관한 메시지다. 앞으로 여러 과에 걸쳐서 그 메시지가 정확히 무엇을 포함하고 있는지를 배우게 될 것이다. 또한 복음서와 복음이 상호 작용하는 여러 방식에 대해서도 다룰 것이다.

1과
복음이란 무엇인가?

- **학습 목표:** 제자들은 복음에 대한 짧고 분명한 정의를 배울 것이다. 그것은 바로 **이스라엘의 이야기에 대한 완결로서의 예수님에 대한 이야기**다.
- **영적 성장 목표:** 제자들은 이 책이 제시하는 제자도에 대한 접근 방식을 경험하고 예수님의 제자로 성장하기 위한 방법으로서 읽기, 성경공부, 짧은 글쓰기, 기도, 소모임, 안식을 실천할 것이다.

〈개인 성경공부〉

■ 읽기

제자 훈련 시간을 시작하면서 예수 신경을 소리 내어 읽는다.

이스라엘아, 들으라. 주 곧 우리 하나님은 유일한 주시라. 네 마음을 다하고 목숨을 다하고 뜻을 다하고 힘을 다하여 주 너의 하나님을 사랑하라 하신 것이요. 둘째는 이것이니 네 이웃을 네 자신과 같이 사랑하라 하신 것이라. 이보다 더 큰 계명이 없느니라.

1. "복음"이란 무엇인가? 이 단어를 한 번도 들어보지 못한 사람에게 복음이 무엇인지를 어떻게 한두 문장으로 설명하겠는가?

복음이란 무엇인가?

　당신은 놀랄지도 모른다. 당신이 **이해하고** 있다고 생각하는 **복음**이라는 단어는 고대 세계에서 (결혼식처럼) 무언가에 대한 좋은 소식을 알리는 것을 가리키는 데 사용되었고, 오늘날에는 기독교의 메시지를 뜻하는 말로 사용되고 있다. 당신은 이 단어 주변에 안개 같은 것이 전혀 없다고 생각할 수도 있다. 세상 모든 것—정치나 종말론, 속죄론, 빈곤—은 열띤 논쟁을 불러일으키는 반면 복음은 단순한 것이라고 생각할지도 모른다. 이런 쟁점에 관한 논의도 필요하지만, 우리는 사실 복음의 문제가 해결되기 전에는 결코 그런 문제들을 기독교적인 방식으로 논쟁할 수 없다. 나는 우리가 복음을 잘못 이해하고 있거나, 현재 우리의 이해는 예수님과 사도들의 복음을 희미하게 반영할 뿐이라고 생각한다. 본래의 복음을 되찾기 위해 우리는 성경으로 돌아가야 한다(KJG 23-24).

나는 최근에 에릭 목사님과 이메일을 통해 복음의 의미에 관한 이야기를 나누면서 신약의 복음서들은 각기 복음 그 자체라고 말했다. 에릭 목사님은 내 말에 그다지 수긍하지 않았다.

…그는 내게 이렇게 말했다. "복음은 우리의 죄, 우리의 구주이신 예수님, 우리가 그분을 우리 마음속에 받아들임으로써 그분을 믿어야 할 필요성에 관한 겁니다."

나는 다시 강하게 말했다. "예수님이 이런 복음을 전하셨나요?"

그의 대답은 나를 깜짝 놀라게 했다. "아니요. 예수님은 이런 복음을 전하시지 않았습니다." 내가 다시 말을 꺼내기도 전에 그는 또 다른 이메일을 보냈다. "복음은 주님이신 예수님이나 그분의 제자가 되는 것이나 사회적 정의와 세상을 바꾸기 위한 하나님 나라의 비전에 관한 것이 아닙니다. 복음은 다음 세 가지에 관한 것입니다. 즉 당신이 죄인임을 인정하고, 예수님을 십자가에 달리신 구주로 이해하며, 의식적으로 그분을 구주로 받아들임으로써 그 사실을 믿는 겁니다.…복음은 은혜에 관한 것이므로 하나님 나라, 회개, 예수님을 따르는 일을 요구하는 사람은 누구든 행위의 영역 속에 매몰되는 겁니다."

에릭 목사님은 모든 사람들이 이해할 수 있을 만한 복음을 전파하고자 노력했고 그 결과 사람들을 그리스도께로 인도하는 일에 크게 성공했지만, 그리스도는 "받아들여도" 그분께 "순종"하지는 않는 많은 사람들과 종종 다투었다(그는 훗날 전화상으로 내게 그 사실을 인정했다). 그런 다툼은 부분적으로 그가 전하는 "구원의 문화"를 만드는 복음으로 인해 생겨난다.

우리는 이 책에서 사도들의 복음은 "복음의 문화"를 만드는 복음이지 "구원의 문화"를 만드는 복음이 아니기 때문에 이런 다툼이 없었다고 주장할 것이다. 이런 다툼은 우리 자신이 만들어낸 것이다. 이런 식의 말장난은 얼마든 가능하지만, 그런 종류의 "구원의 문화"를 만들어내는 복음은 언제나 제자도와 관련하여 문제를 일으킬 것이다.

…단순히 구원의 문화가 아닌 **복음**의 문화를 창조해낸 예수님의 복음과 사도들의 복음은 "안"으로 들어오기 원하는 사람들에게 제자가 되도록 요구할 수 있는 권능, 역량, 조건을 지닌 복음이었다(KJG 32-33).

복음이란

이스라엘 이야기는 성경 이야기가 어떻게 전개되는지를 보여주는 큰 줄거리다. 하나님은 그분의 성전인 천지를 창조하시고, 신적인 형상을 지닌 존재로서의 아담과 하와를 (에덴이라고 불리는) 하나님의 동산인 성전에 배치하셔서 그들로 하여금 하나님을 대표하고 대신하여 다스리며 하나님, 자아, 타인, 세상과 구속적인 방식으로 관계를 맺도록 하셨다. 아담과 하와가 하나님의 선한 명령을 어기고 반역했을 때 하나님을 대표하고 그분의 동산을 관리하는 이 일은 근본적으로 왜곡되었다. 하나님은 그들을 에덴에서 추방하셨다. 이를 숙고하지 않은 채 예수님과 신약으로 넘어가서는 이스라엘 이야기인 성경을 이해한다고 말할 수 없다. 성경은 페이지마다 또 다른 길을 택한다.…

하나님은 한 사람 아브라함을 택하셨고 그를 통해 한 백성을 택하셨으며, 그 후에는 교회를 택하셔서 이 세상에서 하나님을 대신하는 제사장과 통치자가 되게 하셨다. 아담은 동산에서 하나님을 대신하여 이 세상을 구속적으로 다스려야 했으며, 이 일은 하나님이 이스라엘에게 주시는 사명이다. 이스라엘은 아담처럼 실패했고 이스라엘의 왕들도 마찬가지였다. 그래서 하나님은 자기 아들을 보내셔서 아담과 이스라엘과 왕들이 하지 않은(그리고 명백히 할 수 없었던) 일을 하게 하시고 모든 사람을 그들의 죄와 구조악 및 사탄(대적)으로부터 구원하게 하셨다. 따라서 그 아들은 메시아와 주님으로서 다스리시는 분이다.

이 점을 명심하라. 하나님은 그 아들을 보내심으로써 예수님을 왕이신 메시아로 세우셨고 예수 그리스도 안에서 하나님 나라를 세우셨다. 이는 그 왕이 그의 나라를 다스리고 있음을 의미한다. 우리는 이 점을 이렇게 말할 필요가 있다. 왕과 왕국의 개념은 첫 창조와 연결되어 있고, 하나님은 자신의 형상인 아담과 하와가 이 세상에서 다스리기를 원하셨다. 하지만 그들은 실패했고 하나님은 아들을 보내어 세상을 다스리게 하셨다. 그 아들은 교회의 왕이자 메시아로서 교회에게 사명을 주셨는데, 그것은 바로 참된 왕이신 예수 그리스도를 통해 이루어진 세상의 구속을 증언하고 하나님의 백성으로서 하나님 나라를 구현하는 일이다.

예수님 이야기는 이스라엘 이야기를 그 목표점 곧 그 이야기가 성취되고 완성되며 해결되는 과정으로 인도한다(KJG 35-36).

예수님 이야기는 그분이 품은 하나님 나라의 비전과 관련이 있고 이 비전은 창조 이야기, 이스라엘을 향한 하나님의 계획을 실천하려 애쓰는 이스라엘의 이야기에서 나온다.…(KJG 37).

[복음은] 예수님 이야기로서, 이스라엘 이야기가 해결되는 방식이다(KJG 44).

1. 읽기 전 질문에 대한 당신의 대답을 되돌아보고 이전에 복음을 어떻게 정의했는지 살펴보라. 읽기 자료를 다 읽은 지금, 당신은 복음을 어떻게 다르게 정의하겠는가?

2. 읽기 자료를 토대로 복음이 아닌 것이 무엇인지를 어떻게 요약하겠는가?

3. 당신의 생각과 경험을 고려해볼 때 복음이 아닌 것에 덧붙일 것이 있는가?

4. 읽기 자료에 제시된 것처럼 이스라엘 이야기를 두세 문장으로 축약해보라.

■ 성경공부

예수의 사명 선언문(눅 4장)

누가는 예수님이 세례를 받고 광야에서 준비 기간을 거친 뒤 공생애를 시작하신 이야기를 들려준다. 예수님은 고향의 회당에 나타나셔서 성경 두루마리를 펴고 예언자 이사야의 글을 읽으셨다. 이 일은 곧 시작하실 사역에 대한 "사명 선언문"을 예수님 자신이 발표하신 것으로 간주된다.

누가복음 4:14-21을 읽는다.

1. 예수님의 가족과 친구들이 그분의 말씀을 듣고 이런 선언을 하시는 모습을 지켜보는 장면을 상상해보자. 그들은 어떤 감정을 느꼈을까?

2. 예수님은 가족과 친구들 앞에 서서 자신의 정체와 소명과 사역을 선포하시면서 어떤 감정을 느끼셨을까?

3. 예수님은 그들이 말씀을 들을 때 이 예언이 성취되고 있다고 하시면서 자신이 곧 이사야가 예언한 이 일들을 하고 있는 사람임을 암시하셨다. 성경은 어떤 일들을 예언했는가? 여기에 열거해보라.

4. 당신이 예수님에 대해 알고 있는 것에 따르면 방금 열거한 성경의 예언 중 어떤 일을 예수님께서 성취하셨는가? 성경공부에 더 많은 시간을 투자하기 원한다면 복음서를 펴고 예수님께서 이런 일들을 행하신 대목들을 찾아보라.

5. 제자의 목표는 자신의 스승처럼 되는 것이다. 우리가 예수님의 제자라면 어떤 종류의 행동이 우리의 삶을 규정해야 하는가?

■ 기도

우리가 예수님처럼 기도할 때 그 기도는 우리도 그분과 같은 모습이 되게 함으로써 우리를 변화시킨다. 주기도문을 큰 소리로 여러 번 읽어보면서 매번 서로 다른 단어와 문장을 강조해보라. 당신은 예수님이 친히 보여주신 기도의 모범을 통해 그분에 대해 무엇을 배웠는가?

하늘에 계신 우리 아버지여, 이름이 거룩히 여김을 받으시오며 나라가 임하시오며 뜻이 하늘에서 이루어진 것 같이 땅에서도 이루어지이다. 오늘 우리에게 일용할 양식을 주시옵고 우리가 우리에게 죄 지은 자를 사하여 준 것 같이 우리 죄를 사하여 주시옵고 우리를 시험에 들게 하지 마시옵고 다만 악에서 구하시옵소서. 나라와 권세와 영광이 아버지께 영원히 있사옵나이다. 아멘.

■ 활동

누가복음 4장에 나오는 "사명 선언문"과 예수님의 사역 전체를 보면, 그분은 가난한 사람들, 옥에 갇힌 사람들, 눈이 안 보이거나 다른 육체적 질병으로 고생하는 사람들, 억눌린 사람들에게 초점을 맞추셨음을 알 수 있다.

- 이런 범주에 속하는 사람 중 당신이 직간접적으로 알고 있는 사람들을 생각해 보라. 그들의 이름이나 그들이 속한 집단을 여기에 써보라.

가난한 이들:

옥에 갇힌 이들:

눈멀고 병든 이들:

억눌린 이들:

- 예수님은 이런 사람/집단들을 어떻게 보실까? 그들을 위해 무슨 일을 하실까?

■ 묵상

- 이 공부를 통해 당신이 배우고자 하는 것을 적어봄으로써 글쓰기를 시작해보자. 당신은 왜 이 일을 하고 있는가? 왕이신 예수님을 따르는 일에 대해 어떤 의문이 있는가? 이 공부를 하면서 당신은 무엇을 얻고 싶은가? 타이머가 10분 뒤에 울리도록 맞춰놓은 다음에 논리나 문법 따위는 신경 쓰지 말고 글을 써보라.

〈소모임 토론〉

소모임을 시작하면서 예수 신경을 함께 소리 내어 읽는다.

> 이스라엘아, 들으라. 주 곧 우리 하나님은 유일한 주시라. 네 마음을 다하고 목숨을 다하고 뜻을 다하고 힘을 다하여 주 너의 하나님을 사랑하라 하신 것이요. 둘째는 이것이니 네 이웃을 네 자신과 같이 사랑하라 하신 것이라. 이보다 더 큰 계명이 없느니라.

다음 질문들은 당신이 앞서 마무리한 개인 성경공부에 바탕을 두고 있다. 소모임에서 토론할 수 있는 시간이 얼마나 되는지 살펴보고 가능한 한 많은 질문에 함께 대답해보자.

■ 도입

이번 시간은 아마도 소모임 전체가 처음 만나는 자리일 것이므로, 시작하면서 서로를 알아가는 시간을 가져보자. 각자 자기를 소개하고 자신의 삶에 대해 간단히 이야기한 후 왕이신 예수님을 따르는 길에서 자신이 어디쯤 있다고 생각하는지에 대해 대화를 나누라. 당신은 자신이 그리스도인이라고 생각하는가? 아니면 당신은 단지 예수님에 대해 더 많은 것을 알고 싶을 뿐인가? 여러분의 영적인 여정에 대해 이야기를 나눠보자.

만일 소모임에 도우미가 없다면 모임을 도와줄 한 사람을 뽑으라. 아니면 도울 의사가 있는 사람들이 돌아가면서 매주 정해진 순서대로 질문을 읽고 대화를 이끌어갈 수도 있다. 또한 소모임 실행 계획을 논의하라. 어디서 언제 모일 것인가? 모임 시간은 얼마나 잡을 것인가? 식사나 간식을 함께 할 것인가? 비밀 유지에 대해 각자 기대하는 바를 논의해보라. 여러분은 이 모임에서 공유하는 개인적인 정보가 밖으로 새어나가지 않고 구성원들 사이에서만 공유되기를 원하는가?

■ 읽기

• 당신은 읽기 자료를 읽기 전에 복음을 어떻게 정의했는가?

• 당신은 읽기 자료를 읽은 후에 복음을 어떻게 정의했는가?

• 당신은 에릭 목사님이 이야기한 것처럼 복음을 설명하는 목사의 설교를 들은 적이 있는가? 언제 들어보았는가? 그때 당신은 어떤 생각을 했으며, 지금은 그런 설명에 대해 어떻게 생각하는가?

• 당신이 읽기 자료에서 동의한 내용은 무엇인가?

• 당신이 읽기 자료에서 동의하지 않은 내용은 무엇인가?

■ 성경 공부

• 이 회당 장면에서 예수님과 그분의 가족과 친구들이 느낀 감정을 상상하려 할 때 머릿속에 어떤 생각들이 떠올랐는가?

• 누가복음 4장을 예수님의 사역에 대한 사명 선언문으로 간주하는 것에 대해 어떻게 생각하는가? 당신은 그것이 정확한 관점이라고 생각하는가? 그에 대한 이유를 설명해보라.

• 이 본문은 예수님의 우선순위에 대해 당신에게 무엇을 알려주는가?

■ 기도

• 당신은 주기도문으로 정기적인 기도를 올리는 기독교 전통 속에서 성장했는가? 만일 그렇다면 이와 관련하여 당신이 경험한 것은 무엇인가?

• 이처럼 성경에 기록된 기도로 기도하는 일에 대해 어떻게 생각하는가?

• 강조하는 부분을 바꿔가며 이 기도를 큰소리로 읽을 때 무엇을 배웠거나 발견했는가?

• 그렇게 할 때 기도하는 것처럼 느껴졌는가, 아니면 무엇을 읽는 것처럼 느껴졌는가?

■ 활동

• 누가복음 4장에서 예수님이 말씀하신 범주에 포함되는 사람들이나 집단을 열거했는가? 만일 당신이 특정한 사람들을 떠올렸는데 자신들이 알려지는 상황을 좋아하지 않을 것이라는 생각이 든다면 당신의 마음속에만 간직해두어도 좋다.

• 당신이 열거한 사람들에 대해 예수님은 어떤 말씀이나 행동을 하셨을 것이라고 생각하는가?

• 당신이 열거한 사람들에게 당신은 어떤 말을 했는가?

■ 묵상

돌아가면서 이 공부에 대해 가진 목표를 말해보자. (자기소개 시간에 이미 다루었다면 이 부분은 그냥 넘어가도 좋다.) 당신은 개인 성경공부와 소모임 토론을 통해 각각 무엇을 얻고 싶은가?

■ 소모임 기도

기도 모임에 관한 경험이 있다면 짧게 말해보자. 당신은 큰 소리로 기도하는 것이 편안한가? 다른 사람들이 당신을 위해 기도하는 것이 신경 쓰이는가? 다른 사람과 손을 잡거나 누군가가 당신의 어깨나 팔에 손을 없어도 아무 문제가 없는가?

하나님께서 이 공부를 통해 당신을 인도하시고 가르침을 주시도록 간구하며 첫 번째 시간을 마무리하는 기도를 드리자.

소모임을 마치면서 주기도문으로 함께 기도하라.

하늘에 계신 우리 아버지여, 이름이 거룩히 여김을 받으시오며 나라가 임하시오며 뜻이 하늘에서 이루어진 것 같이 땅에서도 이루어지이다. 오늘 우리에게 일용할 양식을 주시옵고 우리가 우리에게 죄지은 자를 사하여 준 것 같이 우리 죄를 사하여 주시옵고 우리를 시험에 들게 하지 마시옵고 다만 악에서 구하시옵소서. 나라와 권세와 영광이 아버지께 영원히 있사옵나이다. 아멘(마 6:9-13).

■ **안식**

1과 공부가 끝나면 하루 동안 쉬면서 좋아하는 일을 하라.

2과
바울의 사도적 복음

- **학습 목표**: 제자들은 **사도들로부터 전해져 내려온 최초의 복음 메시지**를 배울 것이다.
- **영적 성장 목표**: 제자들은 사도적 전승에 따라 복음에 대한 견해를 형성하며 그 메시지를 다른 이들에게 전하기 시작할 것이다.

〈개인 성경공부〉

■ 읽기 1부

제자 훈련 시간을 시작하면서 예수 신경을 소리 내어 읽는다.

이스라엘아, 들으라. 주 곧 우리 하나님은 유일한 주시라. 네 마음을 다하고 목숨을 다하고 뜻을 다하고 힘을 다하여 주 너의 하나님을 사랑하라 하신 것이요. 둘째는 이것이니 네 이웃을 네 자신과 같이 사랑하라 하신 것이라. 이보다 더 큰 계명이 없느니라.

가장 좋은 출발점은 **신약성경 전체에서 누군가가 실제로 복음이라는 단어의 정의에 가까이 다가가는 어떤 대목**을 주목하는 것이다. 고린도전서 15장이 바로 그 지점이다.

많은 학자들은 이 본문이 신약성경 전체에서 "가장 오래된" 일련의 구절에 속한다고 생각한다. 이것이 바로 복음에 대한 이 독보적인 정의가 지닌 큰 이점 중 하나다. 학자들은 이 본문이 신약의 모든 사도들이 전해 받고 전해주었던 복음에 대한 구전이라고 생각한다. 고린도전서 15장은 교회의 초창기에 관한 비밀을 밝혀주며, 모든 사람들이 무엇을 믿고 무엇을 선포했는지를 우리에게 말해준다. 이 본문은 **사도적 복음의 전통**이다. 따라서…

신약성경이 존재하기 전에……

사도들이 편지를 쓰기 시작하기 전에……

복음서가 기록되기 전에……

복음이 있었다.

맨 처음에 복음이 있었다.

그 복음이 바로 고린도전서 15장에 담겨 있다(KJG 46).

이어질 내용과 관련해서 바울의 말을 A, B, C 세 부분으로 나눠 살펴보는 편이 유익할 것이다. A는 서론이고 B는 복음을 정의한다. 그러나 많은 사람들이 십여 구절에 이르는 삽입구가 지나고 그 뒤를 잇는 15:20-28에서도 바울의 "복음 진술"이 계속된다고 생각하기 때문에 나는 [그 구절들]도 C에 포함할 것이다.…이곳이 바로 바울이 시작한 곳이며, 우리가 시작할 곳이기도 하다(KJG 47).

■ 성경공부

이 성경 본문은 읽기 자료에서 스캇이 강조하는 요점의 핵심적인 부분이므로 여기서 잠시 시간을 들여 해당 본문을 공부할 필요가 있다. 이 과의 읽기 2부에서는 성경공부 항목에 대해 자세히 설명할 것이다.

바울의 복음(고전 15장)

> 사도 바울의 "복음"에 대한 이런 정의를 출발 지점으로 삼으면, 우리는 "복음"에 대한 정의를 발견하고 아울러 신약과 교회사의 나머지 부분을 헤쳐나갈 방법을 보여줄 지도도 갖게 될 것이다! 우리는 이 지점에서 시작함으로써 복음의 문화를 창조하기 위한 첫걸음을 내딛게 된다.

고린도전서 15:1-2을 읽는다.

1. 처음 두 구절의 본문을 옮겨 적어보자. 성경 필사는 손과 눈과 생각을 동시에 천천히 사용하면서 본문의 단어를 하나하나 고찰하는 좋은 방법이 될 수 있다.

2. 고린도 교회 신자들은 바울이 전하는 복음을 듣고 무슨 일을 했는가?

3. 바울은 이 구절들에서 "복음"과 "구원"을 어떻게 연결시켰는가?

고린도전서 15:3-5을 읽는다.

1. 본문을 옮겨 적어보자.

2. 바울이 고린도 교회 신자들에게 전해준 네 가지는 무엇이며, 그중 가장 중요한 것으로 간주한 것은 무엇인가?

3. 바울이 이 본문에서 두 번 사용한 표현은 무엇인가?

고린도전서 15:20-28을 읽는다.

1. 바울은 이 구절에서 하나님 나라에 대해 무엇을 말하는가?

2. 누가 다스릴 것인가?

3. 이 구절은 예수님의 승리에 대해 무엇을 말해주는가? 진멸되어야 할 마지막 원수는 누구인가?

참된 사도적 복음, 바울이 받아서 전한 복음, 고린도 교인들이 전해 받은 복음은 예수님의 생애 가운데 일어난 다음 사건과 관계가 있다.

그리스도께서 죽으신 사건,

그리스도께서 장사되신 사건,

그리스도께서 부활하신 사건,

그리스도께서 나타나신 사건.

복음은 예수 그리스도의 생애 가운데 일어난 결정적인 사건에 대한 이야기다. 최초의 복음은 구원의 문화를 뒷받침한다고 여겨지는 "사영리" 대신 예수 그리스도의 생애에서 일어난 네 가지 "사건" 또는 "장"(chapter)과 관련이 있었다.

어쩌면 우리는 가장 기초적인 사실을 상기해야 할 필요가 있을지도 모른다. 사도들의 시대에 유대인들 사이에서 복음이라는 말은 무언가 좋은 소식을 **알리거나 선포한다**는 의미로 사용되었다. "유앙겔리온"(euangelion)이라는 단어는 언제나 좋은 소식을 뜻한다. "복음을 전한다"는 말은 무언가를 알리고, 선포하고, 선언하는 것을 뜻한다. 이를 종합해보면 복음이란 예수 그리스도의 생애 가운데 일어난 핵심적인 사건에 관한 좋은 소식을 알리는 것이다. 바울이 생각하기에 복음을 전한다는 것은 곧 하나님의 구원 소식인 예수 그리스도의 이야기를 말하고, 알리고, 선언하고, 크게 외치는 일과 같았다.

…여기서 사용된 중요한 단어는 "성경대로"다. 사도적 복음이란 "성경대로 말하는 예수님 이야기"다.

…예수 그리스도의 이야기는 한 민족, 한 역사, 한 성경에 자리잡고 있으며, 이 이야기는 이스라엘 이야기를 뒤따르고 완성하는 이야기로 보아야 바

르게 이해할 수 있다(KJG 49-50).

　　바울 복음의 핵심에는 한 사람이 있으며, 이 사람을 바울 복음의 핵심에
두기 전까지는 그의 복음, 아니 사도들의 복음을 정확히 이해할 수 없다. 예
수 그리스도의 복음 이야기는 메시아로서의 예수님, 주님으로서의 예수님,
구원자로서의 예수님, 아들로서의 예수님에 관한 이야기다. 우리는 "그리스
도"가 히브리어 단어 메시아를 그리스어로 옮긴 것이라는 사실을 종종 잊어
버린다. 메시아라는 말은 "기름 부음을 입은 왕", "주", "통치자"를 뜻한다. 주
는 말 그대로 "주 하나님"이라는 뜻이고 여기서 **아들**이라는 말은 시편 2편
에 나오는 이스라엘의 기름 부음을 받은 왕을 의미한다. 그러므로 복음의
강조점은 예수님이 만유보다 높으신 주님이라는 데 있다.

　　그러나 예수님은 전투의 결과로서의 왕이시다. 단락 C에 따르면 예수님
이야기에는 "모든 통치와 모든 권세와 능력"에 대한 그분의 의기양양한 승
리가 포함된다. 이 승리는 훨씬 더 깊고 넓다. 즉 메시아이시며 주님이시고
아들이신 예수님은 "죽음"까지도 정복하실 것이다. 따라서 고린도전서 15장
을 읽는 사람은 누구든 즉각적으로 이 이야기의 중심이신 예수님께 생각을
고정하게 된다(KJG 55).

　　우리는 하나님이 이스라엘과 예수 그리스도를 통해 이 세상 속에서 행하
시는 일에 관한 이야기를 **나와 나 자신의 개인적 구원**에 대한 이야기로 바
꾸고 싶은 유혹을 받는다. 다시 말해 [구원] 계획은 하나님과 그분의 메시
아, 그분의 백성에 관한 이야기를 하나님과 나라는 한 사람에 관한 이야기
로 축소시킬 수 있으며, 그러는 사이에 이 이야기의 주제가 그리스도와 공
동체에서 개인의 구원으로 바뀐다. 우리에게는 그리스도와 공동체가 분리

되지 않은 개인의 구원이 필요하다.

…복음의 문화는 이스라엘 이야기와 예수 그리스도 이야기, 즉 창조에서 최종적 성취로 나아가는 이야기, 단지 성금요일의 이야기만이 아니라 예수님 이야기 전체를 들려주는 이야기, 개인적 구원뿐만 아니라 "만유의 주로서 만유 안에" 계실 하나님에 관한 이야기에 의해 만들어진 문화다(KJG 62).

읽은 내용을 되돌아보는 질문

1. 당신은 복음서가 기록되기 전 복음에 대한 구전이 사도들을 통해 전달되었다는 개념에 대해 어떻게 생각하는가? 우리가 현재 사용하는 성경에서는 복음서가 바울 서신들보다 앞에 배치되어 있지만, 그 서신들이 아마도 먼저 기록되었을 것이다. 이런 주장을 들어본 적이 있는가? 아니면 처음 들어보는 이야기인가?

2. 방금 읽은 내용에 따르면 바울에게 "복음을 전한다"는 말은 무엇을 의미했는가?

3. 이야기의 중심을 당신의 개인적인 구원 대신 예수님께 두게 되면 복음에 대한 당신의 관점이 어떻게 바뀌는가?

■ 기도

예수님 이야기를 매우 좋은 소식을 알리는 것으로 여기고 기도하면서 바울과 나머지 사도들이 우리에게 좋은 소식을 전해준 것에 대해 하나님께 감사하라. 이 이야기와 좋은 소식을 기록한 구약성경과 신약성경을 주신 하나님께 감사하라.

주기도문으로 기도를 마치라.

> 하늘에 계신 우리 아버지여, 이름이 거룩히 여김을 받으시오며 나라가 임하시오며 뜻이 하늘에서 이루어진 것 같이 땅에서도 이루어지이다. 오늘 우리에게 일용할 양식을 주시옵고 우리가 우리에게 죄 지은 자를 사하여 준 것 같이 우리 죄를 사하여 주시옵고 우리를 시험에 들게 하지 마시옵고 다만 악에서 구하시옵소서. 나라와 권세와 영광이 아버지께 영원히 있사옵나이다. 아멘(마 6:9-13).

■ 활동

예수님 시대의 통치자들인 헤롯 대왕, 헤롯 안티파스, 로마 황제 티베리우스의 이미지를 인터넷에서 검색해보자. 그림에서 표현된 그들의 겉모습(옷, 자세, 머리, 왕관, 보석)에는 각기 어떤 차이가 있는가? 왕이신 예수님에 대한 다양한 표현은 지상의 왕이나 통치자에 대한 표현과 어떻게 대비되는가?

• 당신은 왕에 대해 어떻게 생각하는가? 이 단어를 들으면 어떤 생각이나 이미지가 떠오르는가? 당신은 왕을 어떻게 묘사하겠는가? 왕이신 예수님이라는 개념은 당신에게 어떤 영향을 끼치는가? 당신은 그 개념을 긍정적으로 보는가, 아니면 부정적으로 보는가? 당신의 생각을 써보라.

〈소모임 토론〉

소모임을 시작하면서 예수 신경을 함께 소리 내어 읽는다.

> 이스라엘아, 들으라. 주 곧 우리 하나님은 유일한 주시라. 네 마음을 다하고 목숨을 다하고 뜻을 다하고 힘을 다하여 주 너의 하나님을 사랑하라 하신 것이요. 둘째는 이것이니 네 이웃을 네 자신과 같이 사랑하라 하신 것이라. 이보다 더 큰 계명이 없느니라.

다음 질문들은 당신이 앞서 마무리한 개인 성경공부에 바탕을 두고 있다. 소모임에서 토론할 수 있는 시간이 얼마나 되는지 살펴보고 가능한 한 많은 질문에 함께 대답해보자.

■ 읽기와 성경 공부

• 당신이 지금까지 살면서 받은 복음은 무엇인가?

• 당신은 다른 이들에게 무엇을 전해주었는가?

• 만일 당신이 고린도의 그리스도인이고 바울의 편지가 당신이 들어본 유일한 복
  음이라면, 이 사실이 예수님에 대한 당신의 관점에 어떤 영향을 미치겠는가?

• "복음"을 설명하는 성경 구절 하나를 인용해달라는 부탁을 받으면 요한복음
  3:16을 언급하는 그리스도인들이 많다. 소모임 회원 중 이 구절을 외우고 있는
  사람이 있다면 암송하게 해보라. 외우는 사람이 없다면 성경에서 그 구절을 찾아
  함께 소리 내어 읽어보라. 요한복음 3:16은 복음과 구원에 대해 어떤 관점을 제
  시하는가?

• 고린도전서 15장은 복음과 구원에 대해 어떤 관점을 제시하는가?

• 요한복음과 고린도전서의 이 구절은 서로 어떻게 다른가?

■ 기도

사람들은 대체로 기도가 하나님께 무언가를 요구하는 일이라고 생각한다. 이번 주에 기도하면서 하나님께 **감사**를 드린 일이 기도에 대한 당신의 관점을 어떻게 바꾸었는가?

■ 활동

소그룹 회원 중에 군주제가 있는 나라를 방문하거나 그 나라에서 살아본 사람이 있는가? 그 경험은 왕권에 대한 그 사람의 관점에 어떤 영향을 끼쳤는가?

　　네덜란드 국왕 빌럼 알렉산더르의 취임식(2013년)이나 스페인 국왕 펠리페 6세의 취임 선서(2014년), 또는 통가 국왕 투포우 6세의 대관식(2015년)과 같이 새 왕을 환영하는 의식을 보여주는 비디오를 검색해보고, 함께 모여 그 영상의 일부를 시청하라.

　　이제 소모임의 한 회원에게 요한계시록 19:11-16을 찾아서 큰 소리로 읽게 하라. 요한은 하나님 나라의 미래에 대한 환상을 보는 가운데 이 말씀을 듣게 된다. 지상에서 거행되는 왕의 의식은 왕이신 예수님의 통치에 대한 이미지와 어떻게 비교/대비되는가?

■ 묵상

이번 주 묵상 글쓰기를 하면서 당신이 왕들에 대해 가진 기존 생각들이 예수님을 왕으로 보는 관점에 미친 영향에 대해 알게 된 내용은 무엇인가?

■ 소모임 기도

각자 이번 주에 감사했던 일을 말해보고, 한 사람이 소모임에서 나눈 감사의 내용을 반영하여 마무리 기도를 드리자.

소모임을 마치면서 주기도문으로 함께 기도하라.

하늘에 계신 우리 아버지여, 이름이 거룩히 여김을 받으시오며 나라가 임하시오며 뜻이 하늘에서 이루어진 것 같이 땅에서도 이루어지이다. 오늘 우리에게 일용할 양식을 주시옵고 우리가 우리에게 죄지은 자를 사하여 준 것 같이 우리 죄를 사하여 주시옵고 우리를 시험에 들게 하지 마시옵고 다만 악에서 구하시옵소서. 나라와 권세와 영광이 아버지께 영원히 있사옵나이다. 아멘(마 6:9-13).

■ 안식

당신은 쉬면서 영화 보는 것을 좋아하는가? 우리는 때로 직접적인 가르침보다 흥미로운 이야기를 통해 많은 것을 배운다. 그런 이야기들은 우리 마음의 벽을 낮추고 이해한 내용을 더 잘 받아들이게 하거나 상황을 새로운 방식으로 보도록 돕는다. 공부를 마치고 쉬면서 왕에 대한 영화를 본 후 예수님의 왕권에 관해 어떤 새로운 생각이 떠오르는지 살펴보자.

　　　　　　　　1장 • 복음 알기

- **학습 목표**: 제자들은 예수님께서 자신이 곧 좋은 소식이라고 전하심으로써 복음을 전파하셨다는 사실을 배울 것이다.
- **영적 성장 목표**: 제자들은 복음에 대한 생각의 초점을 자신의 죄와 용서가 아닌 좋은 소식이신 예수님 자신이라는 훨씬 더 큰 그림에 맞출 것이다.

〈개인 성경공부〉

■ 읽기

제자 훈련 시간을 시작하면서 예수 신경을 소리 내어 읽는다.

이스라엘아, 들으라. 주 곧 우리 하나님은 유일한 주시라. 네 마음을 다하고 목숨을 다하고 뜻을 다하고 힘을 다하여 주 너의 하나님을 사랑하라 하신 것이요. 둘째는 이것이니 네 이웃을 네 자신과 같이 사랑하라 하신 것이라. 이보다 더 큰 계명이 없느니라.

우리의 질문은 이것이다. "예수님은 복음을 선포하셨는가?" 하지만 이 질문은 (이런 개념들이 아무리 참되고 중요하다고 할지라도) "예수님은 개인적 구원을 선포하셨는가?" 혹은 "믿음에 의한 칭의를 선포하셨는가?"라는 뜻이 아니다. 우리는 다른 차원에서 접근해야 한다. 만약 복음이 이스라엘 이야기를 완성하는 예수님의 구원 이야기라면, 최초의 질문은 다음과 같이 더 분명하게 표현된다. **"예수님은 자신이 곧 이스라엘 이야기의 완성이라고 선포하셨는가?"**

만약 그러셨다면, 그분이 구원의 계획을 선포하셨든 그렇지 않든 그분은 사도적 복음을 선포하신 것이다. 그러므로 복음의 질문은 다음과 같다.… **"예수님은 자신을 이스라엘 이야기의 완성이자 구원 이야기라고 선포하셨는가?"**…

이 새로운 질문은 논의의 초점 전체를 **우리가 경험하는 구원의 유익**에서 **자기 자신이 곧 좋은 소식인 분**에게로 이동시킨다(KFG, 108).

이것은 아마도 우리가 이미 들었기 때문에 가장 덜 흥미롭고 놓치기 쉬운 점일 것이다. 첫째, **예수님은 하나님 나라가 역사 안으로 파고들어 오고 있다고 믿으셨다.** 복음서의 두 본문은 이 점을 분명하게 밝히고 있다. 마가복음은 예수님이 선포하신 메시지를 이렇게 요약한다. "때가 찼고 하나님의 나라가 **가까이 왔으니**"(막 1:15).…두 번째 본문은 그보다 훨씬 더 가까이 있는 무언가가 너무나 가까운 나머지 "그것이 여기에 있다!"고 말하게 만든다. 마태복음 12:28에서 예수님은 이렇게 말씀하신다. "그러나 내가 하나님의 성령을 힘입어 귀신을 쫓아내는 것이면 하나님의 나라가 **이미 너희에게 임하였느니라**"(KJG 112).

둘째, 예수님은 **이 땅에 임할 새로운 사회**를 선포하신다. 오랫동안 기다려온 하나님 나라의 사회는 급진적인 변화로 특징지어질 것이며, 하나님이 곧 하시려는 일에 대한 비전을 표현한다. 예수님은 누가복음 4:18-19에서 이사야 61장 첫머리에 등장하는 고난받는 종의 노래를 인용하시면서 그 말씀을 자신에게 적용하신다.…예수님은 이사야 시대의 포로들을 위한 메시지이자 "고난받는 종"으로 구체화된 말씀을 가져와 자기 자신에게, 그리고 그분이 보기에 "포로"인 사람들 곧 가난한 자, 갇힌 자, 눈먼 자, 억눌린 자에게 적용하신다. 이 모든 것은 성령의 능력으로 가능하다.

셋째, 예수님은 **새로운 시민권**을 선포하신다.…예수님께서 자신의 유명한 설교를 통해 하신 말씀이 충격적이고 놀라운 이유는, 모든 "잘못된" 사람들이 "안"에 있고 모든 "바른" 사람들이 "밖"에 있기 때문이다. 우리는 여기서 하나님 나라의 시민이 급진적으로 뒤바뀌는 것을 발견한다. 누가복음 6:20-26이 드러내는 것은 분명하며 이것을 이해하기 위해서는 별다른 주석이 필요하지 않다(KJG 112-13).

넷째, 복음서의 말씀은 예수님이 선포하시는 나라가 **하나님** 나라라는 점을 명확히 밝힌다. 이 나라는 유대의 통치자 헤롯 안티파스와 로마의 통치자 티베리우스의 나라와 대조를 이룬다. 우리는 여기서 예수님의 급진적인 부르심을 본다. 예수님은 모든 사람을 **하나님, 이스라엘의 하나님, 야웨, 창조주이자 언약의 주**께 복종하라고 부르신다. 예수님의 비전과 사명의 핵심을 표현하는 주기도문은 첫머리부터 바로 이 주제를 다룬다.

하늘에 계신 우리 아버지여,

이름이 거룩히 여김을 받으시오며

나라가 임하시오며

뜻이 하늘에서 이루어진 것 같이

땅에서도 이루어지이다(마 6:9-10).

다섯째, 이제 우리는 복음전도의 핵심으로 나아간다. 학자들과 설교자들은 이상한 이유를 들어 바로 이 문제를 지나쳐버리곤 했다. 예수님은 **자신이 하나님 나라의 중심에 있다고** 선언하신다.…누가복음 7:22-23(KJG 114).

…예수님은 하나님 나라가 자신, 자신의 사명 및 가르침과 연결되어 있다고 믿으셨을 뿐만 아니라 **하나님 나라가 자신을 통해 지금 역사 안으로 파고들어 오고 있다**고 믿으셨다(KJG 116).

예수님은 자신을 어떤 분이라고 생각하셨는가? 앞서 인용한 누가복음 7장 본문을 근거로 하나님 나라를 임하게 하시는 분, 이사야의 예언을 성취하시는 분이라고 말할 수도 있다. 또는 베드로의 신앙고백을 인용해서 예수님을 메시아로 간주할 수도 있고, 오늘날 성경을 읽는 사람들이 거의 눈여겨보지 않는 몇몇 본문을 통해 새로운 답변을 시도해볼 수도 있다.…예수님은 **자신이 이스라엘에 대한 하나님의 계획의 중심임을 선포하는** 데 전적으로 몰두하셨다.…

예수님은 복음을 선포하셨는가? 그렇다. 그분은 복음을 선포하셨다. 복음은 이스라엘 이야기를 성취하는 예수님의 구원 이야기이며, 예수님은 분명히 자신이 이스라엘을 위한 하나님의 구원 계획의 중심에 서 있다고 보셨다…복음서는 처음부터 끝까지 예수님 이야기가 무대 중앙을 차지한다. 복음서는 복음이며, 예수님은 복음을 선포하셨다.…예수님은 예수님을 선포하셨고, 바울도 베드로도 예수님을 선포했다. 예수님을 선포하는 것은 곧 복음을 선포하는 것이다.…예수님께 응답하는 것은 곧 복음에 응답하는 것이었고 복음에 응답하는 것은 곧 예수님께 응답하는 것이었다(KJG 127-28).

읽은 내용을 되돌아보는 질문

1. 읽은 내용에 따르면 예수님이 믿고 선포하신 다섯 가지 내용은 무엇인가?

   첫째:

   둘째:

   셋째:

   넷째:

   다섯째:

2. 예수님은 자기 자신에 대해 어떻게 생각하셨는가? 자신을 누구라고
   생각하셨는가?

3. 예수님은 복음을 전파하셨는가? 어떻게, 왜 전파하셨는가?

■ 성경공부

예수님을 통한 하나님의 사역에 대한 기대(시 72편; 눅 1, 7장)

우리는 읽기 자료를 통해 예수님께서 자기 자신에 대해 어떻게 생각하
고 말씀하셨는지를 살펴보았다. 이제 다른 사람들이 예수님에 대해 어
떻게 생각하고 말했는지를 살펴볼 것이다. 이번 성경공부는 앞의 같은
항목에 비해 읽을 내용이 많으므로 시간을 충분히 확보하라. 모든 내용
은 마지막에 하나로 합쳐진다.

시편 72:1-7을 읽는다.

1. 예수님 시대의 유대인들이 왕을 위한 시적 기도인 이 시편을 통해 어
   떻게 장차 오실 메시아 왕에 대한 기대를 형성했을 것이라고 생각하
   는가?

누가복음 1:46-55을 읽는다.

예수님을 잉태한 마리아는 세례 요한을 임신 중인 친척 엘리사벳의 집을 방문한다. 누가가 기록한 이 노래에는 하나님이 자신의 아이를 통해 하고 계신 일을 고백하는 마리아의 믿음이 드러난다.

1. 마리아의 말에서 특징적으로 나타나는 감정은 무엇인가?

2. 이런 개인적인 상황들은 그녀가 하나님이 하시는 일에 초점을 두고 소망을 품게 되는 데 어떤 영향을 주었을까?

누가복음 1:67-69을 읽는다.

사가랴는 엘리사벳의 남편이자 세례 요한의 아버지다. 사가랴는 예수님의 사촌인 요한이 태어난 뒤에 예수님과 요한에 대한 예언을 한다.

1. 사가랴는 제사장이었다. 그가 하나님이 하시는 일에 중점을 둔 소망을 가지게 되는 과정에서 그의 직업이 어떤 영향을 주었다고 생각하는가?

2. 사가랴는 하나님이 예수님을 통해 무슨 일을 하고 계신다고 생각했는가? 그는 하나님이 요한을 통해 무슨 일을 하고 계신다고 생각했는가?

누가복음 7:18-23을 읽는다.

이제 요한과 예수님은 장성하여 각자의 사역을 하고 있다. 여기서 당신은 요한의 제자들과 예수님이 나눈 대화를 읽게 된다.

1. 예수님이 요한의 제자들에게 하신 말씀과 누가복음 4장에서 나사렛 사람들에게 자신의 사역을 선포하시는 말씀을 비교해보라. 두 본문 사이에는 어떤 관계가 있는가?

2. 이번 주 성경공부에 나온 모든 구절을 다시 한번 살펴보고 반복되는 단어와 주제의 목록을 만들어보라.

■ 기도

시편 72편, 마리아의 노래, 사가랴의 노래와 같은 형식으로 시적인 기도를 써보자. 하나님이 당신의 삶과 문화와 시간 속에서 행하실 일에 대해 당신은 어떤 구체적인 소망을 갖고 있는가? 당신은 하나님이 이미 행하신 일, 행하고 계신 일, 앞으로 행하실 일에 대해 어떻게 그분을 찬양할 수 있는가? 만일 당신이 음악가라면 그 찬양에 곡을 붙여보자.

주기도문으로 기도를 마치라.

하늘에 계신 우리 아버지여, 이름이 거룩히 여김을 받으시오며 나라가 임하시오며 뜻이 하늘에서 이루어진 것 같이 땅에서도 이루어지이다. 오늘 우리에게 일용할 양식을 주시옵고 우리가 우리에게 죄 지은 자를 사하여 준 것 같이 우리 죄를 사하여 주시옵고 우리를 시험에 들게 하지 마시옵고 다만 악에서 구하시옵소서. 나라와 권세와 영광이 아버지께 영원히 있사옵나이다. 아멘(마 6:9-13).

■ 활동

마리아의 노래인 마리아 찬가(Magnificat)를 인터넷에서 찾아 들어보라 (많이 있다!).

■ 묵상

· 세례 요한의 제자들이 예수님으로부터 들은 말씀을 그에게 전해줄 때 그는 어떻게 반응했을까? 그 장면에서 오갔을 대화를 묘사하는 글을 써보자. 만약 요한이 그의 아버지와 어머니가 부른 예언과 고백의 노래를 계속 들으며 자랐다면, 그의 마음속에 메시아가 하실 일에 대해 어떤 기대가 생겨났을까? 당신은 예수님이 요한의 기대를 충족시키셨다고 생각하는가, 아니면 저버리셨다고 생각하는가?

<h1 style="text-align:center">〈소모임 토론〉</h1>

소모임을 시작하면서 예수 신경을 함께 소리 내어 읽는다.

> 이스라엘아, 들으라. 주 곧 우리 하나님은 유일한 주시라. 네 마음을 다하고 목숨을 다하고 뜻을 다하고 힘을 다하여 주 너의 하나님을 사랑하라 하신 것이요. 둘째는 이것이니 네 이웃을 네 자신과 같이 사랑하라 하신 것이라. 이보다 더 큰 계명이 없느니라.

다음 질문들은 당신이 앞서 마무리한 개인 성경공부에 바탕을 두고 있다. 소모임에서 토론할 수 있는 시간이 얼마나 되는지 살펴보고 가능한 한 많은 질문에 함께 대답해보자.

■ 읽기

- 이 과를 읽기 전에 "예수님은 복음을 전하셨는가?"라는 질문을 받았다면 어떻게 대답했겠는가?

- 이제 당신은 예수님이 복음을 전하셨다는 사실을 다른 사람에게 어떻게 설명하겠는가?

- 예수님께서는 삶의 다양한 단계마다 자신의 사명과 사역에 대해 무엇을 알고 계셨다고 생각하는가?

■ 성경공부

- 마리아와 사가랴는 (그리스도인들이 구약성경이라고 부르는) 히브리어 성경에서 비롯된 기대를 바탕으로 하나님께서 예수님을 통해 하실 일이 무엇이라고 예상했는가?

- 마리아와 사가랴의 노래에서 발견되는 공통된 주제는 무엇인가?

- 예수님은 어떻게 하나님께서 사람들 가운데서 하시는 일을 자신의 사역을 통해 삶으로 보여주셨는가?

- 예수님은 그분의 어머니의 기대에 부응하는 삶을 사셨다고 생각하는가?

■ 기도

원한다면 당신이 지은 시편이나 시적인 기도를 소모임 시간에 나누라. 그런 글을 써보니 어떤 생각이 들었는가?

■ 활동

소모임 회원에게 마리아의 노래나 사가랴의 노래를 연극처럼 낭독하게 해보자. 감정을 실어 노래를 낭독하는 소리를 들을 때 이 본문에 대한 당신의 이해에 어떤 변화가 생기는가?

■ 묵상

소모임 회원 중에 요한과 그의 제자들이 등장하는 장면을 글로 쓴 사람이 있는가? 있다면 그 글을 소모임 사람들과 함께 연극으로 재현해보자.

■ 소모임 기도

각자의 삶 가운데 하나님의 개입이 필요한 부분이 무엇인지 서로 이야기해보자. 그 내용을 한 사람이 맡아 기록한 후 그것들을 놓고 소리 내어 기도하자.

소모임을 마치면서 주기도문으로 함께 기도하라.

하늘에 계신 우리 아버지여, 이름이 거룩히 여김을 받으시오며 나라가 임하시오며 뜻이 하늘에서 이루어진 것 같이 땅에서도 이루어지이다. 오늘 우리에게 일용할 양식을 주시옵고 우리가 우리에게 죄지은 자를 사하여 준 것 같이 우리 죄를 사하여 주시옵고 우리를 시험에 들게 하지 마시옵고 다만 악에서 구하시옵소서. 나라와 권세와 영광이 아버지께 영원히 있사옵나이다. 아멘(마 6:9-13).

■ 안식

하나님에 대한 기대가 실망으로 바뀐 적이 있는가? 부정적이거나 불편해 보이더라도 그런 생각과 느낌을 풀어낼 수 있도록 스스로에게 정서적인 시간과 공간을 내어주자. 그리고 이 점에 대해 하나님께 솔직해지도록 노력해보라. 모든 것이 불확실하고 되는 일이 없는 상황에서도 하나님 안에서 안식을 경험하는 법을 알아낼 수 있는지 살펴보라.

4과
베드로의 복음

- **학습 목표:** 제자들은 베드로의 복음 전도 설교와 예수님에 대한 주장을 살펴봄으로써 사도적 복음의 메시지에 대해 더 많은 것을 배울 것이다.
- **영적 성장 목표:** 제자들은 사도적 복음을 반영하는 그들 나름의 복음 메시지를 말로 표현하는 연습을 하게 될 것이다.

〈개인 성경공부〉

■ 읽기

제자 훈련 시간을 시작하면서 예수 신경을 소리 내어 읽는다.

이스라엘아, 들으라. 주 곧 우리 하나님은 유일한 주시라. 네 마음을 다하고 목숨을 다하고 뜻을 다하고 힘을 다하여 주 너의 하나님을 사랑하라 하신 것이요. 둘째는 이것이니 네 이웃을 네 자신과 같이 사랑하라 하신 것이라. 이보다 더 큰 계명이 없느니라.

1장 • 복음 알기

사도행전 2장에 기록된 세상을 변화시킨 베드로의 설교에서부터 사도행전 17장에 나오는 바울의 아레오바고 설교에 이르기까지, 사도들의 복음 전도 방식을 규정한 것은 이스라엘 이야기였다. "복음"을 바르게 이해하고 싶다면 고린도전서 15장에 나타난 사도적 복음 전승의 핵심에는 "성경대로"라는 말이 자리 잡고 있음을 기억해야 한다.…사도행전의 설교에서는 사도적 전승 안에 있는 그 "성경대로"라는 뼈대 위에 **근육과 지방**을 입힌다.

그렇다면 사도들이 복음을 전할 때 그 "성경대로"라는 말은 어떤 식으로 표현되었는가? 사도행전 2:13-21을 보면 베드로는 처음으로 복음을 설교하면서 요엘 2:28-32과 시편 16:8-11 및 110:1을 인용한다.…베드로는 이스라엘 이야기가 예수 그리스도와 오순절에까지 이어지는 것을 보여주기 위해 시간을 한참 거슬러 올라가서 이야기의 심층으로 들어간다. 사도행전 2장에 나타난 베드로의 깊은 통찰과 탁월한 기억력은 사도들 사이의 가장 중요한 신학적 전환이라고 할 만한 것을 드러낸다. 즉 예수님의 부활과 오순절의 심오한 성령 체험을 통해 사도들은 "해석학적 혁명"에 이르게 되었다. 사도들은 그 사건을 기점으로 예수님 이야기를 통해 구약성경을 다시 읽고 재해석하는 새로운 시각을 갖게 되었다. 우리는 이와 같은 복음을 전한 사도들에게 성경에 자주 등장하는 단어를 검색할 수 있는 스마트폰이나 태블릿이 없었다는 점을 기억해야 한다. 그들은 성경을 기억하고 있었으며, 그 기억이 예수님 이야기에 의해 재편되어 철저하게 다른 방식으로 성경을 읽게 되었다.

사도행전 3:22-23에 기록된 두 번째 복음 설교에서 베드로는 모세와 같은 미래의 예언자에 관한 구약성경의 가장 유명한 구절인 신명기 18:15, 18-19을 인용한다. 베드로의 복음에 따르면 예수님은 바로 그 예언자다. 사도행전 3:25에서 베드로는 복음이 아브라함으로부터 시작되었음을 입증하기 위해 이방인에 대한 축복을 언급하고 있는 창세기 22:18이나 26:4을 인용한다. 사도행전 10:43에서 베드로는 고넬료의 집에서 열린 전도 집회를 마무리하면서 우리처럼 멀리 떨어져 있는 사람들은 잘 이해할 수 없는 엄청난 주장을 한다. "[예수 그리스도에] 대하여 모든 선지자도 증언하되…."

사도들은 설교의 변증을 뒷받침하기 위해 성경을 인용하지 않았다. 사도들의 복음은 이스라엘 이야기에 대한 해답으로 주어진 예수님 이야기였다. 사도들이 인용한 구약성경의 본문은 지지 장치가 아니었다. 그것은 이스라엘이 아브라함으로부터 예수님께 이르는 길을 찾을 수 있도록 돕는 가로등이었다(KJG 133-34).

예언자들이 이해하고자 열망했던 형상들 속에서 염원했던 존재 곧 그들이 이해할 수 있는 방식으로 힐끗 보았던 존재가 어느 날 갑자기 이스라엘 땅에 나타났고, 그의 이름은 "요셉과 마리아의 아들 예수"였다. 사도들이 그분을 만나는 순간 구약성경은 그들에게 새로운 책이 되었다. 그것은 **바로 그들이 성경을 복음으로 읽기 시작했기 때문이다.**

이제 베드로의 복음 전도로 되돌아가자.

베드로의 복음 전도는 고린도전서 15장의 뼈대 위에 살아 있는 몸의 생기를 더한다. 즉 그의 복음은 예수님의 삶과 죽음, 부활, 승천, 성령이라는 선물, 그분의 재림, 하나님이 만유의 주로서 만유 안에 계실 역사의 종말을 포함하는 예수 그리스도의 완전한 이야기다. 이를 밝혀두어야 하는 까닭은, 우리가

예수님의 삶을 성금요일로 축소했고, 그렇게 함으로써

복음을 십자가 죽음으로 축소했으며, 그런 다음 구원주의자들이

예수님을 구원자의 역할로 축소해버리고 말았기 때문이다.

하지만 초기의 복음 전도는 그렇지 않았다. 초기 사도들의 설교에서는 예수님의 삶 전체를 이야기했다. 사도들이 예수님의 삶에서 강조한 한 가지 차원은 부활이었다. 사도적 복음은 십자고상으로 상징되거나 요약될 수 없다. 이 복음은 빈 무덤으로 인해 빈 십자가로 표현되기를 원한다(KJG 135-36).

베드로는 예수님에 대해 엄청난 주장을 펼쳤다. 그 주장은 너무나도 엄청나서 진실이 아니라면 터무니없다고 말할 수밖에 없다. 베드로가 말한 나사렛 예수, 즉 이 땅에서 사셨고 죽으셨으며 부활하시고 승천하셔서 하늘 보좌에 앉으신 그분은 **이스라엘의 메시아인 동시에 온 세상의 주님**이시다. 이 명칭들은 사도행전에 기록된 초기의 복음 전도에서 사용된 용어들이다. 만약 우리가 성경에 충실하고 싶다면 우리도 그것들을 사용해야 한다. 예수님에 대한 명칭은 예수님의 복음 이야기를 말해준다(KJG 138).

베드로는 하나님이 이스라엘 이야기를 예수님 이야기로 이끄셨으며 이 이야기의 예수님이 이스라엘의 참된 왕이자 만유의 주님이시라는 관점에서 성경을 읽고 있다.…하나님이 예수님을 무덤에서 다시 살아나게 하셨기 때문에 베드로는 이를 깨달은 것이다. 베드로는 예수님을 설명하면서 "종"(3:13), "거룩하고 의로운 이"(3:14), "생명의 주"(3:15), "선지자"(3:22-23) 등의 단어를 사용하는데, 이것들은 "메시아"와 "주"라는 중요한 두 단어를 보충하는 역할을 한다. 모든 사도들은 예수님을 메시아이자 주로 간주했으며, 신약성경의 모든 서신서에서 이런 단어들을 쉽게 찾을 수 있다. 사도들에게 가장 중요한 주제는 왕이신 예수님이었다(KJG 139).

1. 베드로는 복음 설교를 전하면서 히브리 성경에 대한 자신의 기억을 어떻게 사용했는가?

2. 왜 우리는 사도적 복음을 십자가 사건으로 축소시킬 수 없는가?

3. 베드로가 예수님에 대해 사용하는 용어들은 무엇인가?

■ 성경공부

베드로는 예수님의 전 생애를 보여주면서 부활로 이어지는 십자가의 복음을 강조하는데, 이것이 가장 분명히 드러나는 예는 사도행전 10:36-42이다. 나는 여러분들이 이 본문을 천천히 읽기를 바란다.…

이 본문이 완벽한 것은 아니지만, 여기에 사도행전 2:22-35; 3:13-15, 19-21; 10:37-42에 나오는 내용을 더해보면 베드로가 메시아로서의 예수님 이야기 전체를 선포했음을 알 수 있다(KJG 136).

예수님과 가장 가까운 제자였던 베드로와 요한은 어느 날 오후에 기도를 하러 예루살렘 성전으로 가고 있었다. 그들은 걷지 못하는 거지를 보았고 베드로가 그에게 예수님의 이름의 권세를 사용하자 하나님께서 그를 고쳐주셨다. 그러자 많은 유대인들이 주위에 모여들었고 베드로는 그들에게 이 복음 설교를 전했다.

사도행전 3:12-26을 읽는다.

1. 베드로는 이스라엘 이야기에 성경의 어느 부분을 참조하는가?

2. 베드로는 예수님 이야기에서 어떤 부분을 말하고 있는가?

베드로는 하나님을 경외하는 유력한 이방인 백부장 고넬료라는 사람이 그의 메시지를 듣고자 하니 가이사랴에 있는 그의 집으로 와달라는 요청을 받는다. 베드로는 고넬료의 집을 가득 채운 그의 이방인 가족과 친구들로 이루어진 큰 무리에게 이 복음 설교를 전했다.

사도행전 10:34-43을 읽는다.

1. 베드로는 이스라엘 이야기에 성경의 어느 부분을 참조하는가?

2. 베드로는 예수님 이야기에서 어떤 부분을 말하고 있는가?

3. 베드로는 유대인(행 3장)과 이방인(행 10장)에게 복음을 전하면서 어떻게 다르게 말하는가?

4. 베드로의 복음을 두세 문장, 또는 글머리 기호를 사용한 목록으로 요약해보자.

■ 기도

고넬료는 예수의 제자가 되기 이전부터 "하나님께 항상 기도"했다(행 10:2). 어느 날 하나님은 그에게 베드로에 관한 메시지를 가져오는 한 천사에 대한 환상을 보여주심으로써 그의 기도에 응답하셨고, 이를 본 고넬료는 베드로에게 방문해달라는 요청을 보낸다. 당신은 기도 응답을 경험한 적이 있는가? 기도 응답이 꼭 천사의 환상만큼이나 극적일 필요는 없다.

오늘 하나님께 정말로 응답을 듣고 싶은, 당신을 괴롭히는 문제를 놓고 기도하라. 앉아서 인내심을 가지고 하나님이 응답하시기를 기다리라. 하나님이 당신에게 말씀하실 수 있는 다양한 방식에 대해 열린 마음을 가지라.

주기도문으로 기도를 마치라.

하늘에 계신 우리 아버지여, 이름이 거룩히 여김을 받으시오며 나라가 임하시오며 뜻이 하늘에서 이루어진 것 같이 땅에서도 이루어지이다. 오늘 우리에게 일용할 양식을 주시옵고 우리가 우리에게 죄 지은 자를 사하여 준 것 같이 우리 죄를 사하여 주시옵고 우리를 시험에 들게 하지 마시옵고 다만 악에서 구하시옵소서. 나라와 권세와 영광이 아버지께 영원히 있사옵나이다. 아멘(마 6:9-13).

■ 활동

이 과의 읽기 자료에서는 성경에 대한 사도들의 기억이 다양한 청중에게 복음을 전하는 데 도움이 되었다는 점을 이야기한다. 베드로나 바울의 복음 설교에서 한두 구절을 골라 당신의 복음 전도에 그 구절을 사용할 수 있도록 열심히 외워두자.

■ 묵상

당신과 종교적 배경이 다르거나 아예 종교가 없는 친구 두 명을 떠올려 보자. 만약 그 친구들이 당신에게 예수님에 대해 말해달라고 요청한다면 어떻게 하겠는가? 당신은 베드로가 한 것처럼 친구들의 이해력과 상황에 맞춰 복음의 메시지를 전할 수 있겠는가?

• 아래 여백에 두 가지 서로 다른 복음의 메시지를 써보라. 앞의 활동에서 당신이 암기한 구절을 두 메시지에 모두 넣어보자.

〈소모임 토론〉

소모임을 시작하면서 예수 신경을 함께 소리 내어 읽는다.

> 이스라엘아, 들으라. 주 곧 우리 하나님은 유일한 주시라. 네 마음을 다하고 목숨을 다하고 뜻을 다하고 힘을 다하여 주 너의 하나님을 사랑하라 하신 것이요. 둘째는 이것이니 네 이웃을 네 자신과 같이 사랑하라 하신 것이라. 이보다 더 큰 계명이 없느니라.

다음 질문들은 당신이 앞서 마무리한 개인 성경공부에 바탕을 두고 있다. 소모임에서 토론할 수 있는 시간이 얼마나 되는지 살펴보고 가능한 한 많은 질문에 함께 대답해보자.

■ 읽기

- 당신은 베드로에 대한 복음서의 글을 많이 읽어 보았거나 그에 관한 설교를 들어 본 적이 있는가? 당신은 베드로에 대해 무엇을 기억하는가? 베드로에 대한 다음 이야기들은 당신이 기억을 떠올리도록 도와줄 것이다.

  - 베드로가 예수님께 동의하지 않는다(마 16:22-23).
  - 베드로가 기도하다가 잠에 빠진다(마 26:40).
  - 베드로가 칼로 누군가를 공격한다(요 18:20).
  - 베드로가 공개적으로 예수님을 부인한다(요 18:15-27).

- 사도행전에 나오는 베드로의 행동은 복음서에 나오는 그의 말이나 행동과 어떻게 다른가?

- 당신이 생각하기에 무엇이 베드로에게 그런 변화를 일으켰는가?

■ 성경공부

- 성경공부에서 읽은 베드로의 설교 두 편의 공통점과 차이점은 무엇인가?

- 본문(사도행전 3장과 10장)을 찾아서 설교 뒤에 나오는 구절들을 읽어보자. 두 설교를 들은 청중들은 각기 어떤 반응을 보였는가?

■ 기도

이번 주에 기도하면서 하나님께 응답을 받는 경험을 했는가? 하나님이 기도에 응답하셨던 때가 있다면 그에 관해 이야기를 나눠보자.

■ 활동

베드로와 요한은 성전에서 정기적으로 거행되는 집단 기도에 참여하러 가는 길이었다. 당신은 그리스도인들이 단지 함께 기도하기 위해 모이는 곳에 가본 적이 있는가? 살면서 이렇게 정기적으로 기도 모임에 참여한 적이 있었는가? 기도회와 관련된 당신의 경험에 대해 이야기해보자.

기도회를 여는 주변의 지역 교회가 있는가? 소모임 회원들과 함께 기도회에 참석할 계획을 세우고 수첩에 일정을 적어두라.

■ 묵상

당신이 말씀을 전할 청중을 상상해보고 그에 따라 당신의 복음 메시지가 어떻게 바뀌었는지 말해보자.

당신이 상상한 사람들에게 그 메시지를 실제로 전할 기회를 만들기 위해 어떤 일을 할 수 있는가?

■ 소모임 기도

베드로는 한 사람의 육체적 치유를 위해 하나님의 능력을 간구했고 하나님은 그 사람을 치유하는 기적을 행하셨다. 오늘 소모임 안에 육체적 치유가 필요한 사람이 있는가? 그 사람을 위해 함께 기도하라. 그 사람이 불편함을 느끼지 않는다면 그에게 안수하라.

당신이 알고 있는 치유가 필요한 다른 사람들에 대해 말해보자. 소모임 회원들이 반대하지 않는다면, 치유가 필요한 그들의 친구나 사랑하는 사람을 위해 큰 소리로 기도하라.

이후에 하나님이 개입하신 결과로 그가 치유되었다는 소식을 듣게 되면 소모임에서 소식을 나누자.

소모임을 마치면서 주기도문으로 함께 기도하라.

하늘에 계신 우리 아버지여, 이름이 거룩히 여김을 받으시오며 나라가 임하시오며 뜻이 하늘에서 이루어진 것 같이 땅에서도 이루어지이다. 오늘 우리에게 일용할 양식을 주시옵고 우리가 우리에게 죄지은 자를 사하여 준 것 같이 우리 죄를 사하여 주시옵고 우리를 시험에 들게 하지 마시옵고 다만 악에서 구하시옵소서. 나라와 권세와 영광이 아버지께 영원히 있사옵나이다. 아멘(마 6:9-13).

■ 안식

하나님은 고넬료와 그의 식솔들에게 복음을 전해주시기 위해 휴식 중인 베드로에게 환상으로 말씀하셨다(행 10:9-17). 베드로는 하나님이 꿈과 환상으로 말씀하실 것이라는 예언자 요엘의 말을 인용했다(행 2:17-18). 하나님이 꿈속에서 당신에게 말씀하실 수 있다는 점을 늘 염두에 두자. 당신이 공부하다가 휴식을 취하는 중이라도 하나님께서 꿈이나 환상을 통해 말씀하신다면 얼마든지 들을 준비가 되어 있다고 고백해 보라. 그런 후 하나님이 당신으로 하여금 무엇에 주목하게 하시는지를 보라.

5과
오늘날의 복음 전도란 무엇인가?

- **학습 목표:** 제자들은 예수님에 대한 이야기를 복음 메시지의 중심에 두고 사도들처럼 복음을 전하는 법을 배울 것이다.

- **영적 성장 목표:** 제자들은 예수님을 모범으로 삼아 인생의 선택과 우선순위를 정하는 법을 배우게 될 것이다.

〈개인 성경공부〉

■ 읽기

제자 훈련 시간을 시작하면서 예수 신경을 소리 내어 읽는다.

이스라엘아, 들으라. 주 곧 우리 하나님은 유일한 주시라. 네 마음을 다하고 목숨을 다하고 뜻을 다하고 힘을 다하여 주 너의 하나님을 사랑하라 하신 것이요. 둘째는 이것이니 네 이웃을 네 자신과 같이 사랑하라 하신 것이라. 이보다 더 큰 계명이 없느니라.

전도의 사명, 즉 내가 "복음 전하기"(gospeling)라고 부르는 것은 오늘날에도 베드로와 바울의 시대만큼이나 힘들고 어렵다. 또한 그때만큼이나 청중에 맞춘 창조적인 적용이 필요하다. 어쩌면 성령의 새로운 바람을 통해 사도들에게 임했던 담대함이 우리에게 더 많이 필요할지도 모른다. 우리는 초기 그리스도인들이 기도했던 것처럼 그렇게 기도할 필요가 있다. "빌기를 다하매 모인 곳이 진동하더니 무리가 다 성령이 충만하여 담대히 하나님의 말씀을 전하니라"(행 4:31).

혹은 우리가 담대함이 부족한 까닭은 오늘날의 복음 전도에서 많은 경우 부활 신학이 거의 전적으로 부재하기 때문일지도 모른다. 어쨌든 우리는 초기 그리스도인들이 지녔던 담대한 부활의 복음을 더 많이 회복해야 한다.

만약 우리가 이 복음을 한 묶음 안에 넣고 사도들이 그 복음을 어떻게 전했는지에 초점을 맞추게 되면 사도행전이 복음에 대해 드러내는 내용, 즉 복음은 무엇보다 **이스라엘 이야기**로 구성되어 있으며 예수님의 삶, 죽음, 부활, 승천, 재림으로 구성된 그분의 구원 이야기를 이스라엘 이야기의 완성으로서 진술하고 있음이 명확해진다.

둘째, 복음은 **예수님**의 주 되심을 중심으로 한다. 베드로와 바울의 복음은 마치 니케아 신조를 예견케 하듯이 예수님을 높이는 관점을 따른다. 즉 예수님은 메시아이자 주님이시고 다윗 혈통의 구원자이시기 때문에 고난받으시고 구원하시며 다스리시고 심판하신다는 것이다. 그분은 지금 높이 들리셔서 하나님 우편에 앉아 계신다.

셋째, 복음 전도는 **사람들의 응답을 촉구**한다. 사도적 복음 전도는 복음을 듣는 이들에게 다정하면서도 단호한 어조로 회개, 예수 그리스도에 대한 믿음, 세례를 촉구한다.

넷째, 복음은 사람들을 **구원**하고 **구속**한다. 사도적 복음은 죄 사함과 하나님의 성령이라는 선물, 의롭다 하심을 약속한다.

내 주장은 이것이다. 신약성경의 어느 곳을 찾아보더라도 복음은 이 네 가지로 요약된다. 이 복음은 고린도전서 15장에 나오는 바울 자신의 말 속에서도 발견되고, 복음서의 복음이기도 하며, 예수님 자신의 복음이기도 하고, 베드로의 복음이자 (바울의 설교에 대한 누가 자신의 묘사에 따르면) 바울의 복음이기도 하다. 유일한 단 하나의 복음이 있을 뿐이며, 이 복음은 예수님으로부터 사도들에게로, 그리고 그들의 교회로 전해졌다. 신약성경에 통일성을 부여하는 것은 이 복음이며, 오직 이 복음뿐이다. 우리가 신약성경의 그리스도인이 되기 원한다면 이 복음이 다시 한번 우리의 복음이 되어야 한다(KJG 148-49).

이것은 양자택일의 문제가 아니다. 죄인들에게 그들의 죄를 인정하고 구원자이신 예수님을 받아들이라고 설득하는 것은 예수님을 메시아이자 주님으로 고백하라는 촉구 안에서 이루어질 수 있지만, 오늘날 전도에 대한 구원주의적 접근법에서는 대부분 (개인적) 구원자로서의 예수님에게만 집중하고 메시아이자 주님이신 예수님을 회피하려고 한다. 이것이 바로 오늘날 구석구석에 자리한 이단이다. 복음을 선포한다고 하면서도 높이 들리신 예수님의 주 되심을 핵심으로 삼지 않는 모든 사람은 사도적 복음을 선포하지 않는 셈이다.…(KJG 149-50).

첫째, 우리는 복음 전도의 표적을 오직 죄인의 마음 하나로만 축소하는 경향이 있다. 복음주의의 초점은 한 개인이 죄인임을 인정하고 예수 그리스도를 구원자이자 죄의 문제에 대한 해결책으로 받아들이게 하는 데 있다.… 사도적 복음은 (죄와 죽음에 대한 승리를 포함하는) 예수님을 선포하는 복음이었기 때문에 죄를 관리하는 복음으로 축소될 수 없다.

내 말을 오해하면 안 된다. 사도적 복음은 실제로 죄 사함의 약속을 포함한다. 그러나 이 복음은 예수님에 대한 (구원의) 이야기를 통해서 이런 약속을 한 것이다(KJG 160).

둘째, 오늘날 많은 이들이 묻는 질문은 우리의 복음 안에 예수님이 충분히 담겨 있지 않음을 드러낸다. 그 질문은 이렇다. 예수님은 복음을 전파하셨는가? 만약 복음서가 복음을 선포했는지 잠시라도 의문을 품는다면, 우리는 사도적 복음으로부터 멀어지는 셈이다. 왜 그러한가? 마가복음(그리고 아마도 마태복음)을 "복음"이라고 부른 것은 바로 사도들의 시대에 살았던 사람들이었다. 그 이유가 무엇인가? 복음은 이스라엘 이야기가 예수님 이야기 안에서 성취되었다는 소식이며, 복음서는 바로 이를 증언하고 있기 때문이다.

우리는 예수님에 대해 더 많이 이야기해야 한다. 또한 전도에 대해 두려움을 느낀다면 다른 이들에게 예수님에 대해 이야기하는 것만으로도 곧 그 싸움에서 절반의 승리를 거두는 것임을 알아야 한다. 사도적 방식으로 복음에 접근하는 방법을 배우는 것만으로도 우리의 복음 전도를 개선할 수 있다(KJG 161).

1장 • 복음 알기

1. "복음 전하기"란 무엇인가?

2. 전도 대신 복음 전하기라고 생각하면 당신의 관점에서 무엇이 바뀌는가?

3. 사도적인 복음 전도와 "구원 계획"의 복음 전도 사이의 차이점은 무엇인가?

4. 당신의 복음 속에 예수님을 더 많이 포함할 수 있는 몇 가지 방법을 열거해보라.

■ 성경공부

예수의 이야기(막 1-8장)

이 과에서는 읽어야 할 성경 본문의 분량이 많다. 우리는 복음을 전하면서 예수님에 대해 더 많이 말해야 하고, 그렇게 하는 데 영감을 얻을 수 있는 가장 좋은 방법은 예수님으로부터 더 많은 것을 배우는 것이다. 왕이신 예수님을 따르려면 그분의 이야기를 들려주는 사복음서 읽기를 습관 삼아 지속적으로 실천해야 할 필요가 있다. 마가복음 전반부를 읽으면서 이번 주를 시작하자. 마가복음은 사복음서 중 가장 짧고 사건과 행동 중심으로 되어 있어서 (비교적) 빠르게 통독할 수 있다. 읽는 속도에 따라 다르지만 일반적으로 책 전체를 한 시간 안에 읽을 수 있다. 스캇은 예수님과 복음서에 관한 강의를 듣는 학생들에게 한 자리에 앉아 사복음서를 다 읽는 것을 숙제로 내준다. 최소한 30분을 확보한 후 마가복음의 처음 여덟 장을 읽어보자. 이야기 속에 빠져들 수 있게 한 자리에서 다 읽도록 하고, 필요하다면 오디오북을 들으라. 무료 성경 애플리케이션인 "유버전"(YouVersion)을 이용하면 된다.

마가복음 1-8장을 읽는다.

1. 여덟 장을 다 읽고 나서 떠오른 전반적인 인상을 이야기해보자. 당신은 지금 이 순간 예수님에 대해 어떻게 생각하는가?

2. 여덟 장을 다시 쭉 훑어보고 여기에 담긴 예수님의 핵심적인 가르침을 적어보라.

3. 8장 말미에서 예수님은 자신의 제자가 되는 데 드는 비용에 대해 솔직하게 말씀하신다. 이 어려운 말씀에 대해 당신은 어떻게 반응하겠는가?

4. 한 번에 많은 분량의 성경을 읽어보니 어떤 생각이 들었는가? 앞으로 당신이 예수님의 제자로서 발전하는 과정에서 이런 훈련을 더 많이 하고 싶은가?

■ 기도

마가복음 1장은 예수님께서 날이 밝기도 전에 일어나셔서 밖으로 나가 기도하셨다고 기록하고 있다(막 1:35). 이번 주 중 하루는 일찍 일어나서 밖으로 나가 기도할 계획을 세워보라. 만일 당신이 야간 교대로 일을 하거나 밖으로 나갈 수 없다면 평상시와 다른 시간에 기도해보고 홀로 있을 공간을 찾아 보자.

기도할 때 믿음의 역할에 대해 생각해보라. 예수님은 제자들이 폭풍을 가라앉혀 달라고 간청했을 때 그들의 믿음 없음을 꾸짖으셨고(막 4:40), 한 여인이 병을 고침 받기 위해 자신을 찾아오자 그녀의 믿음을 칭찬하셨다(막 5:34). 왜 믿음이 중요한가? 당신은 믿음을 갖고 기도하는가?

주기도문으로 기도를 마치라.

하늘에 계신 우리 아버지여, 이름이 거룩히 여김을 받으시오며 나라가 임하시오며 뜻이 하늘에서 이루어진 것 같이 땅에서도 이루어지이다. 오늘 우리에게 일용할 양식을 주시옵고 우리가 우리에게 죄 지은 자를 사하여 준 것 같이 우리 죄를 사하여 주시옵고 우리를 시험에 들게 하지 마시옵고 다만 악에서 구하시옵소서. 나라와 권세와 영광이 아버지께 영원히 있사옵나이다. 아멘(마 6:9-13).

■ 활동

"스포티파이"(Spotify)나 "유튜브"(YouTube)에서 "렌드 콜렉티브"(Rend Collective)라는 워십 밴드가 부른 "Build Your Kingdom Here"와 "Hymn of the Age"라는 곡을 검색해서 노래를 듣거나 뮤직비디오를 보라. 이 노래의 분위기나 스타일은 "성가"에 속한다고 볼 수 있다. 이 노래는 하나님 나라로서의 교회와 왕으로서의 예수님에 대한 당신의 마음과 생각에 어떤 영향을 주는가? 노래를 듣고 무언가를 하고 싶은 영감을 받았는가?

■ 묵상

마가는 마가복음 4장에서 예수님의 몇 가지 비유를 기록하고 있다. 비유는 어떤 교훈을 가르치는 은유나 직유로 확대된다.

• 하나님 나라나 복음에 대한 비유를 생각해보고, 당신만의 독창적인 교훈을 전달할 수 있는 비유를 써보라.

〈소모임 토론〉

소모임을 시작하면서 예수 신경을 함께 소리 내어 읽는다.

> 이스라엘아, 들으라. 주 곧 우리 하나님은 유일한 주시라. 네 마음을 다하고 목숨을 다하고 뜻을 다하고 힘을 다하여 주 너의 하나님을 사랑하라 하신 것이요. 둘째는 이것이니 네 이웃을 네 자신과 같이 사랑하라 하신 것이라. 이보다 더 큰 계명이 없느니라.

다음 질문들은 당신이 앞서 마무리한 개인 성경공부에 바탕을 두고 있다. 소모임에서 토론할 수 있는 시간이 얼마나 되는지 살펴보고 가능한 한 많은 질문에 함께 대답해보자.

■ 읽기

• 이 교훈들은 어떻게 복음에 대한 당신의 이해를 형성/재형성했는가?

• 사도적이고 예수 중심적인 복음으로 나아가기 위해 당신의 생각과 행동의 방향을 어떻게 바꾸고 있는가?

■ 성경공부

• 이 공부를 하면서 예수님에 대해 어떤 인상을 받았는가?

• 한 번에 복음서의 절반을 읽는 경험은 어땠는가?

• 마가복음 1-8장 중 어떤 치유 기사가 가장 눈에 띄었으며 그 이유는 무엇인가?

■ 활동

성경 낭독은 처음 몇 세기 동안 교회의 규칙적이고 중요한 관례였다. 사람들은 가정 교회에 모여서 히브리 성경과 사도들의 서신뿐만 아니라 복음서도 읽었다. 마치 그리스도인들의 초기 교회 모임에 참석한 것처럼 소모임의 한 사람이 일어나서 마가복음 9장 전체를 연기하듯이 읽어보자.

선택적 활동: 소모임 회원 중 자원하는 사람이 있다면 모임을 위해 빵과 생선으로 식사를 준비하라. 바구니에 음식을 담고 바닥에 앉아 소풍을 즐기는 방법도 고려해보자. 그리고 빵을 떼며 하나님께 감사를 올리자. 이처럼 당신의 오감을 사용해보는 경험은 초기 제자들의 삶을 상상하는 데 어떤 도움이 되는가? 수천 명에게 음식을 나눠주시고 그들과 이 기적적인 음식을 함께 먹는 예수님을 보면서 제자들은 어떤 생각을 했을까?

■ 기도

이 과의 소모임 가이드에서는 믿음에 대한 소모임 토론에 마가복음 9:23-24을 포함할 수 있도록 기도에 대한 논의를 "활동" 뒤에 배치했다. 소모임의 한 회원에게 이 성구를 읽어 달라고 요청하고, 아버지의 기도를 주목해보자.

• 당신은 개인 성경공부를 하면서 기도에서 믿음이 갖는 역할에 대해 어떤 결론을 도출했는가? 당신에게 기도할 만한 믿음이 없다고 느껴질 때 마가복음 9:24에 기록된 아버지의 기도는 어떤 도움을 줄 수 있는가?

• 야외에서 기도해본 소감은? 당신은 어디로 가서 기도를 했는가?

■ 묵상

비유에 관한 아이디어들을 서로 나눠보자. 당신은 무엇을 비유로 선택했는가? 그 비유를 요약해서 설명하거나 각자 쓴 글을 읽어보도록 하자.

■ 소모임 기도

소모임 회원들은 각자 기도에 관한 필요나 관심을 공유할 수 있다. 한 사람씩 돌아가면서 이야기를 나눈 뒤 한 명이 자원하여 기도 제목들을 놓고 기도한 다음 곧바로 모임 전체가 그것을 놓고 함께 기도할 수도 있다. 소모임 전체가 기도 제목을 나눌 때까지 돌아가면서 계속 기도하라.

소모임을 마치면서 주기도문으로 함께 기도하라.

> 하늘에 계신 우리 아버지여, 이름이 거룩히 여김을 받으시오며 나라가 임하시오며 뜻이 하늘에서 이루어진 것 같이 땅에서도 이루어지이다. 오늘 우리에게 일용할 양식을 주시옵고 우리가 우리에게 죄지은 자를 사하여 준 것 같이 우리 죄를 사하여 주시옵고 우리를 시험에 들게 하지 마시옵고 다만 악에서 구하시옵소서. 나라와 권세와 영광이 아버지께 영원히 있사옵나이다. 아멘(마 6:9-13).

■ 안식

신실한 유대인이셨던 예수님은 유대의 안식일 관습을 따라 토요일을 구별하여 예배드린 후 일을 그치고 안식하셨다. 예수님은 안식일 관습에 대한 사람들의 해석과 견해에 도전하셨고 자신의 사역과 가르침을 통해 공인된 안식일 관습의 장벽을 깨뜨리셨지만, 대체로 사람들의 종교 활동에 동참하셨다. 예를 들어 마가복음 6:2을 보면 예수님은 안식일 준수의 일환으로 회당에 가셔서 가르치셨다. 마가는 또한 안식일에 대한 예수님의 몇 가지 재해석을 기록하고 있다. 마가복음 2:23-28에서 예수님은 안식일이 사람들을 위해 만들어졌다고 설명하신다.

안식일은 사람들에게 주어진 선물이지 부담이 아니었다. 또한 마가복음 3:1-6에서 예수님은 안식일에 병을 고치면서 병 고침은 선을 행하는 것이라고 지적하셨다.

- 삶 속에서 안식과 예배에 대한 개인적 확신과 실천을 나타내고자 할 때 예수님께서 예배와 안식을 통해 하나님을 높이는 방법을 결정하는 과정에서 보여주신 신실함과 유연함을 어떻게 활용할 수 있는가? 당신은 개인적인 안식일의 실천을 어떻게 보는가?

6과
복음적 문화를 어떻게 만들어낼 것인가?

- **학습 목표:** 제자들은 하나님께서 그분의 백성에게 하시는 말씀으로서 성경을 읽는 법을 배울 것이다.
- **영적 성장 목표:** 제자들은 "나는 성경과 어떤 관계가 있는가?", 더 중요하게는 "나는 성경의 하나님과 어떤 관계가 있는가"라는 질문을 스스로에게 던지게 될 것이다.

〈개인 성경공부〉

■ 읽기

제자 훈련 시간을 시작하면서 예수 신경을 소리 내어 읽는다.

> 이스라엘아, 들으라. 주 곧 우리 하나님은 유일한 주시라. 네 마음을 다하고 목숨을 다하고 뜻을 다하고 힘을 다하여 주 너의 하나님을 사랑하라 하신 것이요. 둘째는 이것이니 네 이웃을 네 자신과 같이 사랑하라 하신 것이라. 이보다 더 큰 계명이 없느니라.

첫째, 우리는 "그 이야기의 사람들"이 되어야 한다. 복음에 대해 강의할 때 나는 다음과 같은 말을 흔히 듣는다. "스캇, 잘 들었습니다. 강의를 들으면서 생전 처음으로 성경을 처음부터 끝까지 읽어야겠다고 다짐했어요." 복음의 문화를 이루기 위해 우리는 "그 책"의 사람들이 되는 일부터 시작해야 하며 성경을 하나의 책이 아니라 우리의 정체성을 규정하는 이야기로 읽어야 한다.…

둘째, 우리는 예수님 이야기에 더 몰두해야 한다. 복음은 이스라엘 이야기가 예수님 이야기 안에서 결정적으로 완성되었다는 소식이며, 이는 우리가 예수님 안에서 성취된 그 이야기의 사람들이 되어야 한다는 뜻이다. 예수님 이야기의 사람들이 되는 방법은 하나뿐이다. 우리는 사복음서를 읽고 묵상하며 소화하고 머리와 마음으로 곰곰이 생각함으로써 예수님 이야기에 흠뻑 젖어들어야 한다. 이 이야기 속에 진정으로 푹 젖어들면 언제나 이스라엘 이야기로 돌아가게 된다. 왜냐하면 이스라엘 이야기 안에서만 예수님 이야기를 이해할 수 있기 때문이다(KJG 169).

우리가 예수님 이야기의 사람들이 될 수 있는 또 다른 방법이 있다.… 교회력의 핵심 주제는 예수님 이야기이며, 나는 꾸준히 성경에 흠뻑 빠져 있는 것 외에는 교회력보다 우리 삶을 더 많이 "복음화"할 수 있는 방법이 없다고 생각한다. 교회력은 대강절에서 시작해 성탄절, 주현절, 주현절 이후 기간, 사순절, 성삼일(세족 목요일, 성금요일, 토요일 저녁의 부활절 전야), 부활절, 오순절로 이어지며 다음 대강절까지는 비절기 기간이라고 부른다. 비절기 기간은 예수님의 생애와 가르침에 집중하는 시기다. 신학적, 성서적 맥락 속에서 이 절기들에 집중하기 위해 의식적으로 노력하는 교회에 출석하면서 교회력을 절반 정도라도 알고 있다면 누구든지 해마다 온전한 복음 곧 예수님 이야기 안에서 성취된 이스라엘 이야기 전체를 접하게 될 것이다 (KJG 170-71).

셋째, **우리는 사도들의 글이 어떻게 다음 세대와 다른 문화에 이스라엘 이야기와 예수님 이야기를 전해주었는지, 그리고 어떻게 그 세대가 우리 세대에 이르기까지 그것을 전해주었는지를 깨달아야 한다.**…예수님은 제자들에게 **그분의 이야기가 교회의 이야기 안에서 계속될 것**이라고 분명히 말씀하셨고, 나는 요한복음 14-17장, 마태복음 28:16-20, 사도행전 1:8 등이 그에 부합하는 성경 말씀이라고 해석한다.

우리는 교회 안에서 계속되는 예수님 이야기가 우리의 이야기를 규정하도록 해야 할 책임이 있다. 그렇다. 교회의 이야기는 예수님의 복음 이야기를 바탕으로 새롭게 점검되어야 하지만, 우리는 하나님이 예수님의 공동체에 능력을 부으시고 귀하게 만드시며 인도하시기 위해 성령을 보내신 그날 이후 그분이 이 공동체 안에서 계속해서 행하고 계신 일을 무시할 권리가 없다.…나는 여러분에게 후스토 곤잘레스의 『초대교회사』 같은 표준적인 교회사 책을 읽어볼 것을 추천한다.…아담으로부터 당신의 교회에서 가장 최근에 세례를 받은 그리스도인에게로 이어지는 우리의 이야기를 알아가겠다고 결단하라. 더 많은 이들이 우리 조상에 대해 궁금하게 여겨야 한다. 이런 관심은 우리가 복음의 문화를 세워가는 데 도움이 될 것이다.

우리는 또한 우리의 신조에 대해서도 알아야 한다.…교회의 지혜는 신조와 신앙고백을 귀하게 여기라고 가르친다. 나는 여러분에게 사도신경이나 니케아 신조를 온라인에서 검색하여 읽어볼 것을 권하고 싶다. 할 수 있으면 그중 하나를 암송하라(KJG 171-72).

넷째, **우리는 우리의 이야기를 무시하고 재구성하려는 이야기들에 맞설 필요가 있다.** 우리를 둘러싼 문화는 피상적인 세계관에 근거한 수많은 거짓 이야기들을 제시한다. 이런 이야기들은 대개 복음 이야기 속으로 들어가기를 거부하거나, 복음 이야기를 재구성하고, 노골적으로 그 이야기를 파괴하려고 한다. 하지만 복음의 문화는 복음 이야기가 참된 이야기라고 선언함으로써 이런 이야기에 저항할 수 있다.…

무엇이 복음의 문화에 반하는 이야기들인가?

- 개인주의 – "내"가 우주의 중심이라는 이야기
- 소비주의 – 내가 소유한 것이 내 정체성을 규정한다는 이야기
- 민족주의 – 내가 속한 민족이 하나님의 민족이라는 이야기
- 도덕적 상대주의 – 무엇이 보편적인 선인지 알 수 없다는 이야기
- 과학적 자연주의 – 물질만이 중요하다는 이야기
- 뉴에이지 – 우리가 곧 신이라는 이야기
- 포스트모던 종족주의 – 내가 속한 작은 집단이 생각하는 것만이 중요하다는 이야기

…세례와 성만찬이 이런 문화적 이야기들에 대한 대항적 이야기임을 강조함으로써 우리는 복음의 문화를 건설할 수 있을 것이다(KJG 173-74).

마지막으로 우리는 복음 이야기에 의해 우리가 구원받고 변화될 수 있다는 이 이야기를 받아들여야 한다.…이 책은 우리가 사도적 복음을 분별하고 그 복음을 깊이 수용함으로써 그리스도의 형상으로 온전히 변화되기를 촉구하는 책이다. 우리는 스스로 철저히 회심할 때 비로소 복음의 문화를 이룰 수 있다(KJG 174).

우리는 복음을 수용하고 사랑과 긍휼로 다른 이들을 섬김으로써 복음의 문화를 만들 수 있다. 하나님을 사랑하고 다른 이들을 사랑하라는 예수 신

경에 나타난 예수님의 말씀에 주목하든지, 우리를 향해 자신을 따르라고 말씀하시는 예수님의 말씀에 주목하든지,…복음 이야기는 우리를 홀로 내버려두지 않을 것이다. 우리 하나님이 보내시는 하나님이신 것처럼, 우리는 보냄을 받은 사람들이다. 우리 하나님이 타자를 향해 계신 하나님이신 것처럼, 우리도 타자를 향해 있는 사람들이 되어야 한다. 복음은 우리를 선교로, 하나님을 사랑하고 자신을 사랑하며 다른 이들을 사랑하고 세상을 사랑하는 통전적인 선교로 나아가게 한다.…

이것이 우리의 복음이다. 이 복음은 사셨고, 죽으셨으며, 묻히셨고, 부활하셨으며, 하나님 우편으로 들리셨고, 언젠가 하나님 나라가 포효하듯이 영광스럽게 임할 것이라는 메시지를 선포하시는 예수님에 의해 성취된 이스라엘의 구원 이야기다(KJG 176).

읽은 내용을 되돌아보는 질문

1. 우리가 예수님 이야기에 몰입할 수 있는 두 가지 방법은 무엇인가?

2. 사도적 복음이 어떻게 우리 세대까지 전수되었는지를 알 수 있는 두 가지 방법은 무엇인가?

3. 읽기 자료에 열거된 문화적인 이야기 중 어느 것이 당신에게 가장 매력적으로 느껴지는가? 예수님 이야기를 당신의 삶의 중심으로 삼으려 할 때 어떤 이야기(들)에서 가장 많이 갈등을 느꼈는가?

4. 타자 지향적이 된다는 것, 다른 이들을 사랑하라는 사명을 안고 하나님께 보냄을 받는다는 것은 당신에게 무엇을 의미하는가? 당신이 하나님이 보내신 백성의 일원임을 삶으로 잘 보여줄 수 있는 방법은 무엇인가?

■ 성경공부

읽기 자료에서 강조하는 대로 예수님 이야기에 속한 사람이 될 수 있는 가장 좋은 방법 중 하나는 복음서를 읽는 것이다. 이 과에서는 마가복음을 끝까지 다 읽을 것이다. 지난주 소그룹 모임에서 9장을 읽었을 것이므로 이번 읽기는 10장부터 시작한다. 직접 읽거나 오디오 성경을 듣는 방식으로 10-16장을 한 번에 쭉 읽어보자.

계속되는 예수의 이야기(막 10-16장)

마가복음 10-16장까지 읽는다.

1. 마가복음 10-16장을 다 읽고 받은 전체적인 인상을 묘사해보라. 이 장들을 읽고 예수님에 대해 어떤 관점이 형성되었는가?

2. 이 장들을 다시 쭉 훑어보고 여기에 담긴 예수님의 핵심적인 가르침
   을 적어보자.

3. 예수님의 삶 속에 깊이 몰입해본 이후 그분의 죽음에 대한 이야기가
   당신에게 어떤 영향을 끼쳤는가?

■ 기도

마가복음 10장에서 예수님은 서로 다른 상황에 처한 사람들에게 정확
히 같은 질문을 하신다. "네게 무엇을 하여 주기를 원하느냐?" 그들은
예수님께 원하는 것을 말한다.

마가복음 10:35-40에서 예수님은 야고보와 요한의 요청에 응답하
지 않으신다. 반면 마가복음 10:48-52에서 예수님은 바디매오의 요청
에 응답하신다. 왜 예수님은 어떤 요청에는 응답하시고 어떤 요청에는
응답하지 않으셨을까? 이 사실이 기도에 대한 당신의 관점에 어떤 영향
을 미치는가?

만일 예수님이 오늘 당신에게 "네게 무엇을 하여 주기를 원하느
냐?"고 질문하셨다면 당신은 무엇을 해달라고 간청했을까? 하나님이
당신의 간청에 응답하실 것이라고 믿는가? 오늘 당신을 향한 하나님의
뜻에 부합한다고 여겨지는 구체적인 것을 위해 기도하라.

주기도문으로 기도를 마치라.

하늘에 계신 우리 아버지여, 이름이 거룩히 여김을 받으시오며 나라가 임하시오며 뜻이 하늘에서 이루어진 것 같이 땅에서도 이루어지이다. 오늘 우리에게 일용할 양식을 주시옵고 우리가 우리에게 죄 지은 자를 사하여 준 것 같이 우리 죄를 사하여 주시옵고 우리를 시험에 들게 하지 마시옵고 다만 악에서 구하시옵소서. 나라와 권세와 영광이 아버지께 영원히 있사옵나이다. 아멘(마 6:9-13).

■ 활동

앞서 언급된 니케아 신조의 번역본 중 하나(역본 간에 약간씩 차이가 있다)를 인터넷에서 찾아보고 종이에 옮겨 써보자. 뒤에서 니케아 신조가 다시 필요할 것이므로 그 종이를 이 책에 붙여놓으라. 옮겨 적을 때 니케아 신조에서 예수님에 대해 어떻게 말하는지 눈여겨보라.

■ 묵상

마가복음 10:13-16에서 예수님은 하나님 나라를 어린아이처럼 받아들이라고 말씀하신다. 당신의 가족이나 주변에 아이들이 있는가? 또는 당신의 어린 시절을 회상할 수 있는가?

• 예수님께서는 제자들이 어린아이들의 어떤 측면을 이해하기 원하셨다고 생각하는가? 하나님 나라를 어린아이처럼 받아들인다는 것은 어떤 뜻인가? 그 아이들은 자신들에 대한 예수님의 관심과 말씀을 어떻게 받아들였을까?

〈소모임 토론〉

소모임을 시작하면서 예수 신경을 함께 소리 내어 읽는다.

이스라엘아, 들으라. 주 곧 우리 하나님은 유일한 주시라. 네 마음을 다하고 목숨을 다하고 뜻을 다하고 힘을 다하여 주 너의 하나님을 사랑하라 하신 것이요. 둘째는 이것이니 네 이웃을 네 자신과 같이 사랑하라 하신 것이라. 이보다 더 큰 계명이 없느니라.

다음 질문들은 당신이 앞서 마무리한 개인 성경공부에 바탕을 두고 있다. 소모임에서 토론할 수 있는 시간이 얼마나 되는지 살펴보고 가능한 한 많은 질문에 함께 대답해보자.

■ 읽기

• 읽기 자료에 나온 문화적인 이야기들의 목록에 대해 토론해보자. 그런 이야기들이 당신의 우선순위나 세계관 속에서 어떤 식으로 드러나는지에 대해 각자 삶 속의 예를 들어 이야기해보라.

• 그런 문화적인 이야기들을 예수님 이야기로 대체하기 위해 어떤 노력을 할 수 있는가?

■ 성경공부

• 이 성경공부를 통해 당신은 예수님에 대해 어떤 인상을 받았는가?

• 이 성경공부에서 당신을 놀라게 한 것은 무엇인가?

• 다른 복음서를 읽어본 적이 있다면, 마가복음과의 차이점이 무엇이라고 생각하는가?

• 예수님 이야기에 계속해서 몰입하기 위해 다음으로 어떤 복음서를 읽고 싶은가?

■ 기도

당신이 기도해온 것들을 하나님이 허락하지 않으신 경험이 있는가? 하나님께서 당신이 좋아할 만한 방식으로 그 기도에 응답하지 않으신 이유가 무엇이라고 생각하는가?

■ 활동

마가복음에 대한 "바이블 프로젝트"(Bible Project)라는 영상을 찾아서 시청하라. 이 영상은 다음 인터넷 주소에서 볼 수 있다. https://thebibleproject.com/explore/mark. (두 가지 비디오가 있는데 "The Gospel According to Mark"를 보지 말고 "Read Scripture: Mark"를 보라.)

당신이 마가복음을 읽으면서 발견한 통찰 중 이 영상에서 지적하는 것이 있는가?

당신이 마가복음을 읽으면서 발견하지 못한 주제나 개념을 이 영상이 제시하고 있는가?

재생 시간이 4분 정도 되는 지점에서 이 영상은 "왕"에 대한 베드로의 관점과 예수님의 관점을 대조한다. 제자들의 관점에서 왕이신 예수님을 따르는 것은 무엇을 의미하는가? 예수님이 사람들에게 왕인 자신을 따르라고 요구하실 때는 무슨 뜻으로 말씀하신 것인가?

■ 묵상

어린아이들과 하나님 나라에 대한 당신의 생각을 적는 동안 어떤 깨달음을 얻었는가?

당신이 교회에서 보낸 어린시절과 관련된 재미있거나 가슴 아픈 이야기가 있는가?

당신이 기독교적인 분위기에서 성장했다면, 아이에서 어른으로 성장하면서 예수님에 대한 당신의 관점이 어떻게 바뀌었는가?

■ 소모임 기도

각자 작은 쪽지에 기도 제목을 적는다. 그 종이를 뒤섞은 다음 소모임 회원들이 한 장씩 뽑게 하라. 이때 자신이 적은 것은 뽑지 않도록 한다. 각자 받은 쪽지 위에 적힌 기도 제목을 놓고 함께 기도하라. 그 쪽지를 집에 가져가서 다음 모임 전까지 그 사람을 위해 여러 번 기도하라. 다음번 모임에서 기도 제목에 관한 뒷이야기들을 나눠보라. 하나님이 응답하시거나 해결책을 주셨는가?

소모임을 마치면서 주기도문으로 함께 기도하라.

하늘에 계신 우리 아버지여, 이름이 거룩히 여김을 받으시오며 나라가 임하시오며 뜻이 하늘에서 이루어진 것 같이 땅에서도 이루어지이다. 오늘 우리에게 일용할 양식을 주시옵고 우리가 우리에게 죄지은 자를 사하여 준 것 같이 우리 죄를 사하여 주시옵고 우리를 시험에 들게 하지 마시옵고 다만 악에서 구하시옵소서. 나라와 권세와 영광이 아버지께 영원히 있사옵나이다. 아멘(마 6:9-13).

■ 안식

『왕이신 예수 따르기 프로젝트』의 "복음 알기"에 관한 처음 여섯 과를 끝내면서 이 책을 다시 쭉 훑어보고 어떤 점이 지난 6주 동안 당신에게 가장 큰 영향을 끼쳤는지 생각해보라. 그런 다음 "아무것도" 하지 않는 시간을 가져라. 당신의 잠재의식이 배운 모든 것을 처리하는 동안 무엇이든 자유롭게 생각함으로써 스스로에게 생각을 정리하고 체계화할 수 있는 기회를 주자.

2장

복음 읽기

스캇과 그의 아내 크리스는 새 관찰을 즐긴다. 그들은 이 일을 정말 좋아하는데, 가끔씩 숲을 산책하거나 고가의 쌍안경이나 가죽으로 제본된 스케치북을 사기 위한 핑계로 그러는 것은 아니다. 나는 작년 여름 신학교 동료와 함께 바울의 발자취를 돌아보는 여행을 떠났다. 관광버스에서 내려 로마의 지하 묘지를 향해 걷고 있는 도중에 스캇과 크리스가 발길을 멈추더니 키가 크고 잎이 무성한 나무 한 그루를 쳐다보았다. "들어 봐요!" 그들은 처음에는 서로를 보더니 다시 우리를 향해 자신들의 열정에 우리를 끌어들이려는 말투로 말했다. "들어 봐요. 이건 ~잖아요[그들의 말이 잘 기억나지는 않지만, 아무튼 둘은 매우 들떠 있었다]." 그들은 우리 일행이 화장실과 기념품 가게에 들르는 동안에도 새를 관찰하기 위해 나뭇가지들을 지켜보고 있었다.

따라서 스캇이 성경 읽기와 적용에 관한 자기 책의 제목을 『파란 앵무새』라고 지은 것은 그다지 놀라운 일이 아니다. 그 책에서 스캇은 도망치는 새와 마주친 이야기를 들려준다. 그의 집 뒤뜰에 있는 정원은 새 모이통으로 가득하고, 그는 정원을 방문하는 홍관조, 오색방울새, 박새를 즐겨 관찰하곤 한다. 어느 여름에 스캇은 뒷 베란다에서 책을 읽고 있다가 파란 섬광을 보았다. 그는 무슨 새인지 알아채지 못했다. 큰 어치도 아니고, 유리무당새도 아니었다. 그러다가 마침내 그것이 야생의 새가 아니라는 것을 깨달았다. 그 새는 바로 새장을 탈출하여 밖으로 날아간 누군가의 애완용 파란 앵무새였다. 그 앵무새는 스캇뿐만 아니라 정원에 있는 다른 새들마저 놀라게 했다. 정원에 있던 새들은 겁을 먹고 이 방문객을 피해 숨었다. 스캇은 이 새로운 새를 지켜보며 뒷마당의 사회 윤리를 관찰하기 시작했다. 결국 참새와 다른 새들은 이 앵무새의 존재에 익숙해졌고, 평상시에 있던 곳으로 돌아와 자리를 잡았다. 앵무새는 거기에 있던 새들과는 다른 소리로 울면서 이상한 패턴으로 날아다녔지만, 참새들은 그 앵무새를 있는 모습 그대로 받아들였고 그의 존재에 적응했다.

갑자기 찾아온 방문객들은 이처럼 우리를 동요시키고 마음속에 의문을 일으킬 수 있다. 성경 구절이나 어려운 문제를 제기하는 친구들이 우리에게 놀라운 질문을 들이밀 때 그런 질문들은 우리에게 "파란 앵무새의 경험"과 같은 역할을 한다. 파란 앵무새의 경험은 우리가 치유를 위해 기도하지 않는 이유를 묻는 학생을 접하는 것과 같다. 또는 발 씻기에 관한 성경 구절처럼 우리로 하여금 잠시 멈춰 "이 구절은 오늘날을 위한 것인가?"를 생각하게 만들기도 한다.

스캇은 뜰에 들어온 파란 앵무새를 쫓아내거나 잡을 수도 있었다. 아니면 그냥 무시하거나 그 새가 사라져버리기를 원했을 수도 있다. 그러나 그는 그렇게 하지 않고 새를 관찰했다. 우리가 성경에서 파란 앵무새를 경험할 때 선택할 수 있는 대안은 이런 것이다. 우리는 그런 경험을 밀쳐놓고 무시하거나 새장 안에 가두어 놓을 수도 있다. 또는 그것을 관찰함으로써 무언가를 배울 수 있다. 그런 경험들은 마치 앵무새가 참새를 불편하게 만든 것처럼 우리를 불편하게 만들 수도 있다. 그러나 우리는 성경을 있는 그대로 받아들임으로써 성경에 적응할 수도 있다.

성경 구절 중에는 우리가 어떻게 성경을 읽고 있는지를 처음부터 다시 생각하게 만드는 것들이 많다. 나는 젊은 시절부터 이 사실을 눈치챘고, 이런 구절들을 일컬어 "파란 앵무새 구절"이라고 부른다.

우리는 성경 속의 이런 기이한 구절들이 신성한 마음의 정원에 들어오도록 허용하기보다는 새장 안에 갇힌 채 조용히 있기를 선호한다. 파란 앵무새 구절들은 종종 우리를 위협하고, 우리의 전통적인 성경 읽기 방식에 의문을 품게 하며, 우리에게 다시 성경으로 돌아올 것을 요구함으로써 성경을 읽는 방법을 재고하도록 만든다(BP 262).

스캇의 책 『파란 앵무새』를 읽으면서 나는 매혹적인 동시에 자유를 주는 "파란 앵무새의 경험"을 누렸다. 그 책은 내가 처음으로 접한 스캇의 저서였다. 나는 4년 전 그 책을 읽으며 성경에 대한 관점을 재구성했다. 또한 책을 읽으면서 몇 가지 질문에 대한 답을 얻었고 동시에 더 많은 질문을 품게 됨으로써 여러 가지 생각을 하게 되었다(내가 느끼기에 그것이야말로 이 책을 통해 얻은 중요한 것이다). 그 책은 내 호기심을 자극했고 사역에 대한 소명을 새롭게 이해하도록 했으며, 궁극적으로 나를 노던 신학교에 있는 스캇의 강의실로 인도했다.

나무 위의 새와 관련된 일을 겪고 며칠이 지난 후 나는 로마의 밤거리를 걷다가 콜로세움의 노란 불빛 앞에서 마분지 위에 은하수를 그리고 있는 길거리 예술가를 만났다. 한 남자가 내 앞길을 막아섰는데 그보다 나를 더 놀라게 한 것은 그의 손가락 위에 놓인 파란 앵무새 한 마리였다.

스캇의 정원도 아니고 사람들로 붐비는 로마 광장에서 파란 앵무새를 발견하리라고 누가 상상이나 했겠는가. 게다가 이곳은 그 옛날 뵈뵈가 바울의 편지를 로마의 가정 교회들에 전달하기 위해 걸어 다녔을지도 모르는 그런 장소다. 그 남자가 앵무새를 내 손으로 옮겨놓고 녀석을 잘 달래어 내 머리로 뛰어오르게 하자 나는 기뻐 웃으며 친구들에게 말했다. "사진 찍어 줘!"

"사진값 달라고 할 텐데." 조쉬가 나에게 경고했다.

나는 지갑에서 10유로를 꺼내면서 웃으며 말했다. "상관없어!" 이때 찍힌 사진에는 유적지와 차량들을 배경으로 머리 위의 파란 앵무새를 가리키며 히죽 웃고 있는 내 모습이 담겨 있다. 이건 내가 가장 좋아하는 기념품이다.

다음 여섯 과의 목표는 "오늘날 우리가 성경을 어떻게 삶으로 보여줄 것인가?"에 대한 궁극적인 답을 얻는 것이다. 우선 성경 이야기의 개요를 핵심으로 다룰 것이며, 이는 우리가 성경의 다양한 구절, 장, 책을 적절한 위치에 배치하는 데 도움을 줄 것이다. 스캇은 세 장에 걸쳐서 성경 이야기, 즉 신정 체제(하나님이 백성들을 직접 다스리시던 때)에서 군주제(하나님이 인간 왕을 통해 다스리시던 때)를 거쳐 그리스도의 통치(예수님이 다스리는 왕으로서 이야기를 완성하시는 때)로 나아가는 과정을 들려준다. 두 번째로 다룰 핵심은 우리가 왕이신 예수님을 따를 때 성경을 해석하고 그것을 우리 삶에 적용할 수 있는 원리에 관한 것이다. 그 여정에서 파란 앵무새는 예상치 못한 순간에 나타나 우리를 놀라게 하고 혼란스럽게 하며 때로는 즐겁게 해줄 것이다.

7과
성경이란 무엇인가?

- **학습 목표:** 제자들은 성경을 하나님께서 그분의 백성에게 하시는 말씀으로 여기고 그 특성에 따라 읽는 법을 배울 것이다.
- **영적 성장 목표:** 제자들은 "나는 성경과 어떤 관계가 있는가?", 더 나아가 "나는 성경의 하나님과 어떤 관계가 있는가?"라는 질문을 스스로에게 던지게 될 것이다.

〈개인 성경공부〉

■ 읽기

제자 훈련 시간을 시작하면서 예수 신경을 소리 내어 읽는다.

> 이스라엘아, 들으라. 주 곧 우리 하나님은 유일한 주시라. 네 마음을 다하고 목숨을 다하고 뜻을 다하고 힘을 다하여 주 너의 하나님을 사랑하라 하신 것이요. 둘째는 이것이니 네 이웃을 네 자신과 같이 사랑하라 하신 것이라. 이보다 더 큰 계명이 없느니라.

1. 당신은 성경에 대해 한 번도 들어본 적이 없는 사람에게 성경이 무엇이라고 설명
하겠는가?

성경은…예술가이신 하나님의 창조물이며, 이 예술가는 우리가 성경을 읽을
때 우리 옆에 계신다. 우리는 가끔씩 무엇을 읽고 있는지 잊어버린다. 성경
은 **하나님**의 이야기다. 이것은 너무나 특이해서 건너뛰고 싶은 유혹을 받을
지도 모르는 주장이다. 우리가 믿는 바에 따르면 이 말씀은 하나님의 말씀이
고 이 책은 하나님의 책이며 이 이야기는 하나님의 이야기이기 때문에 성경
은 다른 책들과 다르다. **하나님**의 이야기는 왕과 그분이 다스리시는 나라에
관한 이야기이며 그 안에는 구속 이야기가 포함되어 있다.

우리가 하나님의 이야기인 성경을 읽을 때 하나님이 우리 곁에 계신다는
사실은 한 가지 중요한 질문으로 이어진다. 우리는 **하나님**의 이야기라고 주
장하는 이 이야기를 어떻게 읽는가? 이보다 더 깊은 곳에 도달하기 위해서
는 더 나은 질문을 던져야 한다. 나와 성경은 어떤 **관계**가 있는가? 이것은
우리가 성경 읽기에 관해 물어볼 수 있는 가장 중요한 질문 중 하나다. 나는
성경에 대해 논하는 많은 사람들이 이 질문을 건너뛰는 것이 놀랍다. 그들
은 "어떻게 하면 성경을 이해하는 법을 배울 수 있는가?"라는 질문에 머물
뿐 더 나아가지 않는다.

그러나 그것 역시 충분히 좋은 질문은 아니다. 사람들의 마음속에 있는
진짜 질문은 이것이다. "나와 성경의 **하나님**은 어떤 관계인가?" 우리의 관계
는 나와 성경과의 관계보다 나와 성경의 하나님과의 관계에 달려 있다. 둘
사이에는 매우 큰 차이가 있다(BP 93-94).

관계적 접근은…하나님과 우리 사이의 기록된 의사소통이라는 관점에서 성경을 바라본다. 성경은 하나님이 그분의 백성에게 보내신 메시지나 편지에 가깝고, 이는 우리가 사랑하는 사람에게 무언가를 전달하기 위해 사용하는 말과 비슷하다. 우리는 잠시 멈춰서 우리가 무엇을 말하고 있는지를 숙고해야 한다. 하나님은 성경이 아니다. 성경을 하나님으로 만드는 것은 우상숭배다.

성경은 하나님과 우리 사이에 오가는 말의 형태로 된 의사소통이다. 우리는 성경을 언급하면서 영감, 계시, 진실 등 모든 중요한 단어들을 동원할 수 있지만, 그런 단어들로는 충분하지 않다. 이 모든 말 뒤에는 우리 그리스도인들이 제기하는 놀라운 주장, 즉 성경은 말의 형태로 된 하나님과 우리 사이의 의사소통이라는 주장이 있다. 이 종이로 된 책이 의도된 바에 따라 소통의 도구로 사용되려면, 우리는 이 말씀들을 하나님의 백성을 대상으로 한 그분의 말씀으로 여겨야 한다(BP, 98-99).

이 모든 것을 종합하면 다음과 같은 내용이 도출된다. 관계적 접근에 따르면 **우리와 성경의 관계는 우리와 성경 안에서 그것을 통해 우리에게 말씀하시는 하나님과의 관계로 변한다.** 이제 처음 관찰한 사실로 돌아가보자. 하나님과 성경을 구별하려는 시도는 우리가 성경 속에 있는 하나님의 말씀을 들으면서 스스로 종이 위에 적힌 말씀과의 관계 이상의 것을 찾고 있는 것과 같다. 우리는 성경 지면 위에서 말씀하시는 분과의 관계를 추구한다. **우리가 성경과 맺는 관계는 사실 성경의 하나님과 맺는 관계다.** 우리는 성경이 무엇을 말하는지를 묻고 있는 것이 아니다. 우리는 그 성경 속에서 하나님이 무엇을 말씀하시는지를 묻는다. 그 차이는 종이와 인격의 차이만큼이나 크다.

…마지막으로 이렇게 표현해보겠다. 하나님이 우리에게 성경을 주신 이유는 우리가 **성경**을 알게 하기 위해서가 아니라 우리가 **성경**을 통해 하나님을 알고 사랑할 수 있도록 하기 위해서다(BP 100-101).

읽은 내용을 되돌아보는 질문

1. 당신은 "(어떤 주제에 대해) 성경이 무엇이라고 말하는가?"라는 질문을 받아보거나 스스로 그런 질문을 해본 적이 있는가? 그 질문을 "성경은 어떻게 말하는가?"에서 "하나님은 성경을 통해 무엇을 말씀하시는가?"라는 형태로 바꾼다면, 그로 인해 성경 읽기에 대한 관계적인 접근에 가까워질 수 있는가?

2. "성경을 하나님으로 만드는 것은 우상숭배적인 일"이라는 주장에 대해 어떻게 생각하는가? 이런 행태는 "성경 숭배"(성경을 숭배하거나 우상화하는 일)라고 불리기도 한다. 성경에 대한 관계적 접근을 통해 어떻게 성경 숭배로부터 우리를 지킬 수 있는가?

3. 읽기 전 질문을 다시 살펴보라. "읽기"와 "묵상"을 다 마친 후 성경에 대해 한 번도 들어본 적이 없는 사람에게 성경을 설명하는 방법에 관한 생각이 바뀌었다면 어떤 점이 바뀌었는가?

■ 성경공부

즐거운 말씀(시 119편)

내가 대학생 때 성경에서 가장 좋아한 장 중 하나는 시편 119편이었다. 그 이유는 시편 저자와 나 사이에 어떤 공통점이 있었기 때문이다. 우리는 둘 다 하나님의 말씀을 사랑했고 즐겨 공부했다. 그러나 시편 저자는 성경에 대해 "주님의 말씀은 권위 있고 저는 그 말씀에 복종하도록 부르심을 받았습니다"라고 반응하지 않는다. 그는 오히려 "주님의 말씀은 즐겁고 저는 주님이 요구하시는 일을 함으로써 기뻐합니다"라는 태도를 보인다. 이 둘의 차이는 엄청나다. 하나는 성경과의 관계를, 다른 하나는 하나님과의 관계를 이야기하고 있다(BP 95).

이 시편 전체를 한 줄로 요약하는 구절은 아마도 다음과 같을 것이다. "내가 전심으로 주의 얼굴을 구하였사오니"(58절, 개역개정에서는 "내가 전심으로 주께 간구하였사오니"). 하나님의 얼굴! 이 얼마나 멋진 표현인가? 성경에 대한 관계적 접근은 "기쁨", "내 영혼이 사로잡히며", "모사", "자유", "사랑", "내 노래의 주제", "선하다", "소중하다", "달콤하다", "놀랍다"와 같은 말들을 통해 드러난다(BP 96).

시편 119편을 (전부) 읽는다.

1. 이 시편은 성경에서 가장 많은 절로 구성된 장이다. 이 긴 시편을 다 읽고난 후 당신이 받은 전체적인 인상을 묘사해보라. 어떤 생각이 떠올랐는가? 그 생각은 당신으로 하여금 어떤 감정을 느끼게 했는가?

2장 • 복음 읽기

2. 이 시편의 저자가 성경을 지칭할 때 사용하는 다양한 용어와 개념을 적어보자(예를 들면 105-8절에서 저자는 "말씀", "등", "빛", "규례들", "약속" 등의 표현을 사용한다).

3. 시편 저자는 어떤 단어들을 가장 자주 사용하는가? 당신이 방금 작성한 목록에서 그 단어들을 찾아 동그라미를 쳐보자.

4. 시편 저자와 성경 사이의 관계뿐만이 아니라 그와 하나님 간의 관계를 보여주는 구절, 예를 들면 "내가 전심으로 주를 찾았사오니"(10절)와 같은 구절들을 찾아보라. 최소한 세 구절 이상을 열거해보자.

■ 기도

시편 119편은 여러 부분으로 나누어지며, 각 부분은 히브리어 알파벳의 각 글자를 딴 이름으로 불린다. 알파벳순으로 된 시편 119편의 각 부분 중에 두 부분을 골라서 성경의 하나님을 알고 그분을 기뻐하고자 하는 갈망을 품은 채로 소리 내어 읽어보자.

주기도문으로 기도를 마치라.

하늘에 계신 우리 아버지여, 이름이 거룩히 여김을 받으시오며 나라가 임하시오며 뜻이 하늘에서 이루어진 것 같이 땅에서도 이루어지이다. 오늘

우리에게 일용할 양식을 주시옵고 우리가 우리에게 죄 지은 자를 사하여 준 것 같이 우리 죄를 사하여 주시옵고 우리를 시험에 들게 하지 마시옵고 다만 악에서 구하시옵소서. 나라와 권세와 영광이 아버지께 영원히 있사옵나이다. 아멘(마 6:9-13).

■ 활동

시편 119편에서 성경을 통해 하나님을 알고자 하는 당신의 소망과 부합하는 한 구절을 선택하라. 그 구절을 따라 써보고 그것을 매일 볼 수 있도록 어딘가에 붙여놓으라. 포스트잇에 간단히 적어도 좋고 특별한 종이 위에 예쁜 글씨로 쓰거나 말씀이 담긴 예술 작품으로 만들어도 좋다.

■ 묵상

• 성경의 하나님과 당신 간의 관계를 노래하는 시편을 써보라. 시의 형태도 괜찮고 노래 가사나 산문의 형태를 취해도 좋다. 당신은 성경을 읽으면서 하나님께서 당신에게 하시는 말씀을 어떻게 발견하는가? 그 말씀들은 당신에게 무엇을 의미하는가? 당신은 그 말씀들이 삶에 어떻게 영향을 끼치기를 원하는가? 당신에게 말씀하실 하나님에 대한 갈망을 묘사하는 말씀이 있다면 어떤 것인가?

〈소모임 토론〉

소모임을 시작하면서 예수 신경을 함께 소리 내어 읽는다.

> 이스라엘아, 들으라. 주 곧 우리 하나님은 유일한 주시라. 네 마음을 다하고 목숨을 다하고 뜻을 다하고 힘을 다하여 주 너의 하나님을 사랑하라 하신 것이요. 둘째는 이것이니 네 이웃을 네 자신과 같이 사랑하라 하신 것이라. 이보다 더 큰 계명이 없느니라.

다음 질문들은 당신이 앞서 마무리한 개인 성경공부에 바탕을 두고 있다. 소모임에서 토론할 수 있는 시간이 얼마나 되는지 살펴보고 가능한 한 많은 질문에 함께 대답해보자.

■ 읽기
- 당신은 성경이 어떤 책이라고 생각하는가?

- 성경을 한 번도 읽어본 적이 없는 사람에게 성경에 대해 어떻게 설명하겠는가?

- 앞의 질문에 대한 당신의 대답은 읽기 자료를 공부한 후 어떻게 변했는가?

■ 성경공부

• 시편 119편에 나오는 성경에 대한 동의어와 비유의 목록을 서로 비교해보라. 어느 것이 가장 마음에 들었는가?

• 이 시편을 읽는 동안 전체적으로 어떤 느낌이 들었는가?

■ 기도

이번 주에 기도하면서 당신과 하나님 간의 관계에서 어떤 변화를 경험했는가? 성경을 기뻐하는 일에 대해 기도할 때 성경에 대한 당신의 관점이 어떻게 변하고 성장했는가?

■ 활동

1. 독일 유대인들은 전통적으로 학교 교육을 받기 시작하는 학생들에게 서판에 발라진 꿀을 핥아 먹게 함으로써 성경 말씀이 꿀처럼 달콤하다는 것을 가르친다. 소모임 도우미에게 부탁하여 회원들에게 하나씩 나눠줄 작은 서판이나 칠판을 사오게 하라. 각자 분필로 서판에 "시편 119편"을 쓴 후 서판마다 꿀을 조금씩 부어라. 누군가가 시편 119:103을 큰 소리로 읽을 때 각자 서판 위의 꿀을 핥으며 성경이 꿀처럼 달콤하다는 사실을 떠올려보자.

2. 시편 119편을 소재로 한 많은 곡들이 있다. 그중 하나를 인터넷에서 찾아 함께 들어보자.

■ 묵상

원하는 사람은 자신이 쓴 시편을 큰 소리로 읽어보라. 소모임 회원들은 각자 하나님 및 성경과 맺고 있는 관계를 표현하기 위해 어떤 다양한 접근 방식을 취했는가?

■ 소모임 기도

소모임을 마치면서 주기도문으로 함께 기도하라.

> 하늘에 계신 우리 아버지여, 이름이 거룩히 여김을 받으시오며 나라가 임하시오며 뜻이 하늘에서 이루어진 것 같이 땅에서도 이루어지이다. 오늘 우리에게 일용할 양식을 주시옵고 우리가 우리에게 죄지은 자를 사하여 준 것 같이 우리 죄를 사하여 주시옵고 우리를 시험에 들게 하지 마시옵고 다만 악에서 구하시옵소서. 나라와 권세와 영광이 아버지께 영원히 있사옵나이다. 아멘(마 6:9-13).

■ 안식

성경공부는 분명 노력이 필요한 일이다. 이 일이 힘들게 느껴진다면 이번 주에는 성경에 대한 당신의 접근 방식을 한번 바꿔보라. 성경 한 구절을 골라 읽으면서 당신을 깊이 아끼는 사람으로부터 사랑 가득한 말을 듣고 있다고 생각하면서 편안함과 회복을 경험하도록 노력해보라.

성경을 삶에서 어떻게 실천해야 하는가?

- **학습 목표**: 제자들은 모든 성경 독자들이 오늘날 성경을 삶 속에서 실천하는 방법을 선택한다는 점을 알고 지혜로운 선택과 적응을 위해 분별하는 방식을 배울 필요가 있다는 점을 학습하게 될 것이다.

- **영적 성장 목표**: 제자들은 왕이신 예수님을 따르는 일이 분명하고 쉬운 대답을 제시하는 하나의 삶의 방식인지 또는 여러 가능성과 씨름하면서 분별력을 사용해야 하는 일인지를 숙고하게 될 것이다.

〈개인 성경공부〉

■ 읽기

제자 훈련 시간을 시작하면서 예수 신경을 소리 내어 읽는다.

이스라엘아, 들으라. 주 곧 우리 하나님은 유일한 주시라. 네 마음을 다하고 목숨을 다하고 뜻을 다하고 힘을 다하여 주 너의 하나님을 사랑하라 하신 것이요. 둘째는 이것이니 네 이웃을 네 자신과 같이 사랑하라 하신 것

이라. 이보다 더 큰 계명이 없느니라.

[나는] 회심을 하고 성경을 읽는 동안 나를 불안하게 했고 여전히 불안하게 만드는 한 가지 의아한 사실을 발견했다. 훌륭한 그리스도인인 친구들, 목사님들, 선생님들 중 많은 이들이 자신은 성경을 믿는 그리스도인으로서 성경 전체에 헌신한다고 주장하면서 "하나님이 그것을 말씀하셨고 나는 그것을 믿으며 그것으로 만족한다"고 즐겨 말하곤 했다. 나는 그들이 이야기하는 두 가지 점에 (불만이 가득한) 반응을 덧붙였다.

첫째, 우리는 성경이 말하는 모든 것을 믿는다. 따라서…

둘째, 우리는 성경이 말하는 것은 무엇이든 실천한다.

셋째, 헛소리!

왜 나는 아버지한테 배운 "헛소리"라는 멋지고 신랄한 단어를 사용했는가? 나는 그들이 읽었던 것과 똑같은 성경책을 읽었지만, 사실—나는 이 단어를 강조한다—그들이 무엇을 주장하든 그 주장은 "사실" 그들의 행동과 다르다는 점을 관찰했기 때문이다. (나 역시 마찬가지다.)

…나는 오히려 불편하지만 믿기 어려울 만큼 흥미로운 진리를 배웠다. 우리는 각자 성경을 받아들이고 (동시에) 그것을 우리 문화에 맞게 변형시킨다. 사람들에게 덜 인정받는 표현이지만 이렇게 말하고 싶다. 사람은 누구나 말씀을 취사선택한다. 나는 이 표현이 특이하게 들린다는 것을 알지만 이 말은 사실이다. 우리는 말씀을 취사선택한다. (우리로서는 "받아들이고 변형한다"는 말이 더 듣기 편하지만 사실상 둘은 같은 말이다.)

우리가 말씀을 취사선택하는 이유를 알고 싶어 하는 사람들이 많다. 그리고 이보다 훨씬 더 중요한 것은, 우리 중에 많은 이들이 하나님을 높이고 성경을 모든 시대를 위한 하나님의 말씀으로 받아들이는 방식으로 이 일을 하는 방법을 알고 싶어 한다는 점이다(BP 11, 13).

그렇다면 우리는 오늘날 어떻게 성경을 삶 속에서 실천해야 하는가?

이 질문에 관해서는 만족스러운 답변이 제시된 적이 없었고 앞으로도 그럴 것이다. 성경이 그 점을 말하고 있고 나는 거기에 만족한다. 왜 그런가? 성경이 말하는 모든 것을 행하는 사람은 아무도 없기 때문이다. 아마도 당신은 이런 질문을 예상했을 것이다. 그렇다면 오늘날 우리는 어떻게 성경을 적용해야 하는가? 이것은 좋은 질문이다. 나는 "적용"이라는 말이 약간은 임상적인 말로서 "실천"에 비해 덜 역동적인 말이라고 생각한다(BP 11-12).

우리가 이 책에서 접하게 될 주제 중 하나는 다음과 같이 요약된다.

하나님은 모세의 시대에 모세의 방식으로 말씀하셨다. 그리고
하나님은 욥의 시대에 욥의 방식으로 말씀하셨다. 그리고
하나님은 다윗의 시대에 다윗의 방식으로 말씀하셨다. 그리고
하나님은 솔로몬의 시대에 솔로몬의 방식으로 말씀하셨다. 그리고
하나님은 예레미야 시대에 예레미야의 방식으로 말씀하셨다. 그리고
하나님은 예수의 시대에 예수의 방식으로 말씀하셨다. 그리고
하나님은 바울의 시대에 바울의 방식으로 말씀하셨다. 그리고
하나님은 베드로의 시대에 베드로의 방식으로 말씀하셨다. 그리고
하나님은 요한의 시대에 요한의 방식으로 말씀하셨다.
그리고 우리는 하나님께서 오늘날 세상에서 그 패턴을 이어가고 계신 방

식을 분별하도록 부르심을 받았다(BP 27-28).

그렇다면 우리는 성경을 삶에서 어떻게 적용하고 있는가? 우리는 오늘날 어떻게 성경의 이야기를 삶에서 실천하는가? 우리는 성경의 어떤 구절이 말하는 대로 살아가는가? 이렇게 행동하는 것은 그리 쉽지 않으며, 적어도 항상 쉽지는 않다(BP 125).

본질적으로 교회는 **시대가 바뀌었다**고 늘 가르쳐왔고 우리는 신약이 제시하는 분별 방식을 통해서 해야 할 일과 하지 말아야 할 일이 무엇인지를 배웠다. 분별하는 일은 어렵지 않다. 이에 관해 토론이 필요할 때도 있지만 그 점에는 동의할 수 있다. 그러나 어떤 때는 분별하기가 어렵다(BP 128).

나는…모세의 모든 율법을 "정확하게" 지키고 싶은 진지한 욕구가 없다. 그리고 이 책을 읽는 사람 중 99.99%는 내 편을 들어줄 것이라고 생각한다. 하지만 나는 우리 중 대부분이 예수를 따르기를 원한다고 말할 용의가 있다. 많은 이들은 우리가 사실 어느 정도는 말 그대로 하는 모든 일에 예수님의 가르침을 적용한다고 주장한다.

왜 이 사실을 이야기하는가? 왜냐하면 **우리가 예수를 온전히 따르지 않는다**는 명백한 현실과 더불어 우리가 예수를 따르고 있다는 **주장**으로 인해 실제로 우리가 성경을 읽는 방식을 돌아보게 되기 때문이다. 우리가 따르지 않는 그 구절들이야말로 우리로 하여금 성경을 어떻게 읽고 있는지를 다시 생각하게 만드는 파란 앵무새와 같은 존재다.

…우리는 문자 그대로 예수를 따르기보다는 우리 삶에 적용하고 싶은 것을 취사선택한다. 나는 우리가 그것을 고르고 선택하는 과정에서 어떤 방

법, 개념, 원리가 작용하고 있는지를 알고 싶다. **우리—교회—는 언제나 성경을 취사선택하는 방식으로 읽어왔다. 우리는 어떤 식으로든 우리를 인도하는 분별의 패턴을 형성해왔다. 우리에게 성경을 읽는 법을 알려주는 본능을 부여하는 위대한 전통, 즉 일련의 방법과 신념 및 그것들을 하나로 묶는 문화가 있다는 점은 우리의 분별력과 관련된 가장 심오한 주제다**(BP 132-33).

읽은 내용을 되돌아보는 질문

1. 성경이 가르치는 것처럼 보이는 일에 순종하지 않으면서 자신이 성경의 가르침을 따른다고 주장하는 사람을 어떻게 보는가? 당신의 삶에서 어떻게 이런 일이 일어났는가?

2. "그렇다면 우리는 오늘날 어떻게 성경을 삶에서 실천해야 하는가"라는 글에서 스캇이 제기한 큰 질문에 당신은 어떻게 대답하겠는가?

3. 왕이신 예수님을 따르는 여정에서 당신이 성경의 가르침 중 어떤 것을 "취사선택"하거나 "수용 및 변형"시켜왔다는 사실을 어떻게 발견하게 되었는가?

율법(레 19장)

[레위기 19장에 있는] 이런…명령들은 제자도 프로그램에 속해 있지 않지만, 성경에서 하나님이 명령하신 것이다. 또한 모세가 자신을 본받고자 하는 사람들을 위해 몇 가지 좋은 제안을 하는 것도 아니다. 이 계명들은 "나는 너희의 하나님 여호와니라"라는 심오한 신학적인 말씀으로 뒷받침된다. 그리고 그 모든 계명은 "이는 나 여호와 너희 하나님이 거룩함이니라"라는 훨씬 더 심오한 말씀으로 시작한다. 모세는 이 명령의 근거가 하나님의 거룩함이라고 밝힌다. 하나님의 거룩함이 변하지 않으니 자기 백성을 위한 하나님의 규칙도 변하지 않는다고 생각하는 것이 이치에 맞지 않는가?

이 질문에 대한 빠른 대답은, 하나님의 거룩함은 변하지 않지만 자신의 백성에 대한 하나님의 뜻은 변한다는 것이다. 이는 내가 좋아하는 질문 중 하나로 이어진다. 이 계명 중 어떤 것이 바뀌고 어떤 것이 바뀌지 않는지 우리가 어떻게 알 수 있는가? 누가 이를 선택하는가? 이 계명은 언제 보존되고 언제 혁신되어야 하는가?(BP 127)

레위기 19장을 읽는다.

1. 이 장에서 주어진 모든 개별적인 명령에 대한 목록을 작성하라.

2. 작성한 목록을 다시 쭉 훑어보고 당신이 삶에서 실천하는 명령에 밑줄을 그어보라.

3. 작성한 목록을 다시 쭉 훑어보고 당신의 삶과 아무런 관련이 없어 보이는 명령에 동그라미를 쳐보라.

4. 스캇의 다음 질문에 대답해보라. **"이 계명들 중 어떤 것이 바뀌고 어떤 것이 바뀌지 않는지 우리가 어떻게 알 수 있는가?"**

■ 기도

레위기 19:2("이는 나 여호와 너희 하나님이 거룩함이니라")에 대해 생각해보라. 오늘은 기도하면서 이 구절에 초점을 맞추라. 거룩함에 대한 히브리인의 개념은 특별한 것, 구별된 것, 평범하지 않은 것과 관련이 있다. 하나님과 대화할 때 그분의 거룩하심을 경배하라.

주기도문으로 기도를 마치라.

> 하늘에 계신 우리 아버지여, 이름이 거룩히 여김을 받으시오며 나라가 임하시오며 뜻이 하늘에서 이루어진 것 같이 땅에서도 이루어지이다. 오늘 우리에게 일용할 양식을 주시옵고 우리가 우리에게 죄 지은 자를 사하여

준 것 같이 우리 죄를 사하여 주시옵고 우리를 시험에 들게 하지 마시옵고 다만 악에서 구하시옵소서. 나라와 권세와 영광이 아버지께 영원히 있사옵나이다. 아멘(마 6:9-13).

■ 활동

레위기 19:10은 농부들과 수확하는 이들에게 가난한 이들과 이민자들을 위해 밭의 가장자리에 음식을 남겨두라고 명령한다. 오늘날 당신의 지역사회에 있는 가난한 이들과 이민자들에 대해 알아보자. 그들은 어떤 점을 힘겨워 하는가? 어떤 기관들이 그들을 돕는가?

- 농부들이 작물을 나누어줌으로써 가난한 이들을 부양했던 것처럼 당신의 전문적인 기술, 취미, 자원을 이용하여 주변의 가난한 이들과 이민자들을 도울 수 있는 방법이 있는가? 당신이 사는 동네에서 가난한 이들과 이민자들에 대한 하나님의 돌보심을 받아들이고 변형시킬 수 있는 방법은 무엇인가? 아이디어들을 목록으로 만들어보자.

■ 묵상

이 과를 공부하면서 혼란스러운가? 이 과는 어떻게 질문에 대한 답보다 더 많은 질문을 제기하고 있는가? 당신은 종교가 모든 질문에 답을 주어야 한다고 여기는가? 만일 그렇다면 왜 그렇게 생각하는가? 당신은 신비와 불확실성을 직면하는 것이 괜찮은가? 그렇다면 그 이유는 무엇인가? 타이머가 10분 뒤에 울리도록 맞춰두고 이 질문에 대한 생각을 글로 적어보라.

〈소모임 토론〉

소모임을 시작하면서 예수 신경을 함께 소리 내어 읽는다.

> 이스라엘아, 들으라. 주 곧 우리 하나님은 유일한 주시라. 네 마음을 다하고 목숨을 다하고 뜻을 다하고 힘을 다하여 주 너의 하나님을 사랑하라 하신 것이요. 둘째는 이것이니 네 이웃을 네 자신과 같이 사랑하라 하신 것이라. 이보다 더 큰 계명이 없느니라.

다음 질문들은 당신이 앞서 마무리한 개인 성경공부에 바탕을 두고 있다. 소모임에서 토론할 수 있는 시간이 얼마나 되는지 살펴보고 가능한 한 많은 질문에 함께 대답해보자.

■ 읽기

• 당신은 종교적인 사람으로 성장했는가, 아니면 그렇지 않은가? 당신의 믿음의 배경에 대해 토론해보라. 당신은 주변의 그리스도인들에 대해 어떤 견해를 가졌는가?

• 성경을 문자적으로 따르거나 따르지 않은 사람들의 모습은 어떠했는가?

• 당신은 오늘날 성경을 삶 속에서 실천하기 위해 어떤 노력을 하는가?

■ 성경공부

• 개인적으로 레위기 19장에서 가장 이상한 명령은 무엇이었는가?

• 이치에 맞는 것 같다고 여긴 명령은 무엇이었으며 혼란스럽게 느낀 명령은 무엇이었는가?

■ 기도

기도하면서 하나님의 거룩하심에 대한 당신의 이해가 어떻게 깊어졌는가?

■ 활동

1. 당신의 지역사회에 속한 가난한 이들과 이민자들이 무엇을 필요로 하는지에 관해 조사한 결과를 말해보자. 동네의 궁핍한 이들과 소통해본 경험이 있는가? 만일 그렇다면 그 경험을 나눠보자. 당신의 소모임이 주변에 있는 가난한 이들/이민자들을 섬기기 위해 무슨 일을 할 수 있을지 토론해보라. 당신이 성경을 진정으로 실천하기 위해 노력하는 과정에서 다른 이들을 함께 섬기는 일은 영적 성장의 귀중한 단계가 될 수 있다.

2. A. J. 제이콥스가 자신의 저서인 『미친 척하고 성경 말씀대로 살아본 1년』에 대해 테드(TED)에서 강연한 영상을 찾아보고, 소그룹이 모여서 함께 그 강연을 시청하라. 만일 당신이 비슷한 일을 시도한다면 어떤 명령을 문자적으로 실천해볼 수 있는가?

■ 묵상

원하는 사람들은 자신이 적은 글에서 얻은 통찰을 서로에게 읽어주자. 당신은 성경을 해석하고 적용할 때 신비와 불확실성이 어떤 역할을 한다고 생각하는가?

■ 소모임 기도

소모임을 마치면서 주기도문으로 함께 기도하라.

하늘에 계신 우리 아버지여, 이름이 거룩히 여김을 받으시오며 나라가 임하시오며 뜻이 하늘에서 이루어진 것 같이 땅에서도 이루어지이다. 오늘 우리에게 일용할 양식을 주시옵고 우리가 우리에게 죄지은 자를 사하여 준 것 같이 우리 죄를 사하여 주시옵고 우리를 시험에 들게 하지 마시옵고 다만 악에서 구하시옵소서. 나라와 권세와 영광이 아버지께 영원히 있사옵나이다. 아멘(마 6:9-13).

■ 안식

레위기 19:3은 백성들에게 하나님의 안식일을 지키라고 명령한다. 오늘날 우리가 이 명령을 실천해야 한다고 생각하는가? 이번 주에 안식일을 지키는 일을 어떻게 받아들이고 삶에 적용할 수 있는가?

9과
성경을 어떻게 읽어야 하는가?

- **학습 목표**: 제자들은 오늘날 성경을 실천하는 방법을 결단하기 위해 위대한 전통에 따라 성경을 읽는 법을 배우게 될 것이다.
- **영적 성장 목표**: 제자들은 위대한 전통을 통해 성경적 해석과 적용에 대한 지침을 얻을 수 있을 것이다.

〈개인 성경공부〉

■ 읽기

제자 훈련 시간을 시작하면서 예수 신경을 소리 내어 읽는다.

이스라엘아, 들으라. 주 곧 우리 하나님은 유일한 주시라. 네 마음을 다하고 목숨을 다하고 뜻을 다하고 힘을 다하여 주 너의 하나님을 사랑하라 하신 것이요. 둘째는 이것이니 네 이웃을 네 자신과 같이 사랑하라 하신 것이라. 이보다 더 큰 계명이 없느니라.

교회는 언제나 성경을 까다롭게 골라내는 방식으로 읽어왔다. 이 방식은 "취사선택"이나 "보존과 혁신"이라고 불린다. 우리는 어떤 식으로든 우리를 인도해주는 식별의 패턴을 형성해왔다. 우리가 여기서 위대한 전통이라고 부르는 것은 교회가 역사에 걸쳐 신조의 일치점과 신앙의 기본적인 내용을 바탕으로 성경을 해석해온 방식이다. 이 위대한 전통, 일련의 방법과 신념 및 그것들을 하나로 결속시키는 문화는 우리에게 성경을 읽는 법을 알 수 있는 본능을 부여함으로써 우리의 분별과 관련된 심오한 주제를 제시한다. 우리는 말씀을 읽고 적용하는 것보다 더 많은 일을 한다. 즉 우리는 말씀을 읽고 들으며 (하나님의 영 및 그분의 백성과 관련하여) 그것을 분별한다.

성경을 읽는 세 가지 주된 방법이 있다. 그것은 바로 회복을 위한 성경 읽기, 전통을 통한 성경 읽기, 전통을 동반한 성경 읽기라고 할 수 있다.

회복을 위한 성경 읽기는 오늘날에 맞는 개념을 되살리고 실천을 회복하기 위해 성경으로 돌아가는 것이다. 이런 읽기는 그 모든 것 또는 본질만을 회복하려는 시도를 통해 이루어진다. 그 모든 것을 회복하는 일은 문자적으로 관행을 따르는 것처럼 보인다. 만일 바울이 여자는 교회에서 잠잠해야 한다고 말하면 여자는 침묵해야 한다. 본질을 회복하는 것은 우리의 문화를 위해 구해낼 수 있는 것을 되찾고 현재의 문화로 하여금 성경에서 받아들이는 내용을 지시하거나 형성하도록 허용하는 것과 비슷하다.

전통을 통한 성경 읽기는 우리가 성경을 잘못 해석하고 교회의 분열을 야기하지 않도록 돕는다. 종교개혁은 성경을 평범한 그리스도인들

의 손에 맡기면서도 성경을 해석할 수 있는 도구를 함께 제공했고, 지금
의 그리스도인들 역시 그런 도구를 필요로 한다. 성경 해석의 역사를 이
해하는 것은 전통을 통한 성경 읽기의 한 가지 방법이다.

전통을 동반한 성경 읽기는 성경으로 돌아가서 성경의 사상과 실
천을 회복하게 하고, 위대한 전통을 존중하게 하며, 이와 동시에 성령으
로 하여금 우리 시대에 우리의 방식으로 우리를 새롭게 하시고 우리에
게 말씀하시도록 만든다. 전통을 동반한 성경 읽기는 오늘날 성경을 실
천하는 방법을 배우는 것이다.

나는 우리가 위대한 전통과 **더불어** 성경을 읽는 법을 배울 것을 제안한다.
우리는 (돌려주고 되찾는 이야기가 흔히 그렇듯이) 하나님이 각 시대를 통
해 교회에 하신 말씀을 감히 무시할 수 없으며 과거의 해석들을 전통주의
로 치부할 수도 없다. 그 대신 **우리는 교회를 통해 전진하며 우리 시대에 맞
는 방식으로 하나님의 말씀을 전할 수 있도록 위대한 전통에 주목함으로써
성경으로 돌아가야 한다.** 이 일을 할 때 **우리는 시대에 맞춰 하나님의 말씀
을 새롭게 말하는 일이 위대한 전통과 유기적으로 연결될 수 있도록 노력해
야 한다.** 우리는 갇히지 않은 채로 되돌아가야 하며(돌아감의 문제) 우리의
생각을 화석화시키지 않고(전통주의) 전진해야 한다. 우리는 이 두 가지 접
근 방식 사이에서 균형을 잡고 나아가기를 원한다. 이는 분명 쉬운 일이 아
니지만 나는 이것이 제3의 길로서 성경에 대한 복음적인 접근 방식 중 가장
좋은 방식이자 오늘날 성경을 실천하는 가장 좋은 길이라고 주장한다(BP
34-35).

분별의 패턴을 사용하는 법을 배우는 일은 전통을 동반한 성경 읽기의 일부다. 이는 우리가 성경을 읽고 성경 이야기의 각 항목을 제자리에 배치하거나 하나님의 오래된 말씀을 통해 우리가 사는 세상에서 그분의 말씀을 들을 때 우리의 신앙 공동체나 위대한 전통이라는 배경 속에서 하나님의 영을 통해 세상에서 살아가는 방법 중 하나를 파악하는 것을 의미한다. 전 세계의 교회에는 다양성이 있다. 다양한 나라와 문화에 속한 그리스도인들은 각자 다른 방법으로 성경을 실천할 것이다. 분별의 패턴은 연령이나 교회에 따라 다르고, 심지어 한 교회 안에서도 사람에 따라 다양하다. 우리는 만유 안에서의 만물의 균일성 또는 통일성 안에서의 다양성이라는 두 가지 선택지가 있다. 바울은 상황에 적응했다. 바울은 복음을 진척시키려는 목표를 달성하기 위해 무엇이든 하고자 했다. 그의 사명은 변하지 않았지만 그의 방법은 바뀌었다. 우리 모두는 노예제, 정의, 여성의 교회 사역과 같은 주제, 즉 우리를 놀라게 하고 숭고하게 만드는 "파란 앵무새"와 같은 구절을 접할 때마다 분별의 패턴을 사용한다.

우리는 1, 4, 16, 18세기로 되돌아가기보다는 우리의 문화, 시대, 방식 위에 하나님의 영이 새롭게 불어오기를 갈망해야 한다. 우리는 성경적 복음을 21세기에 맞는 방식으로 실천하는 이 세기의 그리스도인들이 필요하다. 더 나아가 성경을 제대로 읽으면, 하나님은 사람들에게 시간을 거슬러 이전 세대처럼 살라고 요구하신 적이 없다는 것을 알게 된다. 아니, 하나님은 각 세대에 맞는 방식으로 말씀하셨다(BP 28-29).

1. 당신은 그리스도인들이 회복을 위해 성경을 읽는 것을 본 적이 있는가?

2. 당신은 그리스도인들이 전통을 통해 성경을 읽는 것을 본 적이 있는가?

3. 당신은 그리스도인들이 전통과 함께 성경을 읽는 것을 본 적이 있는가?

■ 성경공부

정의(Justice)

신약의 저자들은 히브리 성경을 읽었고, 성경을 교회 생활에 적용할 때 예수님의 가르침을 포함시켰으며, 성령의 음성도 들었다. 그들은 그 시대에 맞는 자신들의 방식으로 성경을 실천했다. 이는 전통과 함께 성경을 읽은 하나의 예다. 읽기 자료의 한 가지 핵심 내용을 되풀이해 말하자면, "**우리는 교회를 통해 전진하며 우리 시대에 맞는 방식으로 하나님의 말씀을 전할 수 있도록 위대한 전통에 주목함으로써 성경으로 돌아가야 한다. 이 일을 할 때 우리는 시대에 맞춰 하나님의 말씀을 새롭게 말하는 일이 위대한 전통과 유기적으로 연결될 수 있도록 노력해야 한다.**"

1. **스가랴 7:9-10, 이사야 1:17, 야고보서 1:27을 읽는다.** 하나님은 예언자 스가랴와 이사야를 통해서 정의에 대해 어떻게 말씀하셨는가? 하나님은 예수님의 형제 야고보를 통해서 신앙에 대해 어떤 말씀을 하셨는가? 스가랴서, 이사야서, 야고보서의 구절들은 어떤 공통점이 있는가?

2. **잠언 31:8-9과 갈라디아서 2:9-10을 읽는다.** 이 성경의 저자는 가난한 사람들에 대해 어떻게 말하는가? 예루살렘 교회 지도자들은 바울과 바나바에게 사역 지침을 내릴 때 이 우선순위를 어떻게 따르는가?

3. **예레미야 22:15-17과 요한일서 3:16-18을 읽는다.** 하나님은 예레미야를 통해서 (이 구절에서 "네 아버지"라고 불리는) 선한 왕 요시야에 대해 어떻게 말씀하셨는가? 요한은 사랑을 베푸는 법에 대해 어떻게 말했는가? 두 구절의 공통점은 무엇인가?

4. 야고보, 바울, 요한은 그들의 시대에 성경을 실천하기 위해 전통을 어떻게 해석하고 있는가?

2장 • 복음 읽기

■ 기도

어떤 메시지가 하나님에게서 온 것인지를 분별하는 능력은 고린도전서 12:10에서 말하는 성령의 은사 중 하나다. 오늘 기도하면서 성경을 공부할 때 성령으로 분별할 수 있도록 도움을 달라고 하나님께 간구해 보자.

주기도문으로 기도를 마치라.

> 하늘에 계신 우리 아버지여, 이름이 거룩히 여김을 받으시오며 나라가 임하시오며 뜻이 하늘에서 이루어진 것 같이 땅에서도 이루어지이다. 오늘 우리에게 일용할 양식을 주시옵고 우리가 우리에게 죄 지은 자를 사하여 준 것 같이 우리 죄를 사하여 주시옵고 우리를 시험에 들게 하지 마시옵고 다만 악에서 구하시옵소서. 나라와 권세와 영광이 아버지께 영원히 있사옵나이다. 아멘(마 6:9-13).

■ 활동

스캇이 『파란 앵무새』에서 설명하는 분별의 한 가지 원리는 **과학적인 지식이든 그 밖의 지식이든 지식의 발전 여부를 살펴보는 것**이다. 성경 저자들은 지구가 평평하며 기둥들이 지구를 떠받치고 있다고 가정했다 (예를 들어 삼상 2:8; 시 75:3을 보라). 그러나 우리는 진보한 과학 덕분에 다른 시각으로 우주를 이해하게 되었다. "고대 근동 우주론"(ancient near eastern cosmology)을 검색해서 구약 시대의 사람들이 우주를 어떻게 이해하고 묘사했는지 보여주는 그림을 찾아보고 그것을 아래 공란에 그려보자.

■ 묵상

성경에서 접한 구절 중 오늘날 어떻게 이해하고 적용해야 하는지 확신이 서지 않는 구절을 하나 떠올려보라. 전통을 통해 성경을 읽고 분별의 패턴을 사용함으로써 그 구절을 이해하는 데 어떤 도움을 받을 수 있는가? 타이머가 7분 뒤에 울리도록 맞춰놓고 당신의 생각을 글로 적어보라.

⟨소모임 토론⟩

소모임을 시작하면서 예수 신경을 함께 소리 내어 읽는다.

> 이스라엘아, 들으라. 주 곧 우리 하나님은 유일한 주시라. 네 마음을 다하고 목숨을 다하고 뜻을 다하고 힘을 다하여 주 너의 하나님을 사랑하라 하신 것이요. 둘째는 이것이니 네 이웃을 네 자신과 같이 사랑하라 하신 것이라. 이보다 더 큰 계명이 없느니라.

다음 질문들은 당신이 앞서 마무리한 개인 성경공부에 바탕을 두고 있다. 소모임에서 토론할 수 있는 시간이 얼마나 되는지 살펴보고 가능한 한 많은 질문에 함께 대답해보자.

■ 읽기

• 이전에 성경공부를 많이 해봤다면, 읽기 자료에 언급된 성경 읽기 방법(회복을 위한 성경 읽기, 전통을 통한 성경 읽기, 전통을 동반한 성경 읽기) 중 어떤 것을 시도해보았는가? 당신은 어떤 방법을 선호하는가?

• "위대한 전통"이라는 개념에 대해 어떻게 생각하는가?

■ 성경공부

한 사람에게 미가서 6:8을 큰 소리로 읽어 달라고 부탁하라.

- 성경공부에 열거된 구절 외에 성경적 정의를 보여주는 다른 구절들을 떠올릴 수 있는가?

- 당신의 시대에 맞는, 당신의 방식으로 말씀을 실천하는 과정에서 정의에 관한 많은 성경 구절을 어떻게 받아들이고 적용할 수 있는가?

- 하나님의 정의가 적용될 필요가 있는 현재의 상황이 있는가? 당신은 이런 문제들에 대해 어떻게 정의를 실현할 수 있는가?

■ 기도

이번 주에 공부하고 기도하면서 성령께서 당신의 분별력과 이해력을 증진시켜주시는 것을 느낄 수 있었는가?

■ 활동

원하는 사람은 고대 근동의 우주관을 보여주는 자신의 그림을 사람들에게 보여주라. **지식의 발전**이라는 분별의 패턴에 대해 깊이 생각해보라. 당신이 생각하기에 이런 분별의 패턴을 사용하는 것으로 짐작되는 성경 구절이나 성경적 개념은 무엇인가?

■ 묵상

- 당신이 이해하고 적용하기 위해 애쓰는 성경 구절은 어떤 것인가?
- 당신의 생각을 글로 적을 때 어떤 아이디어나 해결책이 머릿속에 떠올랐는가?
- 서로 다른 구절들을 하나로 꿰기 위해 사람들에게 어떤 조언을 하는가?

■ 소모임 기도

성경을 읽으면서 당신이 겪고 있는 도전을 사람들에게 말해보라. 성령님께서 분별력과 지식을 주시도록 서로를 위해 기도하라.

소모임을 마치면서 주기도문으로 함께 기도하라.

하늘에 계신 우리 아버지여, 이름이 거룩히 여김을 받으시오며 나라가 임하시오며 뜻이 하늘에서 이루어진 것 같이 땅에서도 이루어지이다. 오늘 우리에게 일용할 양식을 주시옵고 우리가 우리에게 죄지은 자를 사하여 준 것 같이 우리 죄를 사하여 주시옵고 우리를 시험에 들게 하지 마시옵고

다만 악에서 구하시옵소서. 나라와 권세와 영광이 아버지께 영원히 있사옵나이다. 아멘(마 6:9-13).

■ 안식

성경 **읽기**를 잠시 멈추고 성경 말씀을 **들어보라**. 한 구절을 택해서 무료 성경 애플리케이션인 "유버전"(YouVersion)에 수록된 것과 같은 오디오 성경을 들어보라. 말씀을 들어보니 성경을 "읽는" 경험에 어떤 변화가 오는가? 더 편안하게 느껴지는가?

10과
성경을 어떻게 들어야 하는가?

- **학습 목표**: 제자들은 성경에 있는 하나님의 말씀을 사랑하는 마음으로 듣는 법을 배우고 선교적인 듣기를 통해 그들이 읽은 것을 실천에 옮기는 방법을 배우게 될 것이다.

- **영적 성장 목표**: 제자들은 스스로 성경 듣기의 "목적"인 선한 일을 행할 능력을 갖추도록 듣고 배우는 일에 도전할 것이다.

〈개인 성경공부〉

■ 읽기

제자 훈련 시간을 시작하면서 예수 신경을 소리 내어 읽는다.

> 이스라엘아, 들으라. 주 곧 우리 하나님은 유일한 주시라. 네 마음을 다하고 목숨을 다하고 뜻을 다하고 힘을 다하여 주 너의 하나님을 사랑하라 하신 것이요. 둘째는 이것이니 네 이웃을 네 자신과 같이 사랑하라 하신 것이라. 이보다 더 큰 계명이 없느니라.

사랑의 마음으로 듣기

성경은…하나님의 말씀에 집중하고 몰입한 후 그 말씀에 따라 행동한 선하고 경건한 사람들의 본보기로 가득하다. 나는 아브라함, 요셉, 요시야를 가장 먼저 떠올렸다. 당신은 다른 이들을 떠올릴 수도 있다. 이는 모두 듣기, 즉 우리로 하여금 하나님을 사랑하고 다른 이들을 사랑하도록 이끄는 그런 종류의 듣기와 관련이 있다. 사도 바울은 고린도전서 13장에 나오는 사랑의 속성에 "듣다"라는 단어를 포함하지는 않았지만, 아마도 [학자인] 앨런 제이콥스와 더불어 "사랑은 듣는 것"이라고 말하는 이들의 견해에 동의할 것이다.

…"성경 읽기가 '사랑 장'의 지배를 받는다면 어떤 모습이 될까?" 나는 고린도전서 13:4-8에 담긴 바울의 말을 읽으면서 성경 읽기를 위한 청사진을 발견한다. 만약 사랑이 듣는 것이라고 한다면, 성경에서 하나님 말씀을 듣는 일은 바울이 말한 사랑의 미덕과 비슷할 것이다. 다음 각 행에 "듣는"이라는 말을 덧붙였을 때 무슨 일이 일어나는지 살펴보라.

[듣는] 사랑은 오래 참고

[듣는] 사랑은 온유하며

시기하지 아니하며

[듣는] 사랑은 자랑하지 아니하며

교만하지 아니하며

[듣는 사랑은] 무례히 행하지 아니하며

자기의 유익을 구하지 아니하며

성내지 아니하며 악한 것을 생각하지 아니하며

[듣는 사랑은] 불의를 기뻐하지 아니하며 진리와 함께 기뻐하고

모든 것을 참으며 모든 것을 믿으며

모든 것을 바라며 모든 것을 견디느니라.

[듣는] 사랑은 언제까지나 떨어지지 아니하되.

좋은 읽기는 사랑의 행위이며 따라서 듣는 행위다. 하지만 좋은 듣기(잘 주의해서 듣기, 좋은 애정 어린 듣기)는 정보 수집 이상의 행위다. 또한 하나님이 우리에게 이야기를 들려주시는 동안 함께 베란다에 둘러앉아 차를 마시는 일 이상의 행위다. 하나님은 어떤 이유를 갖고 우리에게 말씀하신다. 나는 이를 "선교적 듣기"라고 부른다. 간단히 말하면 하나님은 우리가 그분과 관계를 맺고 그분의 말씀을 들으며 현시대에 우리 방식으로 그 말씀을 실천할 수 있도록 자신의 이야기를 들려주신다(BP 112-13).

선교적인 읽기

물 미끄럼틀은 전체적으로 길고 넓고 구불구불한 형태로 되어 있으며, 그 측면은 비스듬하게 만들어져 있다. 또한 미끄럼틀 아래로 물이 충분히 흘러내림으로써 우리가 미끄럼틀을 탈 때 속도를 높여준다. 그런데 간과하기 쉬운 점 하나는 바로 우리가 미끄럼틀을 타고 내려가 바닥의 물웅덩이로 들어가는 모든 과정이 미끄럼틀 자체에 의해 결정된다는 사실이다. 우리의 안전을 위해 더욱 중요한 점은 우리가 입수하는 지점도 미끄럼틀에 의해 결정된다는 사실이다. 경사지고 가파른 미끄럼틀의 측면이 없다면 우리는 미끄럼틀을 타는 도중에 붕 떠서 날아가게 된다.…동시에 크게 다칠 것이다.

우리가 지혜로운 정신적 스승들과 **함께** 성경을 읽는 것은 마치 물 미끄럼틀을 타고 내려가는 것과 같다. 복음은 미끄럼틀이고 성경은 미끄럼틀의 한 쪽 벽이며 우리의 스승들과 위대한 전통은 다른 쪽 벽이 된다. 물은 성령님이다. 미끄럼틀 바닥의 물웅덩이는 우리가 사는 세상이다. 우리가 미끄럼틀을 타고 내려갈 때 미끄럼틀의 위에 있는 채로 양쪽 벽 안에 머물러 있으면 안전히 입수할 수 있다. 하지만 미끄럼틀의 양쪽 벽을 무너뜨리거나 부주의하게 움직이다가 미끄럼틀의 안전 구역에서 굴러떨어지면 크게 다칠 수도 있다. 그러나 다음 사실에 주목하라. 우리의 삶은 물웅덩이 안에서 사는 삶이다. 내 주장의 핵심은 이것이다. 하나님은 우리가 복음의 이야기를 듣고─집중, 몰두, 실천하고─앞선 세대에 살았던 지혜로운 스승들과 함께 성경을 읽기를 원하신다. 그렇게 함으로써 우리는 이 시대에 우리의 방식으로 물웅덩이에 입수하게 될 것이다(BP 118-19).

하나님이 계획하신 바에 따르면 모든 성경 공부는 그분을 사랑하고 다른 이들을 사랑하는 사람을 만들어내는 방식으로서 우리를 성경으로 인도하는 "유익한" 과정이 된다. 그에 미치지 못하는 것은 무엇이든 하나님이 성경 속에서 우리에게 말씀하시는 이유를 증명해내지 못한다. 하나님께는 우리에게 성경을 주셔야 할 사명이 있고 그 사명은 "유익하다."

…우리가 성경을 읽으면서 하나님의 말씀을 선교적으로 듣고자 한다면, 그 과정을 통해 배우고 우리가 저지른 잘못에 대해 책망을 받으며 회복될 것이다. 이 과정의 결과는 무엇인가? 바로 의다. "의롭다"는 것은 우리의 정신, 의지, 행동이 하나님의 뜻에 순응하게 된다는 뜻이다. 또한 그것은 거룩함, 선함, 사랑, 정의, 선행을 의미한다.

시간이 걸리지만 선교적인 듣기는 의로 이어진다(BP 121).

선행이란 무엇인가? 베드로는 소아시아에 있는 그리스도인들에게 그들이 살고 있는 도시에서 자비를 베풀라고 말했다. 바울은 로마의 그리스도인들에게 이웃을 그들 자신처럼 사랑하라고 권면했다. 요한은 독자들에게 빛 가운데 행하고 서로 사랑하라고 촉구했다. 야고보는 예수님의 제자들에게 과부와 고아를 돌보고 주린 이들을 먹이며 헐벗은 이들에게 옷을 입혀야 한다고 강조했다. 선행은 우리의 이웃이 필요로 하는 것에 대한 구체적인 반응이다.

나는 이 책의 독자가 선행이 무엇인지 궁금해할 것이라고 생각하지 않는다. 문제는 선행이 무엇인지가 아니라 우리가 선행을 하고 있느냐는 것이다. 바울이 쓴 디모데후서 3:17을 읽으며 나는 다음과 같은 두 가지 결론에 도달한다. 그리고 이 두 결론은 우리 각 사람을 응시하고 있다.

만일 당신이 선행을 하고 있다면 당신은 성경을 바르게 읽고 있는 것이다.

만일 당신이 선행을 하고 있지 않다면 당신은 성경을 바르게 읽고 있지 않는 것이다(BP 122).

읽은 내용을 되돌아보는 질문

1. 읽기 자료에서는 듣기의 두 가지 유형에 대해 이야기한다. 어떤 것인지 다음 빈칸을 채워 보라. _____듣기와 _____듣기.

2. 사랑은 우리가 성경을 듣는 방식에 어떻게 개입하는가?

3. 선교적인 듣기는 무엇을 의미하는가?

4. 읽기 자료에서 스캇이 참고 성경 구절로 인용하는 선행의 예는 어떤 것이 있는가?

성경의 사명(딤전 3장)

성경의 선교적 목적에 관해서는 성경이 그 자체에 대해 말하고 있는 중요한 본문인 디모데후서 3:14-17에 자세히 나와 있다(다른 본문으로는 시 19:7-13; 119편; 벧후 3:15-16 등이 있다). 성경은 우리가 선한 일을 행할 능력을 갖추게 하기 위해 주어졌다. 가르침은 결과—학생들이 교육을 마쳤을 때 알고 행하기를 원하는 것—와 함께 시작된다. "위해서"는 성경의 결과다. 성경 안에 있는 어떤 구절을 읽더라도 그것이 디모데후서 3:17의 "위해서"로 마무리되지 않는다면 이는 온전한 성경 읽기가 아니다.

디모데후서 3:14-17을 읽는다.

1. 14절에서 바울은 배운 일을 계속하라고 디모데에게 말하면서 그에게 가르침을 준 이들을 언급한다. 디모데에게 믿음과 성경을 가르친 이들은 누구인가? (딤후 1:5를 보라.)

2. 15절은 성경이 어떤 일을 할 수 있다고 말하는가?

3. 16절은 성경이 무엇에 유익하다고 말하는가?

4. 결과를 말하는 "위해서"는 17절에 등장한다. 성경의 목표는 무엇인가?

■ 기도

하나님께 성경공부를 통해 당신을 변화시켜 달라고 간구하라. 구원, 예수님을 믿는 믿음, 교훈, 책망, 바르게 함, 의의 훈련, 선행을 위한 준비를 위해 하나님의 지혜를 구하는 마음의 문을 열라.

주기도문으로 기도를 마치라.

> 하늘에 계신 우리 아버지여, 이름이 거룩히 여김을 받으시오며 나라가 임하시오며 뜻이 하늘에서 이루어진 것 같이 땅에서도 이루어지이다. 오늘 우리에게 일용할 양식을 주시옵고 우리가 우리에게 죄 지은 자를 사하여 준 것 같이 우리 죄를 사하여 주시옵고 우리를 시험에 들게 하지 마시옵고 다만 악에서 구하시옵소서. 나라와 권세와 영광이 아버지께 영원히 있사옵나이다. 아멘(마 6:9-13).

■ 활동

"유튜브"에서 1인칭 시점으로 물 미끄럼틀을 타고 내려오는 영상을 찾아보라. 벤 하워드(Ben Howard)가 부른 "머리를 들어라"(Keep your head up)라는 노래를 배경으로 친구들끼리 물 미끄럼틀을 만들어 타고 노는 모습을 담은 재미있는 뮤직비디오도 있다. 한 개 이상의 관련 영상을 본 다음 읽기 자료로 돌아가 물 미끄럼틀의 비유에 관한 부분을 다시 읽어보자.

■ 묵상

읽은 내용을 되돌아보면서 다음 두 가지 중 하나를 시도해보라.

1. 물 미끄럼틀을 탔던 때를 기억할 수 있는가? 그 경험이 물 미끄럼틀의 비유를 이해하는 데 어떤 도움을 주는가? 성경 읽기에 관한 그런 비유에 대해 어떻게 생각하는가?

2. 성경 듣는 법을 이해시킬 수 있는 독창적인 비유를 제시해보라. 성경에 대한 선교적 듣기의 다양한 측면과 결부시킬 수 있는 실생활의 경험에는 어떤 것이 있는가? 성령, 위대한 전통, 당신이 살아가는 세상 등을 상징하는 것은 무엇인가?

〈소모임 토론〉

소모임을 시작하면서 예수 신경을 함께 소리 내어 읽는다.

> 이스라엘아, 들으라. 주 곧 우리 하나님은 유일한 주시라. 네 마음을 다하고 목숨을 다하고 뜻을 다하고 힘을 다하여 주 너의 하나님을 사랑하라 하신 것이요. 둘째는 이것이니 네 이웃을 네 자신과 같이 사랑하라 하신 것이라. 이보다 더 큰 계명이 없느니라.

다음 질문들은 당신이 앞서 마무리한 개인 성경공부에 바탕을 두고 있다. 소모임에서 토론할 수 있는 시간이 얼마나 되는지 살펴보고 가능한 한 많은 질문에 함께 대답해보자.

■ 읽기

• 소모임 회원 한 명에게 읽기 자료를 참고하여 듣는 사랑에 관한 고린도전서 13장의 수정된 본문을 큰 소리로 읽어 달라고 부탁하라.

• 듣는 사랑이란 어떤 것인지를 이해하는 데 이것이 어떤 도움을 주는가?

• 선교적인 듣기라는 개념에 대해 어떻게 생각하는가?

• 당신의 삶 속에서 선교적인 듣기는 어떤 식으로 이루어지는가?

■ 성경공부

• 당신의 삶에서 로이스와 유니게 같은 역할을 한 사람은 누구인가? 누가 당신에게 믿음과 성경을 가르쳐주었는가?

• 성경을 통해 선한 일을 행할 수 있는 능력을 갖춘 경험이 있는가?

• 당신은 성경과 관련해서 "하나님의 감동으로 된"이라는 말을 어떻게 이해하는가?

■ 기도

성경을 통한 하나님의 역사(구원을 위한 하나님의 지혜, 예수님에 대한 믿음, 교훈, 책망, 바르게 함, 의로 교육함, 선한 일을 행할 능력을 갖추게 함) 중 당신의 삶 가운데 가장 많이 작용하는 것은 무엇인가?

■ 활동

소모임에서 하나님 사랑과 이웃 사랑을 보여줄 수 있는 선행의 목록을 함께 만들어보고 이번 주에 함께 할 수 있는 선행 한 가지를 선택하라.

■ 묵상

물 미끄럼틀 비유에 대한 당신의 생각과 물 미끄럼틀을 타본 경험을 말해보자. 또는 성경에 대한 선교적인 듣기를 설명할 수 있는 당신만의 독창적인 비유를 나눠보자.

■ 소모임 기도

이번 주 소모임 기도 시간에는 다른 자세로 기도해보자. 보통 앉은 자세로 기도한다면 이번에는 서거나 무릎을 꿇고 기도해보자. 소모임 시간에 서로 손을 잡고 기도한다면 이번에는 서로 어깨에 손을 얹고 기도해보자. 함께 기도하면서 당신의 자세를 바꾸어보라.

소모임을 마치면서 주기도문으로 함께 기도하라.

하늘에 계신 우리 아버지여, 이름이 거룩히 여김을 받으시오며 나라가 임하시오며 뜻이 하늘에서 이루어진 것 같이 땅에서도 이루어지이다. 오늘 우리에게 일용할 양식을 주시옵고 우리가 우리에게 죄지은 자를 사하여 준 것 같이 우리 죄를 사하여 주시옵고 우리를 시험에 들게 하지 마시옵고 다만 악에서 구하시옵소서. 나라와 권세와 영광이 아버지께 영원히 있사옵나이다. 아멘(마 6:9-13).

■ 안식

당신은 물 미끄럼틀을 타는 것이 재미있다고 생각하는가? 일반적인 놀이터에 있는 미끄럼틀을 타는 것도 좋아하는가? 휴식하면서 안식일을 지킬 때 큰 미끄럼틀이 있는 근처 놀이터에 가보자. 놀면서 기쁨과 즐거움을 느끼다 보면 하나님과의 관계를 회복하고 재충전을 하는 데 도움이 될 것이다.

11과
성경을 어떻게 이야기로 읽을 수 있는가?

- **학습 목표**: 제자들은 성경의 다양한 책들이 우리가 왕이신 주님과 그분의 나라에 대한 이야기를 이해하는 데 도움을 준다는 사실을 배우게 될 것이다.
- **영적 성장 목표**: 제자들은 자신들이 성경의 이야기에 어떻게 들어맞는지를 보게 될 것이다. 우리는 그 이야기에서 스캇이 "그리스도의 통치"라고 부르는 대목 안에서 살아가고 있다. 그 안에서는 예수 그리스도가 왕이시므로 제자들은 각자의 삶 속에서 예수님을 왕으로 삼고 있는지를 스스로에게 묻게 될 것이다.

〈개인 성경공부〉

■ 읽기

제자 훈련 시간을 시작하면서 예수 신경을 소리 내어 읽는다.

> 이스라엘아, 들으라. 주 곧 우리 하나님은 유일한 주시라. 네 마음을 다하고 목숨을 다하고 뜻을 다하고 힘을 다하여 주 너의 하나님을 사랑하라 하신 것이요. 둘째는 이것이니 네 이웃을 네 자신과 같이 사랑하라 하신 것

이라. 이보다 더 큰 계명이 없느니라.

우리는 성경을 이야기로 읽는 법을 배우기 전까지는 성경을 통해 일상을 위한 교훈을 얻는 방법을 알지 못한다. 우리는 성경을 읽으면서 각 구절이 전체 이야기 속에서 어떤 위치에 있는지를 알아야 한다. 그렇게 해야만 모든 것이 서로 어떻게 조화를 이루는지를 알게 된다. 성경을 이야기로 읽지 않으면 우리는 "그때는 그랬다"를 "지금도 그렇다"로 만들어버리고 싶은 유혹을 느끼게 된다. 그러나 그러면 안 된다. 시대가 변했다. 하나님은…우리 시대에 우리에게 맞는 방식으로 말씀하신다. 성경이 현시대를 향해 말하는 것을 실천하는 일은 우리의 책무다. 우리는 앞으로 나아가기 위해 되돌아감으로써 이 일을 행하며 과거의 세상과 유기적으로 연결된 현재의 세상 속으로 나아간다(BP 57).

왕과 그의 나라의 이야기

성경에 나오는 왕과 왕국의 이야기를 이해하기 위해서는 성경 그 자체를 탐색할 때 어느 방향으로 가야 할지를 알아야 하며, 그것을 찾아내기 위해서는 이 이야기의 끝부분인 요한계시록으로 가야 한다. 우리가 요한계시록 20-22장에서 발견하는 사실은 창조세계에 대한 하나님의 계획이 곧 하나님 나라라는 것이다. 여기서 하나님의 최종적인 나라는 "새 하늘과 새 땅"이라고 불린다(계 21:1). 하나님의 거처에서부터 내려오는 새 예루살렘 위에 있는 이 새로운 도성에는 하나님의 어린양이라는 왕이 있으며, 그는 왕이자 성전 그 자체다! 하나님은 백성들의 하나님이 되실 것이고 백성들은 하나님의 백성이 될 것이다. 이 끝을 동반한 시작에는 대단히 중요한 사실이 숨겨져 있다. 우리는 하나님의 계획이 단지 나의 개인적인 구원뿐만 아니라…창조

세계 전체의 유익임을 깨닫게 된다! 악은 패배할 것이고 선은 영원히 굳건해질 것이며 모든 보석과 반짝이는 물건들은 하나님의 영광을 위해 바쳐질 것이고 어린양은 새 예루살렘이 필요로 할 빛이 될 것이며 평안과 안전과 열린 문이 삶의 방식이 될 것이고 모든 하나님의 백성은 참되신 한 하나님을 예배할 것이다. 이런 결말을 알면 우리는 성경의 왕과 그의 나라에 대한 이야기를 읽는 법을 배울 수 있다. 나는 이 이야기가 다음과 같은 세 개의 장으로 구성되어 있다고 주장한다.

신정 체제:
아브라함과 언약을 맺으신 창조주 하나님만이 통치하셔야 하며 모든 인간은 이 참되신 한 하나님을 신뢰하고 순종해야 한다. 이 이야기는 창세기 1장부터 사무엘상 8장까지 진행되며 아담과 아브라함에서 모세와 사무엘에 이르기까지 이어진다. 인간은 끊임없이 하나님의 뜻을 거역하지만 하나님은 그들을 구속할 언약을 맺으시고 그들을 인도할 율법을 주시며 그들과 자신을 화해시킬 제사 제도를 마련하신다. 이것이 이 이야기의 특징이다. 그러나 가장 중요한 것은 하나님이 특히 아브라함의 가족과 이스라엘이라는 한 민족에게 관심을 돌려 은혜를 베풀고 길을 인도하신다는 점이다. 창세기부터 시작되는 성경 이야기의 핵심은 이스라엘이며 신약의 핵심은 교회다. 주목할 만한 것은 이스라엘 주변의 나라와 달리 참되신 한 하나님의 백성 가운데는 왕이 없다는 점이다. 하나님만이 그들의 왕이시다.

군주제:
하나님은 그의 백성인 이스라엘이 왕 곧 군주를 갖는 것을 허용하시지만, 그것은 온전한 용납이 아닌 단지 허락일 뿐이다. 왜 그런가? 사무엘이 하나님

께 아뢴 것처럼 이스라엘은 다른 나라들과 같이 되고자 하는 마음에서 왕을 원했기 때문이다. 이 내용은 사무엘상 8장부터 마태복음 1:1까지 이어진다. 군주제는 하나님의 원래 방식인 신정 체제가 최선의 방식임을 이스라엘이 깨달을 수 있도록 그들을 훈련시키기 위한 하나님의 양보라고 부를 수 있다. 하나님은 여전히 참되신 한 하나님이자 왕이시지만 이스라엘은 왕이신 하나님 아래 있어야 할 인간 왕을 얻는다. 그러나 왕들은 또다시 신정 체제 아래 있던 인간들처럼 행동한다. 그들은 하나님의 뜻을 거역하지만 하나님의 언약은 화해와 회복의 길을 제시하며 이스라엘의 현자들은 백성들이 잘 살고 번성하는 법을 깨달을 수 있도록 그들을 위한 지혜를 발전시킨다. 예언자들은 하나님의 뜻을 알리고 미래를 예언하며 언젠가 하나님이 이스라엘에 다시 신정 체제를 회복시키실 것이라고 선포한다. 군주제 단계에서 율법과 지혜와 예언이 점차 무르익어서 하나님의 공동체인 이스라엘의 핵심이 된다.

그리스도의 통치:

하나님은 인간의 통치인 군주제를 중단시키시고 하나님의 아들(왕이신 예수, 메시아, 하나님의 아들이자 인자, 성육신한 지혜)을 보내신다. 그는 우리와 함께 사시고 우리에게 어떻게 살아야 하는지를 보여주시며 하나님의 길을 가르쳐주신 뒤 우리를 위해 죽으시고 장사되시며 부활하시고 하나님 우편에 오르셔서 다스리신다. 그리스도의 통치 시대는 마태복음 1:1부터 요한계시록 끝까지 이어지며, 이 시대의 사자 곧 아들인 어린양은 아버지와 함께 새 하늘과 새 땅을 다스리신다. 다시 임한 하나님의 통치(그리스도의 통치는 신정 체제다) 아래서는 이스라엘에서부터 이방인까지 하나님의 한 백성인 교회 안에 포함된다. 하지만 이 백성 역시 완벽한 것은 아니다. 교회 성도들도 죄를 저지르지만 이제 그리스도의 십자가를 통해 용서가 허락된다. 이런 그리스도의 통치가 임하는 교회 시대는 그리스도가 재림하시고 모든 악이 패배하며 하나님의 길이 영원히 확고해질 때 완성된다. 그때 그리스도의 통치는 고린도전서 15:20-28이 보여주듯이 신정 체제로 되돌아갈 것이다.

이것이 바로 성경의 전반적인 줄거리다. 요약하면 하나님이 하늘과 땅을 창조하실 때부터 새 하늘과 새 땅을 세우심으로써 창조세계를 완성하실 때까지의 이야기인 셈이다. 나는 이 세 장으로 구성된 이야기를 왕과 그의 나라의 이야기라고 부른다. 이 이야기는 성경에 포함된 다른 모든 이야기를 성취하며, 이것을 무시하는 이야기들 즉 예수님과 그의 구속의 유익이 핵심이 되지 않는 모든 이야기는 성경의 전반적인 줄거리와 일치하지 않는다고 봐도 무방하다(BP 68-71).

읽은 내용을 되돌아보는 질문

1. 성경을 하나의 이야기로 읽는 것에 대해 생각해본 적이 있는가? 그렇다면/그렇지 않다면 그 이유는 무엇인가?

2. 스캇은 성경 이야기에서 무엇을 세 개의 장으로 제시하는가?

3. 왕과 그의 나라의 이야기라는 개념은 성경에 대한 당신의 생각을 어떻게 형성/재형성하는가?

스데반이 들려주는 이야기 (행 7장)

스데반은 예루살렘 초기 교회의 지도자였다. 스데반은 지혜와 성령이 주신 크고 분명한 은사를 갖고 교회가 선한 일을 행할 때 과부들의 필요를 실제적으로 돌보는 일을 담당했다. 스데반은 또한 성령의 능력으로 기적을 일으켰다. 그러자 회당 지도자들은 거짓된 혐의를 제기하며 그가 모세와 성전을 거슬러 말한다고 했다. (스데반에 대한 이런 배경 정보를 보려면 사도행전 6장을 보라.)

스데반은 산헤드린이라는 유대인 공회를 향한 이 연설에서 자신이 보는 대로 성경 이야기를 진술하고 모세의 이야기를 강조함으로써 자신이 모세와 하나님의 이야기에 언급되는 그 중요한 예언자에 대한 정통 신앙을 지니고 있음을 보여주는 방식으로 자신을 변호한다. 스데반은 마지막에 성전에 대한 언급을 덧붙인 뒤 예수님 안에서 이야기를 마무리한다.

사도행전 7:1-53을 읽는다.

1. 성경의 이야기에 대한 스데반의 진술 속에서 신정 체제, 군주제, 그리스도의 통치가 드러나는 대목을 적어보라.

2. 스데반은 어떻게 구약성경을 이용하여 예수님으로 이어지는 이야기를 구성하는가?

사도행전 7:54-60을 읽는다.

3. 이 이야기를 하고 난 뒤 스데반에게 무슨 일이 일어나는가?

4. 사울이라는 한 청년을 언급하는 58절을 눈여겨보라. 이 청년은 다소의 사울로서 훗날 바울이라는 이름으로 불리며 예수님을 위해 이방인의 선교사가 된다. 스데반의 이야기가 사울에게 어떤 영향을 끼쳤다고 생각하는가?

■ 기도

옷장에서 외투나 스웨터를 꺼내 바닥에 깔아놓으라. 스데반의 설교를 들은 사람들이 돌을 던져 그를 죽이는 동안 외투를 떠맡게 된 사울이 무엇을 보고 듣고 느꼈을지 상상해보자. 하나님께서 스데반이 들려주는 성경의 이야기를 통해 당신에게 영향을 주시고 당신을 변화시켜서 하나님과 그분의 백성의 이야기 속에 충분히 몰입하도록 도와주시기를 간구하라. 앉거나 무릎을 꿇고 하나님이 당신에게 무슨 말씀을 하시려는지를 듣고자 노력하라. 하나님께서 당신을 예수님처럼 만드시는 과정에서 집중하시는 특정한 행동이나 사고방식이 있는지 떠올려보자. 당신의 머릿속이 복잡해지면 외투에 시선을 고정함으로써 생각을 다시 집중하라.

주기도문으로 기도를 마치라.

> 하늘에 계신 우리 아버지여, 이름이 거룩히 여김을 받으시오며 나라가 임
> 하시오며 뜻이 하늘에서 이루어진 것 같이 땅에서도 이루어지이다. 오늘
> 우리에게 일용할 양식을 주시옵고 우리가 우리에게 죄 지은 자를 사하여
> 준 것 같이 우리 죄를 사하여 주시옵고 우리를 시험에 들게 하지 마시옵고
> 다만 악에서 구하시옵소서. 나라와 권세와 영광이 아버지께 영원히 있사
> 옵나이다. 아멘(마 6:9-13).

■ 활동

성경의 이야기에 대한 "바이블 프로젝트"의 5분 30초짜리 영상을 시청
하자(https://thebibleproject.com/videos/the-story-of-the-bible/). 이 영상이
요약한 성경의 이야기와 스캇이 제시한 내용은 서로 어떤 점이 비슷하
고 다른가?

• 당신이라면 성경의 이야기를 어떻게 들려줄지 생각해보라. 당신이 그 이야기에
  포함하고 싶은 주요 요점들을 목록으로 적어보자.

주요 요점을 전부 말로 설명해보고 연습하는 동안 떠오른 생각들과 세
부적인 것들도 덧붙여보라.

    당신이 성경의 이야기를 짧은 형태로 말하는 것을 기꺼이 들어줄

사람이 주변에 있는가? 그 사람은 친구인가, 직장 동료인가, 아니면 당신의 자녀나 친척인가? 그들이 그리스도인일 필요는 없다. 그들이 그리스도인이 아니라면 더 흥미 있는 일이 될 것이다. 그들과 만나서 이 이야기를 들려줄 수 있도록 일정을 잡아라. 이메일, 전화, 영상 통화를 통해 이야기를 들려줄 수도 있지만 직접 만나서 이야기를 해주는 것이 이상적이다. (이 소모임 회원은 여기에 포함되지 않는다. 그들은 소그룹이 모일 때 그 이야기를 함께 들을 기회가 있을 것이다.)

■ 묵상

앞서 언급된 성경 이야기의 세 번째 장인 그리스도의 통치를 다루는 과에 속한 "읽기"의 마지막 부분을 다시 살펴보고 그 단락을 큰 소리로 읽어보라.

- 예수 그리스도는 나의 삶을 실제로 다스리시는 분인가? 나는 그분을 왕으로 간주하는가? 나의 삶은 내가 그 왕과 그의 나라에 대한 이야기 중 그리스도의 통치 속에 살고 있음을 보여주고 있는가? 타이머가 10분 뒤에 울리도록 맞춰놓은 후 단어의 정확성이나 강조점에 일일이 신경 쓰지 말고 당신의 생각을 종이 위에 적어보라.

⟨소모임 토론⟩

소모임을 시작하면서 예수 신경을 함께 소리 내어 읽는다.

> 이스라엘아, 들으라. 주 곧 우리 하나님은 유일한 주시라. 네 마음을 다하
> 고 목숨을 다하고 뜻을 다하고 힘을 다하여 주 너의 하나님을 사랑하라 하
> 신 것이요. 둘째는 이것이니 네 이웃을 네 자신과 같이 사랑하라 하신 것
> 이라. 이보다 더 큰 계명이 없느니라.

다음 질문들은 당신이 앞서 마무리한 개인 성경공부에 바탕을 두고
있다. 소모임에서 토론할 수 있는 시간이 얼마나 되는지 살펴보고 가능
한 한 많은 질문에 함께 대답해보자.

■ 읽기

• 당신은 성경의 이야기를 이런 식으로 생각해본 적이 있는가?

• 당신은 스캇이 말한 이야기의 주요 단계들에 대해 동의하는가, 아니면 동의하지
  않는가?

■ 성경공부

• 사도행전 7장을 큰 소리로 읽어보자. 한 사람이 대표로 읽거나 단락이나 구절별로 돌아가면서 읽을 수도 있다.

• 사도행전 7장에서 눈에 띄거나 흥미롭게 느껴진 부분이 있는가?

■ 기도

이번 주에 기도를 하면서 경험한 일들에 대해 나눠보라. 당신이 성경 이야기나 구체적으로 스데반이 들려주는 이야기를 통해서 어떻게 변화되고 있는지 말해보라.

■ 활동

1. 성경 이야기의 강조점을 주요 항목별로 요약한 목록을 소모임 회원들에게 보여주자. 누구를 상대로 그 이야기를 들려주는 연습을 해보기로 결정했는가? 그들과 벌써 만났는가? 그렇다면 연습은 어떻게 진행되었는가?

2. 소모임 도우미는 찰흙이나 종이와 매직펜을 준비하고, 회원들은 왕과 그의 나라 이야기를 대표하는 세 장(신정 체제, 군주제, 그리스도의 통

치)을 표현할 수 있는 물건을 만들거나 그려본다. 그런 후 각자 무엇을 왜 만들었는지 설명해본다.

이어서 그 물건이나 그림을 사용하여 성경 이야기를 들려주는 연습을 해볼 수 있다.

■ 묵상

원하는 사람은 자신이 쓴 글의 일부를 사람들에게 말해보라. 그리스도의 통치 속에서 살아가는 당신의 삶에 대한 생각을 적으면서 어떤 통찰력을 얻었는가?

■ 소모임 기도

서로를 위해 기도하면서 한 사람이 먼저 모임 전체나 회원들의 삶의 필요를 위해 짧은 기도를 드린다. 다음 사람은 앞에 기도한 사람의 필요를 위해 기도한 후 모임 전체를 위한 기도를 덧붙인다. 이런 식으로 돌아가며 기도한 후 첫 번째로 기도한 사람의 순서가 오면 기도를 마친다.

소모임을 마치면서 주기도문으로 함께 기도하라.

하늘에 계신 우리 아버지여, 이름이 거룩히 여김을 받으시오며 나라가 임
하시오며 뜻이 하늘에서 이루어진 것 같이 땅에서도 이루어지이다. 오늘
우리에게 일용할 양식을 주시옵고 우리가 우리에게 죄지은 자를 사하여
준 것 같이 우리 죄를 사하여 주시옵고 우리를 시험에 들게 하지 마시옵고
다만 악에서 구하시옵소서. 나라와 권세와 영광이 아버지께 영원히 있사
옵나이다. 아멘(마 6:9-13).

■ 안식

오늘 일을 제쳐두고 쉴 시간을 마련하라. 당신이 좋아하는 일을 하면서
그것이 얼마나 생산적인지보다는 당신의 회복과 충전에 도움이 되는지
를 생각하면서 즐기라. 하나님은 당신을 돌보시는 분임을 기억하라. 일
에서 손을 떼고 안식하며 하나님을 높이는 것은 건강에도 좋다.

2장 • 복음 읽기

12과
이제 무엇을 할까?

- **학습 목표**: 제자들은 성경공부를 함으로써 세상 속에서 행동하게 된다는 사실을 알게 될 것이다.
- **영적 성장 목표**: 제자들은 자신과 타인의 삶과 우선순위에 영향을 줄 수 있는 방식으로 성경의 이야기를 말하게 될 것이다.

⟨개인 성경공부⟩

■ 읽기

제자 훈련 시간을 시작하면서 예수 신경을 소리 내어 읽는다.

이스라엘아, 들으라. 주 곧 우리 하나님은 유일한 주시라. 네 마음을 다하고 목숨을 다하고 뜻을 다하고 힘을 다하여 주 너의 하나님을 사랑하라 하신 것이요. 둘째는 이것이니 네 이웃을 네 자신과 같이 사랑하라 하신 것이라. 이보다 더 큰 계명이 없느니라.

성경을 읽으면서 특히 "파란 앵무새" 구절을 접할 때 지름길을 택하고 싶은 유혹을 느끼는 사람들이 많을 것이다. 우리는 각 구절을 문맥 속에서 읽는 대신 성경에서 우리가 원하는 것을 얻어내는 데 집중하게 된다(BP 262).

누구든 예전의 읽기 습관으로 되돌아가고 싶을지도 모른다. 그러나 우리가 하나님의 결정에 따라 그곳에 배치된 "파란 앵무새" 본문에 귀를 기울이고 있으며 그에 따라 우리가 그 본문들을 어떻게 읽고 있는지를 생각하게 된다면, 성경은 어떤 식으로든 멋진 이야기를 우리 눈앞에 펼쳐 보인다(BP 263).

하나님은 우리에게 여러 책으로 된 모음집을 주시기로 작정하셨다. 나는 이것을 전체 이야기에 대한 작은 이야기들의 모음이라고 부르고 싶은데, 이 책들은 하나로 어우러져서 우리와 관련된 하나님 이야기, 우리를 위한 하나님 이야기를 형성한다.…성경 각 권의 저자는 작은 이야기꾼이고 그들이 풀어내는 이야기는 지속적으로 발전되는 큰 이야기에 속한 이야기가 된다(BP 264).

게다가 그들이 들려주는 이야기는 우리를 전체 이야기의 주인공인 예수 그리스도께로 인도한다. 모세와 이사야가 그분을 기다렸던 것처럼, 바울과 베드로와 히브리서의 저자는 그분을 되돌아본다. 그렇게 예수 그리스도는 작은 이야기들의 목표이자 중심이 된다. 신정 체제는 군주제를 통해 작동했지만 이 이야기 전체는 그리스도의 통치, 즉 세상의 유일한 참된 주님이신 메시아의 통치를 목표로 삼았다.…

우리는 종이 위에 말씀이 기록되도록 만드신 분보다 성경이 기록된 지면을 더 높이는 실수를 저질러서는 안 된다. 우리가 성경을 적절하게 이해하고 있다면 우리와 성경 간의 관계는 사실 우리와 성경의 하나님 간의 관계다. 하나님은 인격체로서 말씀을 통해 우리에게 말씀하신다는 것을 보여

주기 위해 성경을 주셨다. 하나님은 우리가 이 세상에서 그분이 원하시는 삶을 살고 변화됨으로써 그분께 영광을 돌릴 수 있도록 우리에게 성경을 주셨다. 우리는 이 일을 어떻게 수행하는가?

우리는 성경 속에서 우리에게 말씀하시는 하나님의 말씀을 **듣고** 우리에게 지시하시는 일을 **실천하며** 우리 시대에 성경 이야기를 삶으로 보여주는 **방법을 깨닫도록** 요구받는다. 이를 종합하는 한 마디는 모세가 최초로 한 말과 그것을 변형시킨 한 형태인 예수 신경에 담겨 있다. 즉 우리는 하나님을 사랑하고 다른 사람들을 사랑해야 한다. 우리가 하나님을 사랑하고 다른 사람들을 사랑한다면 우리는 성경에 있는 하나님의 말씀을 듣고 그분이 요구하시는 일을 실천하며 오늘날 세상에서 성경 이야기를 삶으로 보여주는 것이다(BP 265-66).

성경을 이야기로 읽게 되면 과거를 살펴봄으로써 미래를 내다보는 법을 배울 수 있다. 그런 성경 읽기를 통해 우리는 그 이야기로 되돌아가는 법을 배우고, 그것을 참고로 삼아 현재 세상에서 앞으로 나아가는 법을 알게 된다. 다윗, 이사야, 예수님, 바울, 베드로는 하나님이 그들을 어디로 인도하시든 두려워하지 않았다. 이처럼 우리도 오늘날 이 이야기를 삶으로 보여주는 과정에서 하나님께서 우리를 인도하실 곳에 대해 두려워해선 안 된다. 우리는 과거에 머무름으로써 안전을 얻을 수 있다고 생각하면 안 된다. 바울이나 베드로가 살던 세상에서 복음이 의도한 바를 알아낸다고 해서 우리의 임무가 끝나는 것도 아니다. 우리에게는 하나님이 현재의 세상을 통해 우리에게 하시는 말씀을 알 수 있는 분별력, 즉 성경 이야기에서 직접적으로 흘러나오는 하나의 형식이 주어졌다. 그렇기 때문에 우리는 하나님께서 우리가 그 이야기에 대해 현재 세상의 방식으로 무엇을 말하기를 원하시는지 알 수 있다.

우리가 성경을 이야기로 읽을 때 성경은 성령의 능력으로 예수 그리스도에 대한 좋은 소식을 품고 미래를 직면할 수 있는 확신을 준다. 그 이야기에 따르면 하나님의 영이 우리와 함께 계시고 우리를 인도하시며 우리에게 분별력을 주신다.

성경 이야기는 우리의 과거 이야기일 뿐만 아니라 미래를 위한 이야기다 (BP 266-67).

읽은 내용을 되돌아보는 질문

1. 스캇에 따르면 하나님이 우리에게 성경을 주신 이유는 무엇인가?

2. 하나님이 성경을 통해 우리에게 하도록 요구하시는 일은 무엇인가?

   (해답은 읽기 자료의 굵은 글씨를 참고하라.)

   •
   •
   •

3. 성경을 공부하고 이해하고 해석하기 위해 노력한 다음에는 무엇을 해야 하는가? **이제 무엇을 할 것인가?**

베드로가 들려주는 이야기(행 2장)

예수님은 승천하시면서 제자들에게 예루살렘에서 성령을 기다리라고 말씀하셨다. 예수님의 친구이자 제자였던 사람들은 다락방에 함께 모여 기도했다. 오순절이 되자 바람 소리와 불의 모양을 한 것이 그곳을 가득 채웠고, 모여 있는 모든 제자들에게 성령이 충만해졌다. 그들은 각기 다른 언어로 말하기 시작했는데, 그 소리가 너무 커서 명절을 위해 예루살렘을 방문한 다른 나라에서 온 유대인들이 그 말을 알아듣고 무슨 일이 벌어지고 있는지 알아보기 위해 뛰어왔다. 그러자 베드로가 이 현상을 설명하기 위해 나섰다. 베드로가 큰 이야기에 속한 작은 이야기를 한 후 그들이 당대에 성경의 이야기를 삶으로 보여주도록 부르심을 받았음을 설명하는 방식을 살펴보라.

사도행전 2:14-40을 읽는다.

1. 베드로가 그의 설교에서 참조한 히브리 성경 구절을 모두 열거해 보라. 당신이 가진 성경을 보면 각주나 상호 참조 표시 등으로 베드로가 참조한 구절들이 나타나 있을 것이다.

2. 베드로는 어떻게 성령께서 주신 분별력을 통해 자신이 참조한 성경을 해석하고 설명하는가? 그는 어떤 방식으로 작은 이야기들이 전체 이야기의 주인공인 예수로 이어지도록 만드는가?

3. 38절에서 베드로는 어떻게 성경 전체의 이야기를 청중의 시대와 방식에 맞게 적용하는가? 또한 그는 사람들에게 어떤 일을 하라고 설득하는가?

사도행전 2:41-47을 읽는다.

4. 사람들은 베드로가 하는 이야기를 듣고 어떻게 반응하는가? 새 신자들이 보인 다양한 반응과 행동을 열거해보자.

■ 기도

• 이제 당신이 해야 할 일에 대해 기도하라. 하나님은 당신이 성경을 공부하면서 어떤 일을 하라고 요구하시는가? 현재 당신의 방식으로 성경의 이야기를 삶으로 보여주기 위해 어떻게 해야 한다고 말씀하시는가? 생각을 정리하고 침묵하는 시간을 보내면서 성령께서 당신에게 하시는 말씀을 들어보라. 성경에서 비롯된 생각, 그림, 암시, 개념 등이 머릿속에 떠오른다면 그것을 짧게 적어둔 후 다시 성령의 음성을 들으라.

주기도문으로 기도를 마치라.

하늘에 계신 우리 아버지여, 이름이 거룩히 여김을 받으시오며 나라가 임하시오며 뜻이 하늘에서 이루어진 것 같이 땅에서도 이루어지이다. 오늘 우리에게 일용할 양식을 주시옵고 우리가 우리에게 죄 지은 자를 사하여 준 것 같이 우리 죄를 사하여 주시옵고 우리를 시험에 들게 하지 마시옵고 다만 악에서 구하시옵소서. 나라와 권세와 영광이 아버지께 영원히 있사옵나이다. 아멘(마 6:9-13).

■ 활동

• 사도행전 2:41-47을 다시 읽어보자. 초기 교회의 사람들이 했던 일 중 당신은 어떤 것을 실천하고 있는가? 오늘날 성경을 삶으로 보여주고자 한다면 어떤 행동을 시도해보고 싶은가? 최초의 신자들이 모범을 보여준 행동 중 우리가 실천할 수 있는 실제적인 방법은 무엇인가?

■ 묵상

읽기 자료를 살펴보면 『파란 앵무새』에 나오는 몇 가지 주요 개념들이 요약되어 있다. "파란 앵무새" 구절들, 작은 이야기들, 이야기로 성경 읽기, 전체 이야기에 포함된 주요 장들(신정 체제, 군주제, 그리스도의 통치), 전

체 이야기의 주인공(예수), 성경을 우상숭배의 대상으로 삼지 않고 성경
의 하나님에 대한 관계적 접근을 시도하는 것, 성경을 우리 삶에 적용하
는 법을 이해하기 위한 분별 패턴의 사용, 오늘날 성경을 삶 속에 실천
하라는 명령 등이 그 예다.

- 『왕이신 예수 따르기 프로젝트』의 이 부분에 언급된 이런 개념들 중 어느 것이 성
  경에 대한 당신의 관점에 가장 큰 영향을 미쳤는가? 첫 단락의 목록에서 해당 개
  념을 찾아 밑줄을 그어보라. 그것이 당신의 관점을 어떻게 바꾸어 놓았는가? 그
  결과 당신의 행동에서 달라진 것은 무엇인가? 천천히 시간을 갖고 이 질문에 대
  한 답을 적어보라.

〈소모임 토론〉

소모임을 시작하면서 예수 신경을 함께 소리 내어 읽는다.

이스라엘아, 들으라. 주 곧 우리 하나님은 유일한 주시라. 네 마음을 다하
고 목숨을 다하고 뜻을 다하고 힘을 다하여 주 너의 하나님을 사랑하라 하
신 것이요. 둘째는 이것이니 네 이웃을 네 자신과 같이 사랑하라 하신 것
이라. 이보다 더 큰 계명이 없느니라.

다음 질문들은 당신이 앞서 마무리한 개인 성경공부에 바탕을 두고 있다. 소모임에서 토론할 수 있는 시간이 얼마나 되는지 살펴보고 가능한 한 많은 질문에 함께 대답해보자.

■ 읽기

• "복음 읽기" 장에서 논의한 내용을 종합하면 어떻게 요약할 수 있는가?

• 이 과의 읽기 자료는 『파란 앵무새』에 나오는 몇 가지 개념을 요약한 것이다. 당신이 요약한 "복음 읽기"의 내용과 이것을 비교해보고 여기서 어떤 것을 포함하고 생략할지 생각해보라.

• 당신은 『파란 앵무새』에서 인용한 읽기 자료 중 어떤 것이 가장 좋았는가?

■ 성경공부

• 기독교 전통의 종류에 따라 1) 신자들이 언제 어떻게 "성령 충만"해지는지, 2) 오늘날 그리스도인들과 관련하여 "방언"의 역할이 무엇인지에 대해 서로 다른 관점을 보인다. 당신은 이런 주제들에 관해 어떻게 생각하는가?

• 당신은 베드로의 설교를 어떻게 생각하는가? 오늘날 당신이 교회에서 듣는 설교

와 비교했을 때 비슷한 점과 차이점은 무엇인가?

• 초기 그리스도인들의 삶에서 어떤 점이 당신에게 매력적으로 다가왔는가? 혹은 이상하거나 불편하게 느껴진 것들이 있는가?

■ 기도

원하는 사람은 하나님의 말씀을 들었을 때 마음속에 떠오른 생각들을 말해보자.

■ 활동

초기 교회가 성경과 예수의 가르침을 실천한 것처럼 당신이 성경 말씀을 실천할 수 있는 방식과 관련하여 어떤 생각이 머릿속에 떠올랐는가? 당신의 소모임은 어떤 것을 함께 실천하고 싶어 하는가? 시간을 잡고 실행 계획을 세워보라.

■ 되돌아보기

그럴 의향이 있다면, 성경에 관한 7-12과에 대해 깊이 생각하면서 쓴 글을 사람들에게 읽어주라. 이제 당신은 성경을 어떻게 다르게 보는가?

■ 소모임 기도

소모임에 한국어 외의 언어를 사용하는 사람이 있는가? 그 사람에게 다른 언어로 당신의 소모임을 위해 기도해달라고 부탁하라. 소모임의 나머지 회원들은 그것을 들으며 기도에 동참한다. 누군가 당신이 이해할 수 없는 언어로 기도를 하더라도 하나님은 그 기도를 이해하신다는 사실을 알면 어떤 기분이 드는가?

소모임을 마치면서 주기도문으로 함께 기도하라.

> 하늘에 계신 우리 아버지여, 이름이 거룩히 여김을 받으시오며 나라가 임하시오며 뜻이 하늘에서 이루어진 것 같이 땅에서도 이루어지이다. 오늘 우리에게 일용할 양식을 주시옵고 우리가 우리에게 죄지은 자를 사하여 준 것 같이 우리 죄를 사하여 주시옵고 우리를 시험에 들게 하지 마시옵고 다만 악에서 구하시옵소서. 나라와 권세와 영광이 아버지께 영원히 있사옵나이다. 아멘(마 6:9-13).

■ 안식

새 신자들이 함께 식사하는 시간을 가질 때 한 명 이상의 사람들과 같이 식사할 계획을 세우라. 모두 함께 요리와 청소에서 벗어나 휴식 시간을 가질 수 있도록 식사와 관련된 일을 분담하라.

3장

복음 실천하기

나는 유년기에 아칸소주 북서부에 있는 숲이 우거진 대지에서 가족과 함께 살았다. 언덕 위에는 다른 몇 가구가 흩어져 살았고 방과 후에는 모든 아이들이 모여 골짜기를 돌아다니며 덩굴 식물 위에 요새와 그네를 만들곤 했다. 그러다 싫증이 나면 사람들을 불러서 우리 집 진입로에서 춤 공연을 준비하게 했다. 어느 해 여름에는 스티븐 커티스 채프먼의 "위대한 모험"(The Great Adventure)이라는 노래에 맞춘 군무를 만들었다. 돌이켜보면 말에 안장을 얹고 새로운 길을 개척한다는 가사 내용을 연출하기에 매우 적합한 안무였다.

하지만 나를 사로잡았던 채프먼의 노래는 따로 있었다. 바로 "부르심을 위해서"(For the Sake fo the Call)라는 곡이었는데, 나는 이 곡을 기독교 라디오 방송을 듣던 중 알게 되어 카세트테이프에 녹음해두었다. "나를 따르라"는 예수님의 애타는 부르심은 기독교의 규범들을 가로질러 나에게 다가왔으며 내가 제자도의 자유와 위험성을 엿볼 수 있게 해주었다. 나는 얼마 전 오래된 기독교 음악을 듣고 있던 친구로 인해 이 노래를 다시 접했고, 소녀 시절부터 흥미를 느꼈던 제자도의 삶을 떠올리게 되었다. 이 곡에서 채프먼은 예수께서 물고기를 낚는 어부의 삶을 살고 있는 제자를 불러내시고 그들에게 물고기 대신 사람을 낚으라고 명령하신 일을 노래한다. 예수님은 당시 제자들과 오늘날의 우리를 향해 인생의 모든 것을 버리고 자신을 따르라고 요구하신다. 나는 여러분이 인터넷에서 채프먼이 부른 노래를 찾아 그 가사를 주의 깊에 들어볼 것을 권한다.

예수님 따르기라는 이 "멍에"와 씨름해보지만 가볍게 느껴지지 않는 날이 있다. 정말로 예수님을 닮고 싶지 않은 날도 있다. 그분의 길은 어렵기 때문이다. 그 길은 자연스럽지 않다. 나는 베드로와 같은 싸움꾼이다. 나는 바울처럼 오만하고 독설을 많이 한다. 나는 마르다처럼 아는 체하기를 좋아한다. 나는 요한처럼 혈기 충천하다. 내가 보기에는 잔인한 사람들에게 친절하게 대할 수 있다면 정상이 아니다. 복수 대신 용서하는 것도 쉬운 일이 아니다.

그랬던 제자들이 예수님을 따르자 그분의 본과 영이 그들을 변화시켰다. 베드로는 무모한 행동을 삼가게 되었다. 바울은 겸손해졌다. 마르다는 섬기고 메시아를 선포하는 자가 되었다. 요한은 자기희생적인 사람이 되었다. 예수님은 나도 이처럼 변화시켜주실 것이라고 믿는다. 나는 나의 오빠이자 친구, 스승이자 해방자이며 왕이 되시는 그분께 쉬지 않고 배울 것이다. 제자로 살아가기 어려운 시절이 닥칠 때 내가 그분을 계속 따를 수 있을지 자문하면서도, 다음 순간 베드로처럼 "제가 다른 어느 곳으로 가겠습니까? 주님께는 생명의 말씀이 있습니다"라고 말하는 나 자신을 발견한다. 나는 계속해서 그 부르심에 응답할 것이다.

스캇도 바로 그 부르심에 응답했다. 그는 『원.라이프』라는 책에서 신앙생활 초기의 자신의 모습에 대해 이야기한다.

나는 인생에서 처음 배운 두 가지 교훈에 대해 이야기하려고 한다.

그리스도인은 예수님을 받아들인 사람이고 그리스도인의 삶은 개인적인 (사적인) 경건을 실천해나감으로써 죄와 세상으로부터 분리되고 죄인들을 지옥에서 구원하는 일에 헌신하는 삶이다.

…나는 찰나의 행동으로, 내가 한 일과 하지 않은 일로 나의 정체성을 규정하는 법을 배웠다. 나는 내가 그리스도인이라는 것을 알았다. 나는 그리스도를 받아들였고 옳은 일을 하고 있었으며 잘못된 일을 하지 않았기 때문이다.

이 한순간의 판단과 개인적인 경건의 실천은 그 질문에 대한 유일한 해답이었고, 나는 그 질문을 다룰 것이다. 그러나 그에 앞서 나는 예수님이 우리처럼 한순간의 행동에 집중하지 않으셨고 이런 행동들과 비슷한 어떤 것을 기준으로 "그리스도인의 삶"의 틀을 규정하지도 않으셨다는 점을 지적하고 싶다. 예수님은 오히려 그와 같은 삶의 틀을 제자도라는 측면에서 규정하셨기 때문에, 나는 "그리스도인의 삶"을 강조하지 않을 수 없다.

그리스도를 받아들이는 단 한 순간의 행위가 관문이 아닌 목표가 될 때마다 우리는 피상적인 그리스도인들을 양산하게 된다. 개인적인 경건의 실천이 예수님께서 제자들에게 보여주신 큰 그림에서 점점 멀어질 때마다 그것은 율법주의가 된다. 그래서 나는 율법주의자가 되었다…우리는 단 한 순간의 행위나 개인적인 경건을 실천하는 데 지나치게 집중하다가 율법주의에 빠져 헤매고 급기야 예수님을 잃어버린다. 나는 매우 선한(대부분 기독교적인) 일들을 하는 도중에 예수님을 잃어버렸다.

내가 생각하는 문제가 무엇인지 아직 여러분에게 말하지 않았다. 이제 곧 그 이야기를 할 참이다. 이 문제에는 다양한 대답이 있고 그 대답들은 당신의 출발점에 따라 달라진다. 『원.라이프』는 예수님이 하신 말씀을 살펴봄으로써 그 질문에 대답하고자 하는 책이다. 이제 질문을 공개하고 빠른 답변을 제시할 것이다.

질문: **그리스도인이란 어떤 사람인가?**

답변: **그리스도인은 예수님을 따르는 사람이다.**

나의 과거의 답변: **그리스도인은 예수님을 받아들인 사람이고 그리스도인의 삶은 개인적인 경건의 실천에 초점을 맞춘다**(OL 13-15).

나는 20년이 넘도록 복음서를 연구하고 가르쳐온 경험을 바탕으로, 우리가 "그리스도인의 삶"이라고 부르는 것을 예수님께서 어떻게 이해하셨는지에 관해 설명하고 싶다. 우리가 예수님께 **"그리스도인은 어떤 사람입니까?"**라고 여쭤보았다면…그분은, 실제로 여러 번 그러셨던 것처럼, "나를 따르라"거나 "내 제자가 되라"고 대답하셨을 것이다.

그런 삶은 어떤 모습일까?…나는 예수님의 제자가 된다는 것이 무엇을 의미하는지에 대한 그분의 시각을 대략적으로 묘사하고 싶다. 나는 성경 읽기, 기도하기, 교회 가기, 복음 전도 등을 제시하는 것은 충분하지 않다고 본다. 나는 예수님께서 다른 것들에 초점을 맞추셨고 그것들은 각각 그분의 더 큰 구상을 위한 수단이라고 주장한다. 예수님은 우리에게 개인적인 경건을 실천하는 방법 대신 "하나님 나라와 거룩함"이라는 계획을 제시하신다. 그분은 우리 존재의 핵심까지 변화시킬 수 있는 **하나님 나라의 꿈**을 제시하신다.

우리는 그 원대한 비전에 우리의 삶 전체를 바치도록 요구받는다.

그 비전은 너무 커서 우리의 꿈을 삼켜버릴 정도다(OL 17).

13과
하나님 나라의 삶

- **학습 목표:** 제자들은 예수님이 "하나님 나라"를 말씀하셨을 때 당시 사람들이 무엇을 들었는지에 관해 배울 것이다.
- **영적 성장 목표:** 제자들은 하나님 나라의 좋은 소식을 전함으로써 모든 사람을 축복할 때 하나님께서 그들을 불러 어떤 일을 하게 하시는지를 진지하게 숙고하게 될 것이다.

〈개인 성경공부〉

■ 읽기

제자 훈련 시간을 시작하면서 예수 신경을 소리 내어 읽는다.

> 이스라엘아, 들으라. 주 곧 우리 하나님은 유일한 주시라. 네 마음을 다하고 목숨을 다하고 뜻을 다하고 힘을 다하여 주 너의 하나님을 사랑하라 하신 것이요. 둘째는 이것이니 네 이웃을 네 자신과 같이 사랑하라 하신 것이라. 이보다 더 큰 계명이 없느니라.

예수님은 꿈을 일깨우는 분이었다. 예수님은 모든 사람 앞에서 다음 세 줄의 말씀을 당당히 선포하심으로써 당시 사람들이 스스로 빠져든 잠에서 깨어나도록 하셨다.

때가 왔다.
하나님 나라가 가까이 왔다.
회개하고 복음을 믿으라!
...

예수님에게 "하나님 나라"라는 말은 "이 세상을 향한 하나님의 꿈이 이루어진다"는 뜻이다. 그러나 우리는 "하나님 나라"에 담겨 있는 매우 중요한 한 가지 요소에 우리의 생각과 마음과 몸을 집중할 필요가 있다. 하나님 나라는 예수님뿐만 아니라 이스라엘의 모든 사람이 품은 꿈이었다. 길고 장황한 이사야서든 짧고 비약이 많은 학개서든 이스라엘 예언자들이 남긴 구약의 글을 골라 읽어보면, 당신은 그 속에서 하나님께서 언젠가 행하실 일에 대한 담대하고 확고한 소망의 단면을 발견하게 될 것이다. 예수님께서 이제 때가 이르렀다고 선포하셨을 때는 그런 꿈들을 표현하신 것이다. 예수님은 이 용어를 사용하심으로써 꿈을 일깨우신다(OL 28).

"하나님 나라"라는 말을 들었을 때 예수님과 같은 시대를 살던 사람들은 무엇을 상상했을까?

갈릴리와 그 밖의 모든 곳에 있는 유대인들, 말 그대로 모든 유대인은 예수님께서 "하나님 나라"를 말씀하시는 것을 듣고 왕과 땅과 백성 이 세 가지를 기대했다. 당신이 이를 놀랍게 여겼다면, 아마도 너무나 많은 그리스도인들이 하나님 나라를 "예수님에 관한 개인적 경험"(하나님 나라의 복음주의적인 의미)이나 "문화적 구속"(하나님 나라의 자유주의적, 진보적 의미)과 관련된 것으로 바꾸어 놓았기 때문일 것이다. 예수님이 "하나님 나라"를 말씀하셨을 때 청중들은 왕을 제일 먼저 기대했다. 또한 그들은 땅(또는 신성한 장소나 신성한 공간)과 그 나라에 참여할 사람들(백성)인 그들 자신을 떠올렸다. 이는 다음 한 가지 이유로 인해 더 구체적으로 표현될 필요가 있다. 하나님 나라는 하나님에 관한 경험이 아니라 하나님의 사회에 관한 것이고 이 사회는 철저히 유대인의(그리고 성경의) 사회를 뜻한다.

첫째, 특히 당신이 1세기의 유대인이라면 나라에는 모름지기 **왕**이 있어야 한다고 여길 것이다. ···그것은 로마의 영향력에서 자유로워지고 일부 지역에 있던 헤롯 안티파스와 같은 부패한 혼혈인 출신의 왕들과 작별하는 것을 의미한다. 당시 유대인 세계에서 왕에 해당하는 또 다른 단어는 **메시아**다. 나는 그리스도인들이 이 단어의 중요성을 제대로 숙지하고 있는지 잘 모르겠다. 예수님께서 하나님 나라가 이르렀다고 주장하시던 때에 살던 사람들은 이미 헤롯당에 대해 불만이 가득했고 갈릴리의 농부들은 자신들의 시대가 (마침내) 이르렀다는 흥분을 갖고 있었다. 둘째, 예수님 당시의 사람들은 왕과 왕권을 행사하는 **땅**을 결부시킨다. 그들은 메시아가 예루살렘의 보좌에 앉아 그 땅을 다스릴 것임을 알고 있다. 그리고 그 땅에 젖과 꿀과 포도(가나의 혼인 잔치에 나온 것과 같은 질 좋은 포도)가 흘러넘칠 것이고 모두가 그 땅의 한 조각을 차지할 것이며 풍성한 작물과 좋은 이웃을 얻게 될 것이고 모세 율법을 따르게 될 것임을 알고 있다. 마지막으로, 모든 유대인은 왕을 사랑하고 섬기며 이스라엘 땅에서 왕과 왕국을 위해 일하는 **백성**을 생각했다. 아브라함이 받은 최초의 약속에서부터 성경 전체에 걸쳐 알려진 것처럼 이스라엘에는 그 무엇보다도 열방을 축복하는 사명이 있었고 예수님은 제자들을 불러 그들 자신이 그런 축복이 되게 하셨다.

우리는 비현실적이고 비사회적이며 이상적이고 낭만적이며 지나치게 영적인 하나님 나라에 대한 비전을 버리고 예수님이 말하고자 하신 의미로 되돌아가야 한다. 예수님이 말씀하시는 하나님 나라는 **이스라엘 땅에서부터 퍼져나가 온 세상을 아우르는, 지상에 있는 하나님의 이상적인 사회**를 뜻한다. 오늘날의 관점에서 보면 예수님은 궁극적으로 하나님 나라가 부분적이고 불완전하게 표현된 형태인 교회에 대해 말씀하고 계셨던 것이다. 이것이 의미하는 바는 매우 중요하다. 예수님은 하나님 나라에 대해 이야기하실 때 지상의 구체적인 현실을 생각하셨고 교회를 그분의 꿈이 실현된 형태로 여기셨으며 한 공동체에서 함께 살아가는 당신과 나를 생각하셨다(OL 30-31).

하나님 나라는 서로 연결된 사회다.

하나님 나라는 다른 사람들을 돌봄으로써 알려지는 사회다.

하나님 나라는 정의에 의해 형성되는 사회다.

하나님 나라는 사랑을 통해 힘을 얻는 사회다.

하나님 나라는 평화롭게 살아가는 사회다.

하나님 나라는 지혜가 흘러넘치는 사회다.

하나님 나라는 자신의 역사를 아는 사회다.

하나님 나라는 그 기억을 삶 속에서 실천하는 사회다.

하나님 나라는 사회를 중시하는 사회다.

하나님 나라는 미래에 관심을 갖는 사회다.

우리가 하나님 나라를 개인적이고 사적인 영성으로 바꾸어 놓게 되면 이 사실들을 놓치기 쉽다. 예수님은 하나님께서 현재 하고 계신 일을 표현하기 위해 가장 사회적인 용어 중 하나를 선택하셨다. 예수님은 "하나님과의 개인적인 관계" 대신 **"하나님 나라"**라는 용어를 선택하셨다. 그렇게 하신 이유는 하나님의 뜻이 좋은 포도주의 강처럼 흐르는 지상의 한 나라와 사회를 꿈꾸셨기 때문이다.

하나님 나라에 대한 이런 이해는 내가 배우고 가르쳐온 것의 핵심이다. 예수님께서 그리스도인의 삶을 어떻게 이해하셨는지 알고 싶다면 그분이 말씀하신 하나님 나라의 의미를 출발점으로 삼아야 한다. 예수님 자신은 바로 그곳을 출발점으로 삼으셨다. 따라서 우리의 질문에 대답하기 위해 내가 맨 앞에 덧붙이고 싶은 말은 이것이다.

그리스도인이란 자신의 한 생명을 예수님의 하나님 나라 비전에 바침으로써 그분을 따르는 사람이다(OL 34).

읽은 내용을 되돌아보는 질문

1. 읽기 자료를 읽기 전 당신은 "하나님 나라"라는 표현을 듣고 무엇을 생각했는가?

2. 읽기 자료에 따르면 "하나님 나라"의 세 가지 요소는 무엇인가?

3. 읽기 자료에 따르면 예수님께서 의미하신 "하나님 나라"는 무엇이었는가?

땅, 백성, 왕(창 12, 18장; 갈 3장)

창세기 12:1-7을 읽는다.

1. 하나님은 아브라함에게 무엇을 약속하셨는가? 약속에 포함된 모든 요소를 열거해보라.

2. 이 구절들에 의하면 하나님은 아브라함에게 하신 약속이 온 세상에 어떤 영향을 끼칠 것이라고 말씀하시는가?

창세기 18:17-19을 읽는다.

3. 하나님은 아브라함에게 주신 약속에 어떤 조건을 두셨는가?

(아브라함은 하나님이 _____을 하시도록 _____을 할 것이다.)

갈라디아서 3:7-9, 14, 28-29을 읽는다.

4. 바울은 하나님께서 아브라함에게 주신 약속이 자신의 시대에 성취되었다는 사실을 어떻게 설명하는가?

■ 기도

하나님이 당신에게 보여주신 꿈이나 약속 중 아직 성취되지 않은 것이 있는가? 하나님은 아브라함과 하신 약속을 수천 년이 지난 신약 시대에 성취하시기 위해 계속 일하셨고 또 수천 년이 흐른 뒤인 오늘날에도 여전히 그 약속을 통해 온 세상을 축복하고 계신다. 하나님이 당신에게 주신 꿈을 이루어주시기를 기다리는 동안 당신의 믿음이 성장하게 해 달라고 하나님께 간구하라.

주기도문으로 기도를 마치라.

> 하늘에 계신 우리 아버지여, 이름이 거룩히 여김을 받으시오며 나라가 임하시오며 뜻이 하늘에서 이루어진 것 같이 땅에서도 이루어지이다. 오늘 우리에게 일용할 양식을 주시옵고 우리가 우리에게 죄 지은 자를 사하여 준 것 같이 우리 죄를 사하여 주시옵고 우리를 시험에 들게 하지 마시옵고 다만 악에서 구하시옵소서. 나라와 권세와 영광이 아버지께 영원히 있사옵나이다. 아멘(마 6:9-13).

■ **활동**

선교사들은 예수님 안에서 모두가 하나님의 백성이 되는 이스라엘의 사명을 갖고 모든 민족을 하나님 나라에 동참하도록 초대함으로써 그들 모두에게 복을 주는 소명에 따른 삶을 산다.

• 다음 중 한 사람을 택해서 이들이 어떻게 선교를 수행했는지 조사해보라.

- 에이미 윌슨 카마이클(Amy Wilson Carmichael)
- 글래디스 에일워드(Gladys Aylward)
- 벳시 스탁튼(Betsey Stockton)

■ 묵상

• 당신은 다른 사람들에게 축복이 되는 삶을 살고 있는가? 어떻게 하면 주변 사람들에게 하나님의 축복과 공동체와 복음을 전해주는 삶을 살 수 있는가? 아브라함과 이스라엘과 예수님과 바울의 사명을 오늘날 어떻게 실천할 수 있는가?

〈소모임 토론〉

소모임을 시작하면서 예수 신경을 함께 소리 내어 읽는다.

> 이스라엘아, 들으라. 주 곧 우리 하나님은 유일한 주시라. 네 마음을 다하고 목숨을 다하고 뜻을 다하고 힘을 다하여 주 너의 하나님을 사랑하라 하신 것이요. 둘째는 이것이니 네 이웃을 네 자신과 같이 사랑하라 하신 것이라. 이보다 더 큰 계명이 없느니라.

다음 질문들은 당신이 앞서 마무리한 개인 성경공부에 바탕을 두고 있다. 소모임에서 토론할 수 있는 시간이 얼마나 되는지 살펴보고 가능한 한 많은 질문에 함께 대답해보자.

■ 읽기

- 예수님 시대의 사람들이 하나님 나라에 대한 그분의 말씀을 듣고 보았을 만한 반응에 대해 토론해보라. 그 말씀을 들은 사람들이 어떻게 느끼고 반응했을 것이라고 생각하는가?

3장 • 복음 실천하기

■ 성경공부

• 앞서 성경을 이야기로 읽는 것에 관해 공부한 내용을 다시 떠올려보자. 이번 주 성경공부에서 그 성경 이야기가 어떻게 드러나고 진행되었는가? 당신이 읽은 본문들은 더 큰 이야기에 어떻게 들어맞는가?

■ 기도

원하는 사람은 하나님께서 당신에게 주신 꿈과 약속을 말해보라. 그 꿈과 약속이 성취되기를 끈기 있게 기다리는 것에 대해 어떻게 생각하는가? 하나님이 당신의 꿈을 이루어주신 적이 있다면 그 경험에 대해 말해보라.

■ 활동

다음 글은 한국교회가 선교사 파송에 큰 성공을 거둘 수 있었던 이유를 알려준다. 글을 읽어보고 당신이 파악한 요점을 차례대로 큰 소리로 읽어보라. https://www.imb.org/2018/02/09/south-korea-mission-movement/.

당신의 소모임이나 교회가 하나님 나라의 복음을 전파할 사람들을 준비하고 파송하는 과정에서 어떤 아이디어들을 받아들일 수 있는가?

■ 묵상

• 하나님의 세계 선교에 참여하는 일에 관해서 그분이 당신의 마음에
  어떤 감동을 주시는가?
• 그런 목표를 향해 어떤 일을 하겠는가?
• 소모임에서 당신을 돕고 지지할 수 있는 방법은 무엇인가?

■ 소모임 기도

소모임을 마치면서 주기도문으로 함께 기도하라.

> 하늘에 계신 우리 아버지여, 이름이 거룩히 여김을 받으시오며 나라가 임
> 하시오며 뜻이 하늘에서 이루어진 것 같이 땅에서도 이루어지이다. 오늘
> 우리에게 일용할 양식을 주시옵고 우리가 우리에게 죄지은 자를 사하여
> 준 것 같이 우리 죄를 사하여 주시옵고 우리를 시험에 들게 하지 마시옵고
> 다만 악에서 구하시옵소서. 나라와 권세와 영광이 아버지께 영원히 있사
> 옵나이다. 아멘(마 6:9-13).

■ 안식

당신의 긴장을 풀어주면서도 많은 생각이나 주의가 필요하지 않은 활
동을 해보라. "하나님 나라에 내 삶을 바쳤는가?"라는 질문을 놓고 마음
가는 대로 자유롭게 생각을 해보자.

- **학습 목표:** 제자들은 가장 큰 두 계명을 배우게 될 것이다.
- **영적 성장 목표:** 제자들은 하나님을 사랑하고 다른 사람들을 사랑하기 위해 애쓰면서 예수님의 중요한 가르침을 자신의 삶 속에 적용하기 위해 노력할 것이다.

⟨개인 성경공부⟩

■ 읽기

제자 훈련 시간을 시작하면서 예수 신경을 소리 내어 읽는다.

이스라엘아, 들으라. 주 곧 우리 하나님은 유일한 주시라. 네 마음을 다하고 목숨을 다하고 뜻을 다하고 힘을 다하여 주 너의 하나님을 사랑하라 하신 것이요. 둘째는 이것이니 네 이웃을 네 자신과 같이 사랑하라 하신 것이라. 이보다 더 큰 계명이 없느니라.

예수님에게는 모든 것이 하나님을 사랑하고 다른 사람을 사랑하는 사람이 되기 위해 존재하며, 그분이 보시기에 그리스도인은 사랑에 몰두할 때 비로소 그 존재에 충실한 삶을 사는 것이다. 우리는 예수님과 모든 경건한 행동을 받아들임으로써 하나님과 다른 이들을 사랑하는 사람이 될 수 있다(OL 47).

예수님은 해체적이면서도 건설적인 분이셨다. 그렇기 때문에 그분은 제자들을 하나님의 이상 사회의 핵심이 되는 사랑의 삶을 위한 여정으로 이끄셨다(OL 49).

모세 율법에 613개의 명령과 금지가 포함되어 있다는 것은 예수님 시대의 상식이었다. 덧붙여진 온갖 판결("할라코트")과 더불어 그 613개의 법을 실천하는 방법을 확실히 알기 위해서는 적절한 도움을 받아 배워야 할 것이 많았다. 이는 보통 사람들이 "모세 율법을 잘 실천"하도록 돕기 위한 것이었다. 적어도 원래 계획은 그랬다.

하지만 이것이 모세 율법을 실천할 수 있는 방법이라는 데 모든 사람이 동의하지는 않았다. 여기에는 예수님도 포함된다(OL 50).

예수님은 새로운 길, 더 나은 길을 찾아내셨다. 구체적인 내용을 명확히 밝히는 데 도움이 되는 판결을 덧붙임으로써 그 613가지 율법에 순종하는 대신, 예수님은 이 613가지를 **두 가지**로 줄이셨다.

예수님은 2라는 숫자가 613이라는 숫자로 인도하는 길잡이라는 사실을 밝히셨다. 종교 전문가 한 명이 예수님께 찾아왔다. 그는 예수님을 신학적 논쟁의 함정에 빠뜨리고 싶었다. (또는 우리 식으로 표현하자면 그는 예수님이 어떤 교파에 속해 있는지, 정치적/종교적 논쟁에서 어떤 입장에 서 있는지 그분의 입으로 무리에게 말해주시기를 원했다). 마가복음 12:28에서 서기관은 이렇게 질문한다. "모든 계명[613가지] 중 첫째가 무엇이니이까?" 만약 예수님이 어떤 한 계명을 고른다면 잘못된 계명을 고른 죄를 범할 수도 있다. 반면 아무 계명도 고르지 않는다면 변변찮은 사람처럼 보일 것이다. 예수님은 이에 준비되어 있었고 그분은 모세 율법에 대한 "613가지 더하기 '할라코트' 식" 접근법을 해체하는 답변을 하셨다. 29-31절에서 예수님은 청중에게, 내가 예수 신경이라고 부르는 것을 제시하신다.

> 예수께서 대답하시되 "첫째는 이것이니 이스라엘아, 들으라. 주 곧 우리 하나님은 유일한 주시라. 네 마음을 다하고 목숨을 다하고 뜻을 다하고 힘을 다하여 주 너의 하나님을 사랑하라 하신 것이요. 둘째는 이것이니 네 이웃을 네 자신과 같이 사랑하라 하신 것이라. 이보다 더 큰 계명이 없느니라"(막 12:29-31).

또는 이와 똑같은 대화를 마무리하는 마태복음 22:40의 말씀처럼

> "이 두 계명이 온 율법과 선지자의 강령이니라."

예수님이 당시의 [종교적인 사람들]에게 하신 말씀은 이것이었다. "너희는 율법에 대한 너희의 **사랑**에 집착하고 자신의 기준과 판결로 타인을 판단하지만, 하나님께서 우리에게 **사랑의 율법**을 주셨다는 점을 반드시 이해해야 한다."

하나님은 우리가 그분을 사랑하고 다른 사람을 사랑하길 진정으로 원하시며, 우리가 그렇게 행하면 다른 모든 것의 질서도 바로 잡힐 것이다. 예수

님의 말씀은 압도적이며 우리를 하나님 나라에 대한 그분의 위대한 비전으로 인도한다. 우리는 613가지의 모든 계명이 결국 "하나님을 사랑하라"고 "이웃을 사랑하라"는 명령이라는 점을 이해하기 전까지는 그 계명들을 제대로 이해할 수 없다. 이 둘을 613가지로 바꾸는 것은 곧 사랑의 핵심적 위치를 최소화하는 것이다. 이 613개 계명을 하나님 또는 타인을 사랑하라는 표현으로 이해한다면 곧 그 전체 계명을 해방시켜 하나님이 원하시는 모습이 되게 할 수 있다. 남은 611가지 계명은 단지 하나님을 사랑하고 다른 사람을 사랑하는 것이 어떤 모습인지를 보여주는 예에 불과하다. 예수님은 613이라는 숫자를 2로 바꾸셨다.

그리하여 계명은 오직 두 가지, 즉 하나님을 사랑하고 다른 사람을 사랑하라는 것이다. 하나님을 사랑하고 다른 사람을 사랑한다면 당신은 하나님이 원하시는 모든 일을 하는 것이다. 사람들이 예수님께 몰려든 것은 당연한 일이다. 그분은 율법을 예수 신경으로 바꾸심으로써 하나님의 뜻이 지닌 관계적 핵심을 발견하셨다(OL 51-52).

예수님이 말씀하시는 "하나님 나라"를 들을 때 우리 머릿속에 떠올라야 하는 첫 번째 단어는 "**사랑**"이다.

하나님 나라에서 왕과 왕의 땅과 왕의 백성은 하나님을 사랑하고 (자신을 사랑하는 것처럼) 다른 사람을 사랑하는 사람들이다. 예수님께서 당당히 서서 하나님 나라가 가까이 왔다고 선포하실 때는 사랑으로 형성된 사회가 곧 무도회장을 장악하고 우리에게 춤추는 법을 보여줄 것이라고 말씀하고 계시는 것이다(OL 53).

사랑으로 살 때 우리는 예수님이 창조하러 오신 하나님 나라에서 살고 있는 것이다.

이제 우리는 예수님께서 그리스도인의 삶을 어떻게 이해하셨는지를 또 다른 방식으로 받아들일 수 있다.

그리스도인은 예수님의 상상력이 촉발시킨 하나님 나라를 세우는 일과 하나님을 사랑하고 다른 사람을 사랑하는 삶에 생명을 바침으로써 예수님을 따르는 사람이다(OL 54).

읽은 내용을 되돌아보는 질문

1. 그동안 이 책을 공부하면서 예수 신경을 수없이 읊어보았을 것이다. 예수님이 이 말씀을 하신 배경에 대해 배운 후에는 무슨 생각이 들었는가?

2. 예수님은 당시 율법에 대한 이해와 해석을 어떻게 바꾸어 놓으셨는지 설명해보라.

3. 하나님 나라를 형성하는 최고의 가치는 무엇인가?

서기관들과 바리새인들을 분노케 하시는 예수님(마 23장)

"규칙을 추가함으로써 율법을 따르는" 접근 방식으로 인해 두 가지 결과가 초래되었다. 첫 번째 결과로 예수님은 이런 방식이 율법을 실천하는 법을 완전히 오해한 것이라고 생각하셨다. 이에 뒤따르는 두 번째 결과는 점점 더 많은 보통 사람들이 신앙과 단절되었다는 것이다. 지도자들은 보통 사람들을 "타자"로 만들고 평범한 사람들을 소외시켰다. 예수님은 이들이 율법을 오해하고 있다고 생각하셨기 때문에 이런 상황을 좋아하시지 않았다. 예수님의 말씀이 격렬해진 이유는 그 때문이었다(OL 51).

마태복음 23:1-12을 읽는다.

1. 예수님께서 서기관들과 바리새인들이 하는 **말**과 **행동**을 구분하시는 이유는 무엇인가?

2. 예수님은 당시의 종교 권력의 위계질서에 어떻게 도전하시는가?

마태복음 23:13-33을 읽는다.

3. 예수님이 서기관들과 바리새인들에게 선포하시는 일곱 가지 "화"를 나열해보자.

4. 33절에서 예수님은 그들을 무엇이라고 부르시는가?

■ 기도

소모임 회원 한 명을 만나 함께 서로를 위해 기도하라. 소모임 전체의 관계도 중요하지만 그 안의 개인적인 관계도 중요하다. 서로를 위해 기도하면서 이웃에 대한 당신의 사랑을 표현하기 위해 노력하라.

주기도문으로 기도를 마치라.

하늘에 계신 우리 아버지여, 이름이 거룩히 여김을 받으시오며 나라가 임하시오며 뜻이 하늘에서 이루어진 것 같이 땅에서도 이루어지이다. 오늘 우리에게 일용할 양식을 주시옵고 우리가 우리에게 죄 지은 자를 사하여 준 것 같이 우리 죄를 사하여 주시옵고 우리를 시험에 들게 하지 마시옵고 다만 악에서 구하시옵소서. 나라와 권세와 영광이 아버지께 영원히 있사옵나이다. 아멘(마 6:9-13).

■ 활동

여담이지만 만일 당신의 신앙 공동체의 특별한 의도를 지닌 "결정"을 예수님의 말씀으로 대체하고…그 대체된 말씀을 공동체에 선포해보면, 당신은 예수님이 그 시대의 전문가들에게 어떤 대접을 받았는지 알게 될 것이다 (OL 51).

- 예수님 시대의 유대인들에게 613가지 계명이 있었던 것처럼 오늘날 당신의 신앙 공동체에도 긴 목록의 규칙이 있을 수 있다. 그중 몇 가지를 열거해보라.

- 열거한 모든 항목에 가위표를 하고 맨 위에 다음과 같이 쓰라. "하나님을 사랑하고 사람들을 사랑하라."

■ 묵상

- 당신은 자신이 바리새인과 비슷하다고 느끼는가, 아니면 종교 지도자들이 부과한 규칙의 짐에 짓눌려 신음하는 사람과 비슷하다고 느끼는가? 당신이 생각하는 스스로의 모습에 대해 예수님은 무슨 말씀을 하실 것이라고 생각하는가?

〈소모임 토론〉

소모임을 시작하면서 예수 신경을 함께 소리 내어 읽는다.

> 이스라엘아, 들으라. 주 곧 우리 하나님은 유일한 주시라. 네 마음을 다하
> 고 목숨을 다하고 뜻을 다하고 힘을 다하여 주 너의 하나님을 사랑하라 하
> 신 것이요. 둘째는 이것이니 네 이웃을 네 자신과 같이 사랑하라 하신 것
> 이라. 이보다 더 큰 계명이 없느니라.

다음 질문들은 당신이 앞서 마무리한 개인 성경공부에 바탕을 두고
있다. 소모임에서 토론할 수 있는 시간이 얼마나 되는지 살펴보고 가능
한 한 많은 질문에 함께 대답해보자.

■ 읽기

• 읽기 자료에 나오는 다음 문장에 대해 토론해보라. "예수님은 해체적이면서도 건
  설적인 분이셨다." 읽기 자료는 이 점을 어떻게 입증했는가?

• 오늘날 당신이 처한 종교적 환경에서 어떻게 하면 해체적이면서도 건설적인 사
  람이 될 수 있는가?

■ 성경공부

• 예수님의 강한 표현에 대해 어떻게 생각했는가?

• 성경공부에 등장한 예수님이 사용하신 표현 중 당신이 가장 좋아한 표현은 무엇인가?

• 당신의 종교적 관행은 율법주의적인 편인가, 아니면 관용적인 편인가?

• 사랑하라는 예수님의 명령은 당신에게 어떤 영향을 끼쳤는가?

■ 기도

소모임의 다른 회원과 만나서 기도한 일에 대해 이야기해보라.

■ 활동

예수 신경의 일부나 전부를 적어놓은 미술 작품을 만들고 집 어딘가에 걸어놓을 수 있는지 살펴보라. 그것을 사용하여 성경에 있는 모든 하나님의 명령의 핵심이 사랑이라는 점을 스스로에게 상기시켜라. 종이 위에 그린 간단한 작품이어도 좋고 복잡한 작품이어도 좋다. 소모임 리더나 또 다른 자원자가 나서서 종이, 캔버스, 도자기, 포스터용 보드, 인두

화 도구, 마커, 마스킹 테이프, 물감과 붓, 서예용 붓, 스프레이 페인트, 심지어 스트링 아트용 못, 줄, 망치, 보드 등과 같은 미술 용구들을 가져올 수 있다. 활동에 시간이 오래 걸릴 것 같으면 토론을 진행하면서 작품을 만들 수 있도록 모임을 시작할 때부터 공작을 시작하라.

■ 묵상

당신이 작성한 목록에서 생각해낸 종교적 규칙들을 몇 가지 소개하라. 하나님을 사랑하는 것이나 타인을 사랑하는 것과 관련이 있는 규칙은 무엇인가?

■ 소모임 기도

두 사람씩—이번 주에 만난 사람이 아닌 다른 회원과—짝을 지어 서로를 위해 기도하라.

소모임을 마치면서 주기도문으로 함께 기도하라.

하늘에 계신 우리 아버지여, 이름이 거룩히 여김을 받으시오며 나라가 임하시오며 뜻이 하늘에서 이루어진 것 같이 땅에서도 이루어지이다. 오늘 우리에게 일용할 양식을 주시옵고 우리가 우리에게 죄지은 자를 사하여 준 것 같이 우리 죄를 사하여 주시옵고 우리를 시험에 들게 하지 마시옵고

다만 악에서 구하시옵소서. 나라와 권세와 영광이 아버지께 영원히 있사옵나이다. 아멘(마 6:9-13).

■ 안식

모든 신앙적 규칙은 결국 "하나님을 사랑하고 다른 사람을 사랑하라"는 단순한 규칙으로 귀결된다는 사실에 대해 어떤 느낌이 드는가? 이런 자유와 명료함을 통해 마음의 안식을 누리자.

- **학습 목표**: 제자들은 예수님이 사역을 펼치시면서 정의에 분명히 초점을 맞추셨음을 알게 될 것이다.

- **영적 성장 목표**: 제자들은 예수님을 따르려면 정의에 대한 그분의 열정도 본받아야 된다는 점을 인식하게 될 것이다.

〈개인 성경공부〉

■ 읽기

제자 훈련 시간을 시작하면서 예수 신경을 소리 내어 읽는다.

이스라엘아, 들으라. 주 곧 우리 하나님은 유일한 주시라. 네 마음을 다하고 목숨을 다하고 뜻을 다하고 힘을 다하여 주 너의 하나님을 사랑하라 하신 것이요. 둘째는 이것이니 네 이웃을 네 자신과 같이 사랑하라 하신 것이라. 이보다 더 큰 계명이 없느니라.

최근에 크리스와 나는 남아프리카 공화국의 스텔렌보쉬에 있었다. 공항으로 향하는 길에 우리는 차를 몰고 남아프리카인과 이민자들이 살고 있는 카얄레차라는 비공식적인 정착지를 지나갔다.…그곳은 얇은 전선들이 걸려 있고 물결 모양으로 주름진 강철로 된 판잣집들이 40여 킬로미터에 걸쳐 쭉 이어져 있었다. 이 정착지에는 극도로 빈곤한 120만 명의 사람들이 있다. 예수님께서는 "가난한 자는 복이 있나니"라고 말씀하시면서 이런 장소와 사람들을 생각하셨던 것일까? 당신은 이런 장소와 사람들이 예수님이 오신 이유와 관련이 있다고 생각하는가?

나는 그렇다고 생각한다.

가난한 사람들을 돌보는 일은 예수님의 제자가 되고 그리스도인의 삶을 이해하는 방식과 매우 밀접한 관련이 있다.

미국의 그리스도인들은 과거에도 갈팡질팡했고 지금도 헤매고 있으며 앞으로도 그럴 것이다. 그들은 모든 만물을 창조하신 하나님을 예배하면서도 노예제를 제도화했다. 모든 사람에게 복음을 전하면서도 여성의 투표권을 부정했다. 가난했던 예수를 따르면서도 풍요의 꿈을 좇는다. 공립학교용 세계사 교과서를 쓰면서도 미국 원주민들의 문화를 무시한다. 그들은 가정, 이웃, 교회와 사회에서 "모두를 위한 정의"를 주장하면서도 불의를 저지를 수 있다.

젊은 그리스도인들—내가 그들을 "그리스도인"이라고 부르는 까닭은 이 사람들이 교회에서 성장했기 때문이다—은 이런 일관성 없는 정의를 받아들일 수 없다고 생각한다. 정의에 갈급한 사람들은 이 사안이 심각하다는 것을 알고 있기 때문에, 예수님이 정의에 대해 말씀하시는 것에 더욱 헌신하는 와중에 신앙에서 멀어져간다.

완전한 하나님 나라가 임하기 전에 존재하는 불완전한 교회를 우리가 이 땅에서 볼 수 있는 유일한 교회로 받아들이더라도, 그들이 멀리하는 신앙에는 그들의 동참이 필요하지 않을지도 모른다. 왜냐하면 거기에는 예수님이 계시지 않기 때문이다. 정의에 대한 일관성 없는 헌신은 예수님의 길이 아니다.

예수님은 갈릴레이와 비슷한 예언자였다. 모든 예언자가 해야 하는 일의 맨 위에 적혀 있는 글귀는 다음과 같다.

하나님이 무엇에 찬성하시는지 터놓고 분명하게 말하라.
하나님이 무엇에 반대하시는지 터놓고 분명하게 말하라.
세 번째, 네 번째 줄은 다음과 같다.
나[하나님]는 너와 함께 있다.
용기를 가져라. (하지만 너는 피신하거나 죽어야 할지도 모른다.)

어떤 사람이 반대하는 것을 보면 그가 무엇에 찬성하는지를 알 수 있다. 나는 당신에게 예수님이 무엇에 반대하셨는지를 제시할 것이다. 당신은 그것을 토대로 예수님이 무엇에 찬성하셨는지를 유추할 수 있다.

예수님은 압제를 무시하는 권력자들을 책망하셨다.
그분은 사람들에게 돈을 뜯어내는 세리들을 책망하셨다.
그분은 아이들을 무시하는 제자들을 책망하셨다.

위의 글을 통해 예수님이 무엇에 반대하셨는지 알았다면 당신은 예수님이 무엇에 **찬성**하셨으며 **왜 이 땅에 오셨는**지도 알 수 있다. 예수님은 자신이 찬성하시는 것이 무엇인지 그리고 이 땅에 온 이유가 무엇인지에 대해 확고한 입장을 지니셨다. 예수님은 권력의 적절한 사용과 정의와 모두를 위한 가치에 찬성하신다. 예수님은 하나님이 자신과 함께 계신다는 것을 아셨고 용기를 지니고 계셨다.

하나님 나라가 내적인 경험으로 축소되었다는…믿음은 그리스도인들을 혼란스럽게 한다. 우리는 기도하고 성경을 읽으면서 보이지 않는 하나님과의 친밀감을 키우면서도 예수님이 실천하신 정의와 사랑과 평화의 타자 지향적인 삶을 무시한다. 그러면서도 예수님이 이 땅에 오신 이유는 당신과 내가 특별한 종류의 영적 경험을 누리며 즐겁게 살아갈 수 있게 하기 위해서라고 생각하는 사람들이 많다. 그리스도인들의 삶을 하나님과의 개인적인 친밀감 및 영혼의 성장에 불과한 것으로 묘사하는 말을 들을 때마다(나는 이런 말을 자주 듣는다) 나는 그들이 과연 성경을 읽는지 의문을 갖게 된다. 내 말은, 그리스도인들이 정말로 예수님의 완전한 실체를 있는 그대로 인식할 수 있게끔 성경을 읽고 있는지 의문을 갖는다는 뜻이다(OL 58-60).

예수님이 "나를 따르라"고 말씀하셨을 때 예수님이 한 일을 따르라는 뜻으로 말씀하셨다고 생각하는 사람들이 있다. 그리고 그들은 예수님의 제자들은 (실제로) 예수님을 따른다는 것을 알고 있다. 또한 예수님을 따르지 않는 사람은 예수의 제자가 아니라는 것도 알고 있다.…**"하나님 나라"**라는 말에 정확히 들어맞지 않는 예수님의 모습은 진정한 그분의 모습이 아니다. 그리고 **"정의"**라는 말은 "하나님 나라"라는 말 속에 포함되어 있다(OL 65).

예수님은 왜 오셨는가?…

예수님은 지금 바로 당신과 나와 더불어 시작되는 지상의 하나님 나라를 건설하심으로써 정의를 실현하시기 위해 오셨다(OL 67).

예수님이 꿈꾸시는 나라는 정의가 바로 서 있고 **희생의 삶으로 서로를 섬기는** 나라다. 그 나라의 백성들은 다른 사람들을 지배하는 데 권력을 사용하지 않는다. 예수님께서 죽으신 이유는 부분적으로 그런 종류의 하나님 나라의 공동체를 소생시키기 위해서였다.

그러나 당신은 이렇게 말할 것이 분명하다.···

예수님이 이상주의자였거나 제자들이 그분의 이상을 완전히 망쳐놨거나 둘 중 하나다. 전자의 진술은 예수님께서 꿈을 꾸는 분이자 꿈을 일깨우는 분이셨으므로 사실이다. 두 번째 진술도 사실이다. 그토록 많은 (스스로를 그렇게 부르는) 제자들이 예수님을 따르지 않는 것을 보면 당혹스럽다.···우리는 십자가의 오랜 패배 대신 끊임없는 승리를 위해 살아간다.

나는 오늘날 많은 사람들이 이렇게 묻고 있는 것을 발견한다. "나는 예수님이 우리에게 주신 꿈을 따르길 원하는가?"···

예수님을 따르는 것은 정의가 다스리는 사회, 사랑이 모든 것을 형성하는 사회를 향해 예수님을 따라감을 의미한다. 예수님을 따르는 것은 꿈을 꾸고 그 꿈을 위해 노력하는 것이다.

이제 우리의 질문에 대한 대답에 다음과 같은 구절을 덧붙일 수 있다.

그리스도인은 예수님의 상상력이 촉발시킨 하나님 나라, 하나님을 사랑하고 다른 사람을 사랑하는 삶, 소외된 이들을 위한 정의를 통해 형성되는 사회에 자신의 한 생명을 바침으로써 예수님을 따르는 사람이다(OL 69-70).

1. 읽기 자료의 어느 부분이 가장 눈에 띄었는가? 그 이유는 무엇인가?

2. 기독교와 정의는 어떤 관계라고 생각하는가?

3. 소외된 이들을 위한 정의에는 무엇이 수반되는가?

■ 성경공부

하나님 나라에는 누가 있는가?(눅 6장)

사람들은 예수님의 팔복 강화를 좋아하지만 나는 사람들이 그 말씀을 잘못 읽고 있는 것 같아 두렵다. 팔복은 예수님의 미덕의 목록이 아니라 자신이 하나님 나라에 속해 있다고 생각하는 이들이…실은 그렇지 않으며 하나님 나라에 속해 있지 않다고 생각하는 사람들이 그 나라에 속해 있다는 예수님의 혁명적인 선언이다. 가난한 갈릴리 사람들이 이 말씀을 들었다면 어떤 기분이었을지, 또한 부유한 갈릴리 사람이 이 말씀을 들었다면 어떤 기분이었을지 상상해보라.…

이 말씀은 당신의 성경책에도 있고 내 성경책에도 있다. 이것은 도덕적 미덕의 목록이 아니라 누가 주님의 편에 서 있으며 누가 그렇지 않은지, 누가 하나님 나라의 삶을 충만하게 살아가며 누가 그렇지 않은지, 누가 하나님 나라에 있으며 누가 그렇지 않은지, 누가 모든 꿈의 배후에 있는 "그

꿈"을 실천하며 살아가고 있으며 누가 그렇지 않은지를 드러내는 혁명적인
표현 방식이다(OL 65-66).

누가복음 6:7-26을 읽는다.

1. 본문의 첫 부분에서 예수님은 자신의 권능과 사명에 대해 어떤 구체
   적인 증거를 제시하시는가?

2. 예수님은 어떤 이들이 복되다고 말씀하시는가?

3. 예수님은 어떤 이들에게 화를 예언하시는가?

4. 당신에게 적용되는 묘사는 어느 쪽인가? 당신은 어떤 범주에 속해 있
   는가?

5. **추가 공부**: 성경공부를 계속하고 싶다면 마태복음 5-7장과 누가복
   음 6장에 나타난 예수님의 가르침을 비교해보라. 두 복음서에 모두
   나타나는 가르침은 어떤 것인가? 어떤 가르침이 같고 어떤 가르침
   이 다른가? 한 복음서에만 있고 다른 복음서에는 없는 가르침은 무엇
   인가?

■ 기도

거울 속에 비친 자신의 모습을 보면서 정의에 동참해온 자신의 방식들을 되돌아볼 수 있게 해달라고 하나님께 간구하라. 당신은 사람들을 억압하는 권력 구조나 사회 체제를 떠받치거나 거기서 이득을 얻은 적이 있는가? 가난한 사람들에게 좋은 소식을, 압제당하는 사람들에게 해방을 전파함으로써 하나님 나라의 정의를 실현하려는 예수님의 예언자적인 열정을 달라고 하나님께 간구하라.

주기도문으로 기도를 마치라.

> 하늘에 계신 우리 아버지여, 이름이 거룩히 여김을 받으시오며 나라가 임하시오며 뜻이 하늘에서 이루어진 것 같이 땅에서도 이루어지이다. 오늘 우리에게 일용할 양식을 주시옵고 우리가 우리에게 죄 지은 자를 사하여 준 것 같이 우리 죄를 사하여 주시옵고 우리를 시험에 들게 하지 마시옵고 다만 악에서 구하시옵소서. 나라와 권세와 영광이 아버지께 영원히 있사옵나이다. 아멘(마 6:9-13).

■ 활동

『다른 사람들과의 교제』(*A Fellowship of Differents*)라는 책에서 스캇은 크리스티나 클리블랜드가 쓴 『그리스도 안에서의 불일치』(*Disunity in Christ*)에 나온 한 구절을 인용한다. 클리블랜드 박사는 평등과 공평의 차이에 대한 글을 썼는데, 이는 정의를 위한 노력에서 중요한 개념이다. 예수님의 비유를 자세히 분석하면서 특권과 정의의 억압에 대해 논의하는 그녀의 글(http://www.christenacleveland.com/ blog/2016/12/new-series-how-to-be-last-a-practical-theology-for-privileged-people)을 읽어보라.

■ 묵상

• 클리블랜드 박사의 글을 읽고 어떤 느낌이 들었는가? 당신은 이 글을 읽자마자 어떤 반응을 보였는가? 평등과 공평을 구별하는 저자의 방식에 대해 어떻게 생각하는가? 하나님 나라의 정의를 위해 노력하는 과정에서 당신이 있어야 할 위치를 어떻게 찾을 수 있는가?

〈소모임 토론〉

소모임을 시작하면서 예수 신경을 함께 소리 내어 읽는다.

이스라엘아, 들으라. 주 곧 우리 하나님은 유일한 주시라. 네 마음을 다하고 목숨을 다하고 뜻을 다하고 힘을 다하여 주 너의 하나님을 사랑하라 하신 것이요. 둘째는 이것이니 네 이웃을 네 자신과 같이 사랑하라 하신 것이라. 이보다 더 큰 계명이 없느니라.

다음 질문들은 당신이 앞서 마무리한 개인 성경공부에 바탕을 두고 있다. 소모임에서 토론할 수 있는 시간이 얼마나 되는지 살펴보고 가능한 한 많은 질문에 함께 대답해보자.

■ 읽기

• 당신은 정의에 대해 어떻게 생각하는가?

• 하나님의 정의와 세속적 정의 사이에 차이점이 있는가?

• 예수님의 사명에 있어서 정의는 어떻게 나타나는가?

3장 • 복음 실천하기

■ 성경공부

• 예수님이 하신 설교의 어느 부분에서 자신의 모습을 발견하는가?

• 당신은 복의 목록을 통해 어떤 소망을 얻는가?

• 화의 목록은 스스로를 살펴보는 데 어떻게 도움이 되는가?

■ 기도

이번 주에 기도하면서 당신 자신을 살펴보는 일에 대해 어떻게 생각했는가? 하나님께서 당신 안에서 무엇을 발견하도록 도와주셨는가?

■ 활동

1. 소모임 도우미는 문서 작성 프로그램을 이용하여 아모스 2:6b-7a을 큰 글자로 타이핑한 후 출력하여 개별 단어를 가위로 잘라낸다. 소모임 회원들은 잘라낸 조각들을 섞은 뒤 논리 정연한 구절이 되도록 단어들을 배열해보자.

2. "특권 확인하기"(privilege walk)에 관한 영상을 인터넷에서 찾아보자. 이것은 사람들이 더 나은 삶을 살 수 있도록 각자 가진 다양한 특권적

인 특징들을 바탕으로 태어날 때부터 누리는 혜택을 보여주는 활동이다. 소모임 전체가 함께 영상을 시청함으로써 각자가 가진 자신만의 특권을 이해해보자. 시청 후에는 어떻게 하면 당신의 특권과 지위를 사용하여 정의와 공평을 위한 노력을 다하고 다른 이들을 섬길 수 있을지 함께 토론하라.

■ 묵상

크리스티나 클리블랜드의 글에 대해 각자 어떤 반응을 보였는지 토론해보자. 말하는 사람이 특권층의 일원인지 아니면 소외되거나 억눌린 계층의 일원인지에 따라 반응이 다른가? 소모임 회원들은 각자 자신의 특권을 어떻게 보는가?

■ 소모임 기도

소모임 회원들 개인과 관련된 정의의 문제를 위해 기도하자. 그다음에는 옆에 앉아 있는 사람이 방금 기도한 사람의 관심사를 위한 기도를 덧붙이고 정의과 관련된 자신의 관심사를 위해 기도하면 된다. 이렇게 쭉 돌아가면서 계속해서 기도해보자.

소모임을 마치면서 주기도문으로 함께 기도하라.

하늘에 계신 우리 아버지여, 이름이 거룩히 여김을 받으시오며 나라가 임하시오며 뜻이 하늘에서 이루어진 것 같이 땅에서도 이루어지이다. 오늘 우리에게 일용할 양식을 주시옵고 우리가 우리에게 죄지은 자를 사하여 준 것 같이 우리 죄를 사하여 주시옵고 우리를 시험에 들게 하지 마시옵고 다만 악에서 구하시옵소서. 나라와 권세와 영광이 아버지께 영원히 있사옵나이다. 아멘(마 6:9-13).

■ 안식

당신에게 정의가 필요하다면, 또는 어떤 식으로든 억압이나 학대나 희생을 당한 적이 있다면, 당신을 향한 예수님의 깊은 관심과 자유의 정의를 위한 그분의 사역 안에서 안식을 발견하라.

당신 안에서 불의를 발견했다면 다른 사람들 위에 권세로 군림하기보다는 예수님처럼 권력을 내려놓게 하실 성령의 변화의 능력을 구하고 그 안에서 안식을 찾으라.

16과
지혜의 삶

- **학습 목표**: 제자들은 예수님께서 지혜를 발휘하신 방식을 배우게 될 것이다.
- **영적 성장 목표**: 제자들은 교회의 어머니들과 아버지들의 지혜를 활용할 수 있 는 역사적인 영적 관행과 규율들을 시험해볼 것이다.

〈개인 성경공부〉

■ 읽기

제자 훈련 시간을 시작하면서 예수 신경을 소리 내어 읽는다.

이스라엘아, 들으라. 주 곧 우리 하나님은 유일한 주시라. 네 마음을 다하 고 목숨을 다하고 뜻을 다하고 힘을 다하여 주 너의 하나님을 사랑하라 하 신 것이요. 둘째는 이것이니 네 이웃을 네 자신과 같이 사랑하라 하신 것 이라. 이보다 더 큰 계명이 없느니라.

다윗은 죽기 직전에 아들인 솔로몬이 다음 왕이 될 것이라고 선언했다. 솔로몬 생애의 매우 이른 시기에 하나님은 이렇게 물으셨다.…"내가 너에게 원하는 것은 무엇이든 주겠다. 그러니 무엇을 원하느냐?"…

원하는 것은 무엇이든 가질 수 있는 기회 앞에서 솔로몬은 지혜를 구한다 (OL 85).

하지만 불행하게도 그가 구한 것과 실제로 행동한 방식은 크게 달랐다. 솔로몬은 처음에는 훌륭하게도 지혜를 구했지만 나이가 들어가면서 바보처럼 행동했다. 솔로몬의 꿈은 지속 불가능한 것이 되어버렸고 흐트러지기 시작했다.…

지혜를 실천하는 것보다 지혜를 구하는 것이 더 쉽다.

…솔로몬처럼 시작이 좋고 바른 방향으로 가고 있는 것처럼 보이지만 점차 도덕적으로 해이한 삶을 살게 되는 사람들의 예는 매우 많다.…

우리는 삶 속에서 속도를 늦추고 지혜와 동행할 필요가 있다. 큰 꿈을 유지하고 삶을 잘 마무리하고 싶다면 지혜로운 이들의 말을 들을 필요가 있다 (OL 86).

지혜는
지혜로운 이들의 지혜를
받아들이는
공손한 태도다.

솔로몬은 하나님의 지혜를 받아들이기를 멈춘 까닭에 어리석은 자가 되었다. 야고보서의 저자는 지혜로운 분의 지혜를 받아들였기 때문에 지혜로웠다. 그것이 바로 예수님의 제자가 갖춰야 할 지혜로운 자세다. 지혜로운 사람들은 그들의 정신적 스승과 비슷한 말을 한다(OL 87).

예수님은 지혜로운 분이셨다. 따라서 나는 우리의 삶의 방향을 지혜로 향하도록 도울 수 있는 예수님의 삶과 가르침의 여러 요소들을 제안하려고 한다.

첫째, 매일의 삶의 방향을 하나님께로 향하게 하라.

예수님은 "여호와를 경외하는 것이 지혜의 근본"(잠 9:10)이라는 솔로몬의 유명한 말을 들으며 자라나셨다. 경외라는 말은 단지 몸을 숙이거나 구부리거나 감정을 주체하지 못하는 것이 아니다.…아니, 더 정확히는 "경외심"을 의미한다. 하나님을 경외한다는 것은 하나님 앞에서 그분과 함께 살고 있다는 의식을 가지고 하루의 모든 순간을 시작하고 끝내는 것이다.

둘째, 습관이 될 때까지 온종일 "좋은 질문"을 던지라.

…지혜로운 사람은 멈춰 서서 생각하고 숙고하며 자신의 양심을 살핀 다음 이렇게 질문한다. "이 일을 하는 것이 지혜로운 일인가?" 지혜 그 자체였던 예수님은 선하고 옳고 자애롭고 정의롭고 거룩하고 사랑을 베푸는 일을 하셨다.…스스로 올바른 질문을 한다면 우리는 선한 일을 하게 될 것이다(OL 89).

셋째, 일상이 꿈으로 이어진다.

예수님은 온 세상을 위한 하나님 나라의 삶을 꿈꾸셨다. 그것은 매우 큰 꿈이다.

예수님은 어떻게 하나님 나라의 큰 꿈을 꾸셨는가? 예루살렘으로 행진하셔서 "나는 이 보좌를 원한다"고 말씀하셨는가? 큰 배를 타고 로마로 가서 로마 황제에게 "나 말고 다른 황제는 없다"고 말씀하셨는가? 아니다.…그분은 한 번에 한 걸음씩 내딛는 슬기로운 접근 방식을 취하셨고, 그 일은 나사렛에서 시작되어 몇 마일 떨어진 갈릴리 바다로 옮겨졌다. 그런 다음 예수님은 제자들을 모으셨다. 예수님은 사람들을 돕고 병을 고치셨다. 또한 가르치시고 지도하셨으며 들으시고 관찰하셨다. 예수님은 매일 하나님 나라의 삶을 사셨다.…

이런 삶은 양방향으로 진행된다.

꿈 대신 일상에 초점을 맞추라. 그러나

당신이 매일 하는 일을 꿈으로 구체화하라(OL 90).

넷째, 당신이 거기서 하고 싶은 일은 여기서 시작된다.

예수님은 보좌에서 하나님의 메시아로서 다스리시기를 진정으로 원하셨다. "도적"인 마귀는 이 사실을 알았기 때문에 세례를 받으신 예수님을 시험하면서 그분께 성전과 세상을 주겠다고 제안했다. 예수님의 꿈은 예루살렘에 있는 보좌, 더 나아가 로마에 있는 보좌를 향했다. 그러나 예수님이 어디서 시작하셨는지를 보라.…

예수님은 가족과 친구들을 주변에 모으심으로써 혁명을 시작하셨고 그 혁명은 작은 규모에서 큰 규모로 성장했다. 우리는 이를 본받아 지금 있는 곳에서 일을 시작하고 그 꿈이 매일의 삶을 형성하도록 해야 한다(OL 90-91).

다섯째, 매일 만나는 사람들이 매일의 이웃이 되어야 한다.

예수님은 만나는 모든 사람을 사랑하셨기 때문에 그분이 매일 만나는 사람들은 매일의 이웃이 되었다. 우리는 아프리카나 동남아시아나 도심에 있는 사람들에게 긍휼을 베풀다 보면 막상 가까운 곳에 있는 사람(가족, 친구, 이웃)들을 간과하기 쉽다. 그러나 예수님은 모든 사람을 이웃으로 대하셨다. 우리는 모든 사람이 하나님께 사랑받는 사람이라는 점을 기억해야 하며, 그럼으로써 매일 만나는 사람들을 이웃으로 변화시켜야 한다(OL 91-92).

여섯째, 다른 사람을 사랑함으로써 자신이 누구인지를 발견하라.

…우리는 다른 사람을 사랑함으로써 우리 자신을 발견하고, 다른 사람에게 우리 자신을 줌으로써 영혼을 형성하는 삶을 얻으며, 다른 사람을 섬김으로써 가장 깊은 중심에 있는 자신을 발견한다. 하지만 우리가 "나, 나, 나"만을 생각한다면, 우리는 스스로를 왜소하게 만들게 된다.…[예수님은] 다른 사람들을 위해 사셨고 바로 그런 삶을 통해 하나님 나라를 실현하셨다. 우리는 다른 이들과 관계를 맺으면서 자신을 발견한다. 하지만 다른 사람들에게서 우리 자신을 숨길 때 자신을 잃어버린다(OL 92-93).

일곱째, 원수를 이기는 일보다 원수를 사랑하는 일이 더 쉬울 수도 있다.

예수님은 원수에게까지 사랑을 베푸셨다.…하나님이 모든 사람을 사랑하신다면 하나님을 따르는 이들도 그렇게 행동해야 한다. 심지어 원수까지도 사랑해야 한다.…

원수를 친구로 만드는 방법은 그들을 사랑하고 그들을 위해 기도하는 것이다. 그들의 이름을 무시하고 사귀기를 회피한다면 그들은 계속 당신의 원수로 남을 것이다. 그러나 우리가 그들을 위해 기도한다면, 그들을 원수에서 친구로 변화시킬 수 있다. 예수님은 제자들에게 원수를 사랑하고 그 원수 사랑의 제단 위에 일시적이고 지속될 수 없는 증오를 바치라고 말씀하셨다.

이것이 예수님의 지혜였다(OL 93-94).

다시 한번, 우리의 질문은 다음과 같다.

예수님의 말씀에 따르면 그리스도인은 어떤 사람인가?

그리스도인은 예수님이 촉발시킨 하나님 나라, 하나님을 사랑하고 다른 사람을 사랑하는 삶, 정의(특히 소외된 이들을 위한 정의)를 통해 형성되는 사회, 평화, 그리고 지혜를 얻는 일에 자신의 한 생명을 바침으로써 그분을 따르는 사람이다(OL 95).

읽은 내용을 되돌아보는 질문

1. 예수님의 생애에서 비롯된 지혜에 대한 일곱 가지 개념 중 당신이 실천하기에 가장 쉬운 것은 무엇이며 그 이유는 무엇인가?

2. 어느 것이 가장 어려운가? 그 이유는 무엇인가?

3. 당신은 하나님이 주신 꿈을 추구하면서 사명을 추구하셨던 예수님의 모습을 통해 어떤 영감을 받는가?

4. 당신이 아는 성공적인 지도자나 혹은 삶이 무너진 지도자를 생각해 보라. 그들의 삶에서 지혜가 수행했거나 수행하지 못했던 역할은 무엇인가?

■ 성경공부

지혜를 얻으라(잠 4장)

잠언 4장을 읽는다.

1. 지혜에 대해 언급된 구절을 모두 옮겨 적어보자.

2. 좋은 결정과 나쁜 결정의 예로 어떤 것들이 제시되어 있는가?

3. 지혜는 이 시에서 여자로 의인화된다. 그녀의 모습을 묘사해보라.

■ 기도

역사적이고 세계적인 교회의 기도는 우리의 삶에 지혜를 가져다준다. 예전 기도를 읽으며 기도해보자. 다음 인터넷 주소를 참고하면 매일 드리는 기도를 찾아볼 수 있다.

- 성공회 교인을 위한 기도

  https://universalis.com/
- 가톨릭 교인을 위한 기도

  https://www.pbs.org.uk/the-bcp/daily-office-online

하루 중 기도하는 시간(성공회의 기도와 관련해서는 아침이나 저녁, 가톨릭의 기도와 관련해서는 하루 중 여러 번)을 선택하고 그에 상응하는 링크를 클릭하라. 그러면 성경에 기초한 일련의 긴 기도와 읽을 내용을 찾을 수 있다. 찾은 내용을 큰 소리로 읽으면서 전체 내용을 살펴보라. 마음에 들면 하루를 택하여 일정한 시간에 정해진 기도문 전체로 기도하는 것을 고려해보라.

■ 활동

나는 당신 주변에 있는 지혜로운 사람, 사랑하는 사람, 정의로운 사람, 평화로운 사람을 찾아서 그들과 정기적으로 함께 시간을 보낼 수 있는지를 물어보라고 권하고 싶다. 그들에게 매일 "교훈"을 얻어야 한다거나 무언가를 준비할 필요는 없다. 단지 그들의 지혜를 듣고 그것을 흡수할 수 있도록 당신과 함께 시간을 보낼 수 있는지, 일주일이나 한 달에 한 번씩 같이 지낼 수 있는지를 물어보라.

이제 어려운 부분이 남아 있다. 정신적 스승을 찾아서 그의 말을 들을 뿐만 아니라 그가 조언하는 일을 하기 위해 최선을 다하라. 지혜로운 사람은 지혜로운 이들이 충고하는 것을 잘 받아들이고 행함으로써 그들을 존경한다(OL 88).

• 이런 기준에 들어맞는 몇몇 사람들에 대해 생각해보고, 그들의 이름을 아래에 써 보자. 그들 중 한 사람과 오늘 연락해서 당신의 조언자가 되어줄 수 있는지 물어 보라.

언젠가 온종일 **"이렇게 하는 것이 지혜로운 일인가?"**라는 질문을 해보겠다고 결심하라. 이번 주 중 하루를 택해서 결정에 직면할 때마다 이 질문을 스스로에게 던져보라.

■ 묵상

정해진 기도문으로 기도하는 경험은(특히 이것이 처음으로 해 보는 일이었다면) 어땠는가? 당신의 생각과 느낌을 설명해보라. 어떤 점이 좋고 어떤 점이 싫었는가? 이 일을 영적 관행으로 삼아서 앞으로도 계속 해보고 싶은가? 그렇다면/그렇지 않다면 이유는 무엇인가?

〈소모임 토론〉

소모임을 시작하면서 예수 신경을 함께 소리 내어 읽는다.

> 이스라엘아, 들으라. 주 곧 우리 하나님은 유일한 주시라. 네 마음을 다하고 목숨을 다하고 뜻을 다하고 힘을 다하여 주 너의 하나님을 사랑하라 하신 것이요. 둘째는 이것이니 네 이웃을 네 자신과 같이 사랑하라 하신 것이라. 이보다 더 큰 계명이 없느니라.

3장 • 복음 실천하기

다음 질문들은 당신이 앞서 마무리한 개인 성경공부에 바탕을 두고
있다. 소모임에서 토론할 수 있는 시간이 얼마나 되는지 살펴보고 가능
한 한 많은 질문에 함께 대답해보자.

■ 읽기

• 예수님의 생애를 돌이켜 보면서 그분이 지혜를 보여주셨던 다른 예들을 생각해
  낼 수 있는가?

• 이 책을 공부하는 동안 이웃에 대한 사랑의 마음이 커지고 있음을 느낀 적이 있
  는가?

• 당신이 사랑하기 어려운 원수는 누구인가?

■ 성경공부

• 잠언 저자가 아들에게 충고했던 것처럼 당신에게도 지혜를 얻으라고 충고해준
  사람이 있는가?

• 당신이 좋아하는 지혜에 관한 구절은 무엇인가?

■ 기도/묵상

예전 기도와 관련된 경험에 대해 토론해보라. 당신은 어떤 기도를 사용했는가? 하루 중 어느 때에 기도했는가? 좋았던 점과 싫었던 점은 무엇인가? 혼자 큰 소리로 기도해보니 어땠는가?

■ 활동

역사적 교회의 정통적 진술들은 우리 삶에 지혜를 가져다준다. 니케아 신경을 함께 찾아보고 소모임 회원들 각자 손으로 그것을 옮겨 적어보라. 다 적었으면 함께 큰 소리로 낭독해보자.

■ 소모임 기도

오늘 했던 소모임 기도를 노래로 불러보라. 송영은 수백 년 전에 글로 기록한 짧은 노래로서 "모든 축복의 근원이 되시는 하나님을 찬양합니다"라는 말로 시작된다. 이 노래를 모른다면 오디오나 비디오로 녹음된 것을 찾아서 듣고 소모임 전체가 이 노래를 함께 불러보라.

소모임을 마치면서 주기도문으로 함께 기도하라.

하늘에 계신 우리 아버지여, 이름이 거룩히 여김을 받으시오며 나라가 임하시오며 뜻이 하늘에서 이루어진 것 같이 땅에서도 이루어지이다. 오늘

우리에게 일용할 양식을 주시옵고 우리가 우리에게 죄지은 자를 사하여
준 것 같이 우리 죄를 사하여 주시옵고 우리를 시험에 들게 하지 마시옵고
다만 악에서 구하시옵소서. 나라와 권세와 영광이 아버지께 영원히 있사
옵나이다. 아멘(마 6:9-13).

■ 안식

예전 기도, 특히 정교회의 "쉐히모"(shehimo) 기도를 낭독한 녹음 파일
을 찾아서 쉴 때 들어보라.

17과
소명의 삶

- **학습 목표:** 제자들은 하나님 나라에서 모든 직업이 중요하다는 사실을 배우게 될 것이다. 중요하지 않은 직업은 없다.
- **영적 성장 목표:** 제자들은 자신의 직업을 예수님의 제자로서 살아갈 수 있는 기회로 인식하도록 도와줄 원리들을 살펴볼 것이다.

〈개인 성경공부〉

■ 읽기

제자 훈련 시간을 시작하면서 예수 신경을 소리 내어 읽는다.

이스라엘아, 들으라. 주 곧 우리 하나님은 유일한 주시라. 네 마음을 다하고 목숨을 다하고 뜻을 다하고 힘을 다하여 주 너의 하나님을 사랑하라 하신 것이요. 둘째는 이것이니 네 이웃을 네 자신과 같이 사랑하라 하신 것이라. 이보다 더 큰 계명이 없느니라.

3장 • 복음 실천하기

내가 아는 사람들 중에는 대형 기계 운전자, 학교 선생님과 코치, 보험 영업인, 회계사, 과학 교수, 치과 의사, 목사, 선교사들이 있다. 이들이 하는 일은 중요하다. 나는 "중요하다"는 말에 대해 계속 생각해왔다. 나는 소위 "영적인" 직업들은 가치가 있지만 어떤 직업들은 "세속적"이라서 가치가 없다고 여기는 생각에 반대한다.

당신이 하는 모든 일을 중요한 일로 만드는 한 가지 방법이 있다. 그렇게 하기 위해서는 예수님이 품으셨던 하나님 나라의 꿈에 주목해야 한다. 그러나 여전히 많은 사람이 중요한 직업을 찾기 위해 애쓰고 있다. 하지만 손에 잡히지 않는 꿈의 직장을 찾아다니는 일은 검증되지 않은 길이며, 그런 망상이 혼란을 초래한다. 그래서 나는 당신이 다음과 같은 점을 고려하길 바란다. 검증되지 않은 꿈의 직장을 찾아다니다 보면 당신은 중요하지 않은 일을 하게 되는 것이다. 그러나 당신이 확신을 가지고 일할 때 당신은 중요한 사람이 될 수 있다.

오늘날 너무도 많은 사람들이 직업을 바꾸는 이유는 (하나님 나라의 일이라고 하기는 어려운 스팸 메일 발송 같은 일이 아닌 이상) 자신이 하는 일을 하나님 나라에 비추어 살펴보지 않고, 그 결과 자신이 실제로 얼마나 중요한 일을 하고 있는지를 깨닫지 못하기 때문일 것이다. 이제 우리는 예수님이 갖고 계시던 하나님 나라의 꿈에 비추어 우리가 하는 일을 다시 생각해볼 때가 되었다. 그리고 나는 예수님의 하나님 나라 비전을 통해 우리의 직업을 한 번 사는 삶에 목적을 부여하는 중요한 것으로 바꿀 수 있다고 믿는다.

당신의 꿈은 예수님이 품은 하나님 나라의 꿈을 어렴풋이 보여주고 있음을 기억하라. 하나님 나라가 당신을 인도하는 북극성이라고 여기고 그것을 계속 주시한다면 당신의 독특한 직업 역시 여러 가지 면에서 진정으로 중요해질 수 있다. 학생을 가르치면서 그들을 사랑하고 돕는 일을 한다고 여긴다면 가르치는 일은 중요한 일이 된다. 축구를 가르치면서 아이들을 하나님 나라와 연결시킬 수 있다면 축구 지도 역시 중요한 일이 된다. 채소를 재배하면서 하나님이 만드신 푸른 세상을 그분이 주신 선물로 여기고 누린다면 그 일은 하나님 나라의 일이 된다. 당신이 세금을 징수하면서 만나는 사람을 하나님의 형상(그리스어로 "에이콘")으로 지음 받은 사람으로 대하고 용의자가 아닌 시민으로 인식한다면 당신이 하는 일은 하나님 나라의 일이 된다. 우리가 하는 일을 이 세상에 대한 하나님 나라의 비전과 연결시킬 때 직업은 비로소 소명이 되고 중요성을 갖는다. 물론 그렇게 되기 위해서는 장시간의 힘든 노력이 필요하다. 우리는 각자 직업에 따라 명료한 문장을 쓸 수 있도록 문법을 잘 배우고 좋은 작가들의 글을 많이 읽음으로써 배워야 하며, 경쟁을 이겨낼 수 있는 체력을 만들기 위해 연습실에서 오랜 시간을 보냄으로써 축구 선수가 되기 위한 준비를 해야 하고, 일의 요령을 배우고 완성도를 높이기 위해 사무실에서 장시간 일을 해야 하며, 어린아이들을 몇 시간씩 돌보며 지루한 일상을 보내는 일마저도 하나님 나라의 습관처럼 수행해야 한다.

인도의 빈민가에서 펼치는 선교 사역은 중요한 일이라고 생각하기 쉽다. 아마도 사람은 누구나 중요한 일을 하고 싶다는 욕구가 있기에 선교 사역에 그토록 많은 인원이 관여하고 있는지도 모른다. 그러나 우리 중 대부분에게는 그런 소명이 주어지지 않았고, 이는 많은 사람들이 평범한 일을 일상적으로 하고 있다는 의미다. 우리는 평범한 일이라 할지라도 하나님께 중요한 일임을 알아야 하며, 우리의 일을 예수님이 지녔던 하나님 나라 비전으로 정결케 함으로써 그 평범한 일을 중요한 것으로 만들 수 있음을 믿어야 한다.

…하나님은 우리가 하는 모든 일을 통해 역사하신다. 그렇기 때문에 우리가 단지 돈을 버는 일보다 훨씬 더 많은 일을 하고 있음을 인식해야 한다(OL 145-48).

예수님의 꿈은 소유물로부터 급진적으로 분리될 것을 요구한다.
그런즉 너희는 먼저 그의 나라와
그의 의를 구하라.
그리하면 이 모든 것[의복, 음식, 주거지]을
너희에게 더하시리라(마 6:33).

그것은 다른 사람들의 필요를 채우고, 돈 버는 일에 몰두하는 삶을 사실상 포기하라고 요구한다.

너희 소유를 팔아 구제하여…(눅 12:33).

교회 역사를 살펴보면 많은 사람들이 다른 이들을 섬기기 위해 소유한 모든 것을 버렸고, 성 바실리오스와 아시시의 성 프란체스코는 그렇게 행한 대표적인 사람들이다. 하지만 우리에게는 넉넉한 재물 중 일부를 취하여 궁핍한 이들을 부양할 수 있도록 씀씀이를 줄이고 소비 수준을 낮추는 과제가 주어진다.

그리스도인의 주님이 가난한 분이라면 주님의 제자들이 부요하다는 것은 확실히 난처한 상황이 아닐 수 없다. 예수님이 지닌 하나님 나라의 꿈이 우리의 소명을 결정할 때 그 꿈은 우리를 부를 얻기 위해 애쓰는 사람에서 다른 사람들을 위해 쓰임 받는 사람으로 변화시킨다(OL 149).

당신이 하나님 나라를 계속 주목하면서 당신이 하는 모든 일이 인격적인 특성을 갖고 있다는 점을 명심한다면, 당신의 가장 심오한 기쁨과 세상의 가장 심오한 필요가 만나는 지점을 추구할 수 있고 바로 그곳에서 당신의 삶이 당신을 증언하게 될 것이다. 당신은 단지 하나님이 하고 계신 일—하나님 나라—과 그 일에서 당신이 하도록 요구받은 일의 교차점을 분별하라는 요구를 받고 있을 뿐이다(OL 153-54).

무엇이 중요한지 당신에게 다시 묻는다. 사람들은 거대하고 눈에 확 띄며 지축을 흔들면서 세상을 뒤엎는 일이나 먼 곳에 있는 나라를 구원하는 일 같은 것을 해야 중요한 일을 한다고 생각한다. 또한 그런 일들은 교회나 선교 단체에서 이루어져야 한다고 생각한다. 그러나 그것은 사실이 아니다. 정말로 중요한 것은 당신이 하나님께서 하도록 허락하신 일을 함으로써 그분의 꿈의 일부를 삶으로 보여주고 있다는 사실이다(OL 156).

읽은 내용을 되돌아보는 질문

1. 읽기 자료에 따르면 직업을 "중요한" 것으로 만드는 생각들은 무엇인가?

2. 우리는 어떻게 하면 직업의 가치를 평가할 때 그 직업을 통해 얻을 수 있는 수익의 많고 적음에 좌우되지 않고 생각할 수 있는가?

3. 당신의 직업에서 "힘든 일"은 무엇인가?

■ 성경공부

바울은 자신의 편지를 받은 그리스도인들에게 일에 대한 다양한 가르침을 주었다.

골로새서 3:23-24을 읽는다.

1. 바울은 사람들에게 어떤 태도로 일을 대하라고 말하는가?

2. 이 구절들 중 어떤 원리가 당신의 일을 중요한 일로 간주하는 데 도움이 되는가?

데살로니가후서 3:6-12을 읽는다.

3. 바울은 자신의 노동 윤리에 대해 어떻게 말하는가?

4. 바울은 데살로니가 교인들에게 일을 어떻게 대하라고 가르치는가?

디모데전서 5:3-8을 읽는다.

5. 바울은 과부를 부양하는 일에 대해 어떤 지침을 내리는가?

6. 이 지침은 직업과 상관없이 다른 사람들을 재정적으로 부양하는 일을 통해 당신의 일에 의미를 부여하는 데 어떤 영향을 주는가?

■ 기도

당신은 실직 상태이거나 불완전 고용 상태인가? 당신의 일에서 좌절감을 느끼고 있는가? 직업을 바꾸는 것을 고려하고 있는가? 당신이 겪는 일의 어려움에 관하여 기도하라. 당신의 필요를 채워주시고 다른 이들을 부양할 수 있게 해달라고 하나님께 간구하라.

주기도문으로 기도를 마치라.

> 하늘에 계신 우리 아버지여, 이름이 거룩히 여김을 받으시오며 나라가 임하시오며 뜻이 하늘에서 이루어진 것 같이 땅에서도 이루어지이다. 오늘 우리에게 일용할 양식을 주시옵고 우리가 우리에게 죄 지은 자를 사하여 준 것 같이 우리 죄를 사하여 주시옵고 우리를 시험에 들게 하지 마시옵고 다만 악에서 구하시옵소서. 나라와 권세와 영광이 아버지께 영원히 있사옵나이다. 아멘(마 6:9-13).

■ 활동

"닥터 후"(Doctor Who)의 11번째 시즌의 3편인 "로자"(Rosa)를 시청하라. 드라마의 전체 흐름을 잘 모르더라도 이해할 수 있는 독립적인 에피소드다.

- 로자 파크스(Rosa parks)의 직업은 무엇인가? 그녀는 자신의 유급 노동을 어떻게 여기는가? 그녀는 근로 시간 외에 자신의 공동체를 조직하는 일을 어떻게 보는가? 그녀는 어떻게 자신의 꿈을 향해 매일 성실하게 나아가는가? 무엇이 그녀로 하여금 인생을 바꾼 순간을 준비하게 했는가?

■ 묵상

- 당신의 꿈과 소명은 무엇인가? 돈이 꿈을 제한하는 요소가 아니라면 어떤 종류의 일을 하고 싶은가? 이상적인 일에 대한 직무 기술서를 써보라. 당신은 직업을 통해 어떻게 하나님 나라의 삶을 실천하고 싶은가?

〈소모임 토론〉

소모임을 시작하면서 예수 신경을 함께 소리 내어 읽는다.

> 이스라엘아, 들으라. 주 곧 우리 하나님은 유일한 주시라. 네 마음을 다하고 목숨을 다하고 뜻을 다하고 힘을 다하여 주 너의 하나님을 사랑하라 하신 것이요. 둘째는 이것이니 네 이웃을 네 자신과 같이 사랑하라 하신 것이라. 이보다 더 큰 계명이 없느니라.

다음 질문들은 당신이 앞서 마무리한 개인 성경공부에 바탕을 두고 있다. 소모임에서 토론할 수 있는 시간이 얼마나 되는지 살펴보고 가능한 한 많은 질문에 함께 대답해보자.

■ 읽기

- 현재 하고 있는 일이 무엇이며 과거에 무슨 일을 했는지 여러분의 직업에 대해 소개해보라.

- 당신은 살면서 소명에 대해 무엇을 배웠는가?

- 당신은 어떻게 현재 하는 일, 공부, 직업을 중요한 것으로 여길 수 있는가?

• 당신의 직업을 하나님 나라에서 중요한 일로 바꿀 수 있는 방법은 무엇인가?

■ 성경공부

• 당신은 일에 대해 어떤 성경적 원리를 배웠는가?

• 당신은 성경공부를 통해 어떤 식으로 일에 대한 접근 방식을 바꿔보았는가?

■ 기도

• 직장과 관련해서 당신이 기도해온 관심사나 불만은 무엇인가?

■ 활동

당신의 소모임에 구직이나 이직을 위한 도움이 필요한 사람이 있는가? 현재 하고 있는 일에서 의미를 찾는 데 격려가 필요한 사람이 있는가? 소명에 의한 삶을 살아감으로써 예수님을 따를 수 있도록 서로를 격려하라. 네트워크 형성, 이력서 편집, 구직 알선, 직무 능력 향상, 면접이나 작업복 준비 도와주기, 직장에 갈 수 있도록 아이 돌봐주기, 통근 문제

해결 등 실제적인 방법으로 서로를 도울 수 있다면 그 일을 실행할 수 있도록 준비하라.

■ 묵상

그럴 의사가 있는 회원들은 자신이 꿈꾸는 일의 직무 기술서를 나머지 회원들에게 읽어주라.

■ 소모임 기도

성경 말씀으로 서로를 위해 기도하라. 소모임 도우미는 회원들이 서로를 위해 기도할 때 사용할 수 있도록 아래 성경 구절에 각자의 이름을 써넣을 수 있는 빈 칸을 만들어 프린터로 출력하라. 여기 몇 가지 예가 있다.

- 하나님, _____(이)가 다른 이들에게 넉넉히 베풀 수 있게 도우시고 그가 하는 모든 일과 그의 손이 닿는 모든 일에 그에게 복을 주소서(신 15:10에서).
- 하나님, _____(이)가 선을 행하다가 낙심하지 않게 도와주소서(살후 3:13에서).
- 하나님, _____(이)가 기업의 상을 주께 받을 줄 알고 무슨 일을 하듯이 마음을 다하여 주께 하듯 하도록 도와주소서(골 3:23에서).

소모임을 마치면서 주기도문으로 함께 기도하라.

하늘에 계신 우리 아버지여, 이름이 거룩히 여김을 받으시오며 나라가 임하시오며 뜻이 하늘에서 이루어진 것 같이 땅에서도 이루어지이다. 오늘 우리에게 일용할 양식을 주시옵고 우리가 우리에게 죄지은 자를 사하여 준 것 같이 우리 죄를 사하여 주시옵고 우리를 시험에 들게 하지 마시옵고 다만 악에서 구하시옵소서. 나라와 권세와 영광이 아버지께 영원히 있사옵나이다. 아멘(마 6:9-13).

■ 안식

당신의 직장 생활을 돌아 보면서 안식일을 누리기 위해 어떻게 시간을 내고 있는지 생각해보라. 당신은 안식과 예배를 위해 정기적으로 일을 멈추고 휴식하고 있는가?

인생에는 휴식이 불가능해 보이는 때가 있다. 일을 마치고 집에 와도 돌봄이 필요한 어린 자녀들이 기다리고 있을 수도 있고 온종일 자녀들과 함께 집에 있어야 할 수도 있다. 두세 가지 일을 동시에 할 수도 있고 정말 힘든 한 가지 일을 할 수도 있다. 출퇴근 거리가 멀어서 지칠 수도 있고 일정이 계속 바뀔지도 모른다. 휴식할 시간을 찾는 것 자체가 또 하나의 부담으로 느껴질 때가 있다. 이런 경험을 소모임에서 나눠보라. 소모임 회원들에게 당신이 휴식을 취할 수 있도록 실제적인 방법으로 도와달라고 요청해보라.

18과
영원의 삶

- **학습 목표**: 제자들은 죽음 이후의 삶(과 죽음 이후의 죽음)에 대한 예수님의 관점을 배우게 될 것이다.
- **영적 성장 목표**: 제자들은 미래의 삶에 대한 예수님의 관점과 기대를 자신들의 목표와 일치시키기 위해 노력할 것이다.

〈개인 성경공부〉

■ 읽기

제자 훈련 시간을 시작하면서 예수 신경을 소리 내어 읽는다.

> 이스라엘아, 들으라. 주 곧 우리 하나님은 유일한 주시라. 네 마음을 다하고 목숨을 다하고 뜻을 다하고 힘을 다하여 주 너의 하나님을 사랑하라 하신 것이요. 둘째는 이것이니 네 이웃을 네 자신과 같이 사랑하라 하신 것이라. 이보다 더 큰 계명이 없느니라.

1. 당신은 죽음 이후에 어떤 일이 일어날 것이라고 생각하는가?

2. 당신은 천국과 지옥에 대해 어떻게 생각하는가?

나는 천국을 믿는다. 왜냐하면 예수님께서 천국을 믿으셨기 때문이다. 또한 나는 예수님께서 천국을 믿으신 것처럼 천국을 믿기를 소망한다. 내가 천국을 믿는 이유는 정의와 평화와 사랑을 믿기 때문이다.…나는 하늘이 땅으로 내려오는 장소와 그 시간, 즉 새 하늘과 새 땅이라고 불리는 것이 영원토록 존재함을 믿는다. 새 하늘과 새 땅은 번영으로 충만한 곳이 될 것이다.

그러나 한편으로 새 하늘과 새 땅에 대한 믿음은 내가 지옥을 믿는다는 뜻이기도 하다. 내가 지옥을 믿는 것은 예수님께서 지옥을 믿으셨기 때문이며 그분이 지옥을 믿으신 것처럼 나도 지옥을 믿기를 소망한다. 내가 지옥을 믿는 이유는 정의와 평화와 사랑을 믿기 때문이다.…나는 단테가 말하는 지옥이나 준엄한 고문 집행자 같은 하나님을 믿지 않는다. 지옥은 번영의 종말이 될 것이다(OL 159).

[예수님이 지닌] 하나님 나라의 꿈은 주로 새 하늘과 새 땅에 대한 영광스러운 미래상에 의해 형성되었지만 지옥에 의해서도 형성되었다. 다음 말씀들이 이 점을 분명하게 밝혀준다.

몸은 죽여도 영혼은 능히 죽이지 못하는 자들을 두려워하지 말고 오직 몸과 영혼을 능히 **지옥**에 멸하실 수 있는 이를 두려워하라(마 10:28).

만일 네 손이나 네 발이 너를 범죄하게 하거든 찍어 내버리라. 장애인이나 다리 저는 자로 영생에 들어가는 것이 두 손과 두 발을 가지고 **영원한 불**에 던져지는 것보다 나으니라. 만일 네 눈이 너를 범죄하게 하거든 빼어 내버리라. 한 눈으로 **영생**에 들어가는 것이 두 눈을 가지고 **지옥** 불에 던져지는 것보다 나으니라(마 18:8-9).

예수님은 분명히 죽음 이후의 삶이 있다고 믿으셨고 내가 "죽음 이후의 죽음"이라고 부르는 것도 분명히 믿으셨다. 요컨대 예수님은 우리가 죽은 후 창조자를 만나게 될 때 우리가 이 땅에 살면서 좁은 문으로 들어가고 선한 열매를 맺고 예수님을 공개적으로 시인하고 소외된 사람들을 긍휼한 마음으로 대했는지를 해명해야 할 것이라고 믿으셨다. 예수님은 우리의 창조자가 우리를 생명의 장소나 죽음의 장소 중 한 곳으로 보내실 것이라고 믿으셨다.…또한 자신을 따르지 않은 자들, 하나님의 길을 거부한 자들, 다른 사람들을 억압한 자들, 평화에 맞서 전쟁을 벌인 자들, 사랑이 없는 자들, 이 세상의 어리석은 자들은 하나님 나라를 물려받지 못할 것이고 육체적 죽음을 겪고 나서 끝없는 최종적인 죽음을 경험할 것이라고 믿으셨다. 대략적인 도식은 다음과 같다. 우리는 태어나서 살다가 죽고 부활하여 심판을 받고 죽음 이후의 죽음으로 심판을 받는다. 죽음 이후의 죽음은 생각하기도 끔찍하지만, 그렇다고 이를 고려하지 않는 것은 지극히 어리석은 일이다.

정의 역시 죽음 이후의 최종적 죽음에 대한 일종의 믿음을 요구한다. 성경에 미래의 꿈을 이끌어가는 주제가 있다면 그것은 바로 하나님이 마침내 그날에 정의를 세우실 것이라는 내용이다. 누가복음 1장의 "마리아 찬가"는 그 주제를 다루고 있다.…모세부터 예언자들까지, 예수님부터 요한계시록 끝에 이르기까지 이 주제는 명백하다. 비록 불의가 현재 우리의 세상을 괴롭힐 수도 있고 우리가 여기서 끔찍한 비극을 경험할 수도 있지만 가장 중요한 것은 **언젠가 마침내 정의가 세워진다**는 소망이다. 공평과 정의에 대한 우리의 꿈은 언젠가 하나님이 모든 일을 바로잡으실 것이라는 이 소망에 근거하고 있다. 예수님이 지닌 하나님 나라의 꿈은 하나님이 보여주시는 최종적인 미래에 대한 계시를 드러낸다. "뜻이 하늘에서 이루어진 것 같이 땅에서도 이루어지이다"(OL 161-62).

예수님은 미래의 하나님 나라 곧 실현될 꿈의 나라를 예언하셨고 그 나라를 한 도성 안에서 열리는 잔치로 묘사하셨다. 요한계시록에 나오는 절정의 계시는 새 예루살렘이라는 한 도성과 관련이 있고 이 영원한 도성은 하늘에서 땅으로 내려와 하늘과 땅이 만나는 장소가 된다. 여기에 담긴 가장 중요한 의미는 이것이다. 만일 최종 상태가 새 하늘과 새 땅 그리고 새 하늘과 새 땅이 변모한 땅 위의 한 도성이라면 영원한 상태는 지상의 삶에서 도피하기보다는 지상의 삶을 완성하는 것이라 할 수 있다(OL 166).

이 새 예루살렘은—하늘에서와 마찬가지로 땅 위에서도—정의다. 그것은 평화이자 사랑이며 지혜다. 그리고 거기에는 하나님이 우리 각자에게 원하시는 삶을 끊임없이 탐색하면서 그분과 타인을 자신과 같이 사랑하는 모든 사람들이 포함된다. 새 예루살렘은—하늘에서와 마찬가지로 땅 위에서도—예수님의 완성되고 영광스러운 꿈의 나라다.

하나님과 함께 살고
완벽한 평안과 사랑과 정의 속에서 서로 함께 살아가는
하나님의 백성이다.

모든 사람이 하나님을 만나고 죽음으로써 용서와 구속과 해방을 주신 어린양과 직접적으로 접촉하게 될 것이다.…

따라서 예수님이 "하나님 나라"를 말씀하시고 그 나라를 위해 기도함으로써 그 나라가 이루어지기를 꿈꾸라고 가르치실 때 염두에 두신 것은 바로 요한계시록 21장의 이 환상이다. 그동안 예수님의 제자들은 지금 여기서 그런 종류의 나라를 삶으로 보여주고자 애쓰고 있다.

…새 하늘과 새 땅은 하나님의 세상에서 그분께서 만드신 모습대로 그분과 함께 살아가는 최종적 상태다(OL 168).

읽은 내용을 되돌아보는 질문

1. 읽기 자료를 읽고 당신의 생각에 어떤 변화가 생겼는가? 당신은 이제 읽기 전 질문(죽음 이후에는 어떤 일이 일어날 것이라고 생각하는가? 천국과 지옥에 대해 어떻게 생각하는가?)에 어떻게 대답하겠는가?

2. 정의는 죽음 뒤의 죽음에 대한 믿음을 요구한다는 개념에 대해 어떻게 생각하는가?

3. 머나먼 천국을 향해 이 땅을 떠나간다는 개념과 새 창조 속에서 서로 합류하는 새 하늘과 새 땅이라는 개념 간의 차이점은 무엇이라고 생각하는가?

4. 이처럼 서로 다른 두 개념은 당신이 현재의 삶을 살아가는 데 어떤 영향을 주는가?

■ 성경공부

종말(계 21장)

예수님의 사랑하는 친구이자 제자인 요한은 그분의 열두 제자 중 노년에 자연사한 유일한 사람이었다. 요한은 자신이 애정을 쏟은 교회에 주신 예수님의 메시지와 함께 자신이 본 환상을 죽기 전에 기록해두었다.

요한계시록 21장을 읽는다.

1. 이 장을 읽으면서 받은 전체적인 인상을 기술해보라. 당신은 어떤 생각을 하고 어떤 점들을 느꼈는가?

2. 이 환상은 당신에게 매력적으로 보이는가? 그렇다면/그렇지 않다면 그 이유는 무엇인가?

3. 요한이 이 새 창조에 대해 제시하는 몇 가지 물리적인 묘사를 나열해보라.

4. 요한은 이 환상을 받고 그것이 성취되기를 고대하면서 어떤 기분을 느꼈을까?

■ 기도

침묵의 기도를 드리자. 모든 소망과 가능성을 염두에 두고 요한이 묘사하는 이 장면을 마음속에 그려보라. 당신의 생각과 느낌과 감각을 하나님께 열어두라. 생각을 말로 표현하는 방법에 대해서는 신경 쓰지 않아도 된다.

주기도문으로 기도를 마치라.

> 하늘에 계신 우리 아버지여, 이름이 거룩히 여김을 받으시오며 나라가 임하시오며 뜻이 하늘에서 이루어진 것 같이 땅에서도 이루어지이다. 오늘 우리에게 일용할 양식을 주시옵고 우리가 우리에게 죄 지은 자를 사하여 준 것 같이 우리 죄를 사하여 주시옵고 우리를 시험에 들게 하지 마시옵고 다만 악에서 구하시옵소서. 나라와 권세와 영광이 아버지께 영원히 있사옵나이다. 아멘(마 6:9-13).

■ **활동**

레크래(Lecrae)가 부른 "그건 그거지"(It Is What It Is)라는 곡을 들어보고 가사를 찾아 읽어보자. 이 과의 내용을 요약해주는 "내 인생은 한 번뿐이니"(I got one life so)라는 가사에 주목해보라.

■ **묵상**

• 당신은 영원한 하나님 나라를 위해 한 번뿐인 당신의 인생을 어떻게 살아가고 있는가?

〈소모임 토론〉

소모임을 시작하면서 예수 신경을 함께 소리 내어 읽는다.

> 이스라엘아, 들으라. 주 곧 우리 하나님은 유일한 주시라. 네 마음을 다하고 목숨을 다하고 뜻을 다하고 힘을 다하여 주 너의 하나님을 사랑하라 하신 것이요. 둘째는 이것이니 네 이웃을 네 자신과 같이 사랑하라 하신 것이라. 이보다 더 큰 계명이 없느니라.

다음 질문들은 당신이 앞서 마무리한 개인 성경공부에 바탕을 두고 있다. 소모임에서 토론할 수 있는 시간이 얼마나 되는지 살펴보고 가능한 한 많은 질문에 함께 대답해보자.

■ 읽기

• 읽기 자료에서 당신이 가장 놀란 것은 무엇인가? 어떤 것들이 당신에게 새로운 개념이었는가?

• 이 장에 포함된 과를 모두 훑어보라. 당신은 어떤 읽기 자료가 가장 좋았는가? 그 이유는 무엇인가?

■ 성경공부

• 새 창조에 대한 묘사에서 가장 마음에 든 내용은 무엇인가?

• 이런 장면들에 대해 여러분이 상상한 것을 서로에게 말해보라.

■ 기도

침묵 기도의 경험은 어떠했는가? 말이 없이도 하나님과 소통할 수 있을 것처럼 느꼈는가?

■ 활동/기도

날씨와 장소가 허락된다면 소모임 전체가 함께 산책을 하러 나가자. 걸으면서 서로 대화를 나누고 그 대화 속에 하나님을 끌어들여보라. 예를 들어 누군가 이렇게 말할 수 있다. "저기에 둥지를 만들고 있는 새를 보세요! 하나님이 우리를 먹여 살리실 것이라는 사실을 이렇게 보여주심으로써 우리가 참새보다 더 귀하다고 말씀해주신 예수님께 감사드립니다." 또는 누군가 이렇게 말할 수도 있다. "이모의 암 때문에 정말 걱정이 많습니다. 이모가 다음 주에 방사선 치료를 시작합니다. 하나님, 치료하는 동안 이모와 함께 계셔주세요. 제발 이모를 고쳐주세요." 서로와 더불어, 하나님과 더불어 대화를 나누라.

■ 묵상

한 번뿐인 인생을 어떻게 살아가고 있는지에 대한 글을 쓰면서 무엇을 발견했는가?

소모임을 마치면서 주기도문으로 함께 기도하라.

> 하늘에 계신 우리 아버지여, 이름이 거룩히 여김을 받으시오며 나라가 임하시오며 뜻이 하늘에서 이루어진 것 같이 땅에서도 이루어지이다. 오늘 우리에게 일용할 양식을 주시옵고 우리가 우리에게 죄지은 자를 사하여 준 것 같이 우리 죄를 사하여 주시옵고 우리를 시험에 들게 하지 마시옵고 다만 악에서 구하시옵소서. 나라와 권세와 영광이 아버지께 영원히 있사옵나이다. 아멘(마 6:9-13).

■ 안식

해야 할 일이나 책임이 없다면 긴장을 풀기 위해 어떤 일을 하겠는가? 공부하다가 쉬면서 스스로를 위해 그 일을 해보자.

4장

복음 보여주기

우리 소모임에는 현지 네덜란드인 부부, 남아프리카인 부부, 아르메니아인 난민, 요르단인 학생, 케냐인 어머니, 각각 인도 북부와 남부 출신 인도인 두 가족이 속해 있었다. 우리는 매주 공부하기 전 함께 저녁을 먹었는데, 인도인 가족들은 자기 지역의 음식을 알릴 겸 내 남편의 혀가 견뎌내지 못할 만큼 매운 음식을 만들어낼 수 있는지를 놓고 비공식적인 요리 경연대회를 열었다. 내가 요리를 준비하는 날이 다가왔고 나는 샐러드 바를 마련하면 준비도 쉽고 보편적으로 사람들이 좋아할 것이라고 생각했다. 나는 모든 재료를 식탁에 올려놓았고 내 차례가 되자 접시에 상추를 쌓아 놓고 그 위에 토핑과 드레싱을 뿌린 뒤 포크로 휘저었다. 다음 순간 나는 인도인 친구 한 명이 자기 접시에 몇 가지 음식을 신중하게 골라 작은 산을 쌓는 것을 보았다. 여기저기에 올리브와 토마토, 잘게 썬 피망을 따로따로 쌓아놓고 고명으로 시금치 이파리 몇 개를 올려놓는 식이었다. 잠시 후 그의 아내도 그와 똑같이 하는 걸 보고 나는 큰 실수를 저질렀다는 것을 깨달았다. 그리고 내가 혹시 무슨 실수를 했는지 그에게 물어보았다. 그는 정중하면서도 곤혹스런 표정으로 이렇게 설명했다. "우린 이 음식을 어떻게 먹어야 할지 몰라요. 인도에선 샐러드를 먹지 않거든요."

우리는 8년 동안 교회 생활을 하면서 100개 이상의 나라에서 온 사람들을 영접했다. 주일마다 적어도 25개 국적을 가진 사람들이 모였던 것으로 기억한다. 우리가 아무리 감수성을 높이고 민감하게 인식하려고 노력함에도 불구하고 문화적 실수는 교회 생활의 일부분일 수밖에 없었다. 그런 실수가 너무 많아서 우리는 "다메섹 도상에서 만난 어색한 사람들을 포용한다"는 말을 비공식적인 모토로 여겼다. 스캇이 쓴 『다른 사람들과의 교제』라는 책이 나왔을 때 나는 이 책을 통해 우리 교회의 다양성을 하나로 묶어내는 데 내가 겪는 어려움을 해결할 수 있을 것이라고 기대했다.

그런데 이 책에서 그가 강조하는 핵심적인 비유는 샐러드에 관한 것이었다.

나는 교회에서 그리스도인의 삶에 대해 배웠다. 나는 지역 교회가 그리스도인의 삶이란 어떤 것인지에 대한 성도들의 인식을 결정한다고 생각하며, 이를 더 큰 원리로 만들 것이다. 이를 훨씬 더 큰 원리로 풀어내면 이렇게 된다. 우리는 지역 교회가 우리를 만들어가는 방식을 통해 그리스도인의 삶을 배운다. …교회는 제자도의 방향을 결정한다. 이는 다음과 같은 중요한 질문으로 이어진다.

그렇다면 교회는 어떤 곳이어야 하는가?

대부분의 사람들은 교회란 일요일에 설교를 듣거나 예배나 성찬에 참여하기 위해 가는 곳이라고 생각한다. 어떤 이들은 여기에 주일학교 강좌와 친교실에서 함께 보내는 시간을 덧붙일 것이다. 대체로 이 모든 활동은 일요일 오전 한두 시간 동안 이루어진다. 우리는 그곳에서 두 시간 정도를 보낸 후 집으로 돌아오고 "교회"는 끝난다. 아무도 이것이 실제 교회의 현실이라는 점을 인정하고 싶어 하지 않지만 이는 사실이다! 그래서 앞의 질문에 두 번째 질문을 추가한다.

교회는 어떤 곳이어야 하는가?

그리고

교회가 마땅히 존재해야 할 방식으로 존재한다면 그리스도인의 삶은 어떤 모습인가?

이 질문에 답하기 위해 나는 우리가 샐러드 그릇의 이미지를 탐구해봤으면 좋겠다. 이 이미지는 다양한 사회경제적 집단, 성별, 교육, 인종적 배경, 삶의 상황에 속한 "서로 다른" 우리가 하나님이 의도하신 교회로서 교제하고 함께 모이려 애쓰는 방식을 반영한다.

샐러드를 먹는 데는 미국적인 방법, 이상한 방법, 올바른 방법이 있다. 샐러드를 먹는 미국적인 방법은 약간의 아이스버그 양상추나 시금치 잎, 토마토 조각, 올리브, 당근으로 그릇을 채운 다음 랜치, 사우전드 아일랜드, 이탈리안 드레싱이나 특별한 경우에는 시저 드레싱을 그릇에 듬뿍 뿌리는 것이다. 이상한 방법은 각 재료를 접시 위에 따로따로 놓고 재료별로 먹는 것이다. 이렇게 먹는 사람들은 종종 드레싱을 사용하지 않는다. 말 그대로 이상한 방법이다.

샐러드를 만들어 먹는 올바른 방법은 이렇다. 우선 시금치, 케일, 차드, 아루굴라, 아이스버그 양상추 등 모든 재료를 모아 작은 조각으로 자르고 토마토, 당근, 양파, 고추, 보라색 양배추를 자른다. 견과류와 말린 산딸기류 열매를 조금 넣고 페코리노 로마노 치즈를 약간 뿌린 후 마지막으로 샐러드에 좋은 올리브기름을 끼얹는다. 그렇게 하면 어떤 식으로든 각 재료의 맛을 잘 살릴 수 있다. 이 방법이야말로 하나님이 "혼합 샐러드"를 만드실 때 의도하신 것이다.

…교회를 바르게 이해하고 싶다면 교회라는 곳을 올바른 방법으로 만들어진 그릇 속의 샐러드로 여겨야 한다. 좋은 샐러드는 그릇에 담긴 재료가 각각의 맛을 돋보이게 하는 올리브기름과 함께 잘 뒤섞여서 훌륭한 맛의 조화를 이뤄내기 때문이다. 최초의 교회는 온갖 사회적 배경을 가진 사람들로 구성되었음에도 불구하고 잘 혼합된 샐러드처럼 "취향이 다른 사람들"의 교제를 이루어냈다(FOD 12-15).

그 책에는 우리 교회를 더 잘 섬기는 데 도움이 될 만한 사랑과 환영에 대한 훌륭한 조언들이 담겨 있었지만, 이 비유는 계속해서 나를 괴롭혔다. 나는 노던 신학교에서 집중 강좌를 듣던 첫 주의 어느 쉬는 시간에 스캇을 찾아갔다.

나는 말했다. "어이, 스캇"(내가 실제로 이렇게 말한 것은 아니지만, 스캇은 무례한 질문을 하는 학생들에 대해 이야기를 시작할 때 그런 식으로 말한다. 나는 아마도 "저기, 맥나이트 박사님"이라고 말했겠지만 그래도 무례한 질문을 했으니 이런 식으로 내 이야기를 시작하려고 한다.) "『다른 사람들과의 교제』에서 교수님이 하신 비유는 말이 안 돼요! 어떤 문화권에서는 아예 샐러드를 먹지도 않는데 어떻게 샐러드를 먹는 올바른 방법에 대해 말할 수가 있죠?" 그러면서 나는 우리 교회와 실패한 샐러드 바에 대해 그에게 말했다.

그는 당연하다는 반응을 보이며 자신은 열심히 연구한 결론에 만족하며 다른 사람들이 그것에 대해 어떻게 생각하는지에 대해서는 진정으로 신경 쓰지 않는다고 답했다. "난 당신의 교회를 위해 책을 쓴 게 아니에요."

아, 그렇군요.

"난 유기농 식품점에서 쇼핑하는 미국의 그리스도인들을 위해 그 책을 썼어요." 그가 말했다. "그들은 샐러드를 먹어요. 그리고 그들 중 다수가 다니는 교회에는 더 많은 **다른** 사람들이 필요해요." 그리고 그 책의 원래 제목은 "샐러드 그릇 속에서의 삶"이었다고 말했다.

내 친구인 주디스와 빌렘은 결혼한 부부다. 주디스는 인도네시아에서 왔고, 빌렘은 네덜란드에서 왔다. 그들은 지난 일요일에 우리 교회에서 메시지를 전하면서 둘의 결혼이 다문화적인 관계가 교회 안에서 통할 수 있는 방식의 한 예라고 말했다. 주디스는 그들이 처음 결혼할 때 이렇게 기도했다고 말했다. "하나님, 우리의 결혼으로 당신을 높이기를 원합니다. 거기에는 인도네시아 문화도 없고 네덜란드 문화도 없고 예수님의 문화만 있을 겁니다." 그들은 각자의 문화를 버린 것이 아니라 오히려 서로의 문화 속에 있는 좋은 것을 배웠다. 그녀는 로마의 가정 교회에 있던 사도 바울의 친구들에 대해 이야기했다. 그들은 함께 예수 문화를 형성하면서 하나님을 기쁘시게 하지 않는 당시 로마 문화의 방식에 대항했다.

나는 비록 우리의 샐러드 그릇이 불편해지더라도 서로 다른 사람들과 교제를 나누고 싶다. 당신의 교회가 대부분 "비슷한 사람들"로 구성되었든지 아니면 "다른 사람들"로 구성되었든지 (그리고 당신이 실제로 샐러드를 먹든 먹지 않든) 앞으로 공부할 여섯 과는 당신이 교회에서 다른 사람들과 더불어 왕이신 예수님을 따르는 것이 어떤 모습일지를 생각해보는 데 도움을 줄 것이다. 은혜는 우리가 서로에게 "예"라고 말할 수 있게 해주며, 사랑은 우리가 함께 머물고 서로를 위하며 그리스도를 닮은 모습으로 성장하겠다는 굳은 약속을 하는 방법을 가르쳐준다. 우리가 **성찬**을 위해 식탁에 모이는 것은 공통의 기반이다. 점차 거룩해지려는 우리의 노력은 세상으로부터 구별됨과 동시에 하나님께 헌신한다는 의미다. 우리는 하나님 나라에서 그 나라의 정치가 보여주는 **새로움**을 다루면서도 동시에 샐러드 그릇 안에서 씨름하고 성령이 우리에게 사랑으로 서로를 섬기도록 주시는 은사들을 사용하여 함께 번성한다.

19과
은혜

- **학습 목표**: 제자들은 은혜가 어떻게 바울의 삶을 바꾸어 놓았고 예수님 이야기 속에 이방인들이 포함되는 결과를 가져왔는지를 깨닫게 될 것이다.
- **영적 성장 목표**: 제자들은 자신의 편견과 마주하며 견해가 다른 사람들과 연합할 수 있도록 도움을 주는 하나님의 은혜를 구할 것이다.

〈개인 성경공부〉

■ 읽기

제자 훈련 시간을 시작하면서 예수 신경을 소리 내어 읽는다.

이스라엘아, 들으라. 주 곧 우리 하나님은 유일한 주시라. 네 마음을 다하고 목숨을 다하고 뜻을 다하고 힘을 다하여 주 너의 하나님을 사랑하라 하신 것이요. 둘째는 이것이니 네 이웃을 네 자신과 같이 사랑하라 하신 것이라. 이보다 더 큰 계명이 없느니라.

하나님은 우리 모두를 보시며 "그렇다"라고 말씀하신다. 당신은 하나님이 당신을 향해 "그렇다"고 말씀하시는 것이 들리는가?…하나님이 당신을 바라보시며 **"그렇다. 네가 나와 함께 있기를 원한다"**고 말씀하시는 것은…역사상 최고의 소식이다. 하나님이 말씀하시는 긍정의 답변은 우주 공간 전체에 메아리치며 이렇게 약속한다. **"나는 그 일이 일어나도록 필요한 조치를 취할 것이다."** 우리를 향한 하나님의 긍정은…우리가 교회 안에서 스스로를 포함한 타인에게 "그렇다"라고 말할 수 있는 기초가 된다.…(FOD 29).

당신 주변을 둘러보라. 그리고 더 멀리 있는 북쪽 나라들과 남쪽 나라들, 서쪽 나라들과 동쪽 나라들을 보라. 예수님 안에서 하나님의 "그렇다"는 모든 사람을 위한 것이다. 이 세상에는 많은 종류의 다양성이 있고, 우리는 서로에게 눈에 띄지 않기 때문에 그리스도 안에서의 하나님의 "그렇다"가 우리 속에 깊이 스며들도록 함으로써 모든 사람을 하나님의 "그렇다"의 대상으로 포용해야 한다. 우리 눈에 보이지 않는 사람들일지라도 하나님의 눈에는 보이며 그들이 하나님 말씀을 듣는다면 하나님이 하시는 긍정의 대답도 들을 수 있음을 알아야 한다.

하나님의 거대한 실험에 대한 바울의 새로운 시각은 민족적 특권 위에 덮인 얇은 피부를 벗겨냈다. 유대인들은 하나님이 이방인들을 긍정하셨다는 사실을 배워야 할 것이고 그리스인이나 로마인 같은 이방인들은 하나님이 유대인들을 긍정하셨다는 사실을 배워야 한다. 남자는 하나님이 여자를 긍정하셨다는 사실을, 여자는 하나님이 남자를 긍정하셨다는 사실을 배워야 한다. 부유한 사람들은 하나님의 긍정에 가난한 이들이 포함되어 있음을, 가난한 이들은 하나님의 긍정에 부자들이 포함되어 있음을 배워야 할 것이다. 도덕적으로 정결한 이들은 도덕적으로 정결하지 못한 알코올 중독자, 매춘부, 도둑 같은 사람들에 대한 하나님의 긍정의 말씀을 더 귀 기울여 들어야 할 것이다.

하나님의 긍정은 이 세상의 교회가 하나님의 위대한 신비이자 그분께서 급진적이고 새로운 일을 하고 계신 곳이 되는 이유다. 안타깝게도 하나님의 긍정이라는 개념은 종종 백인은 흑인에 대해, 흑인은 라틴계 미국인에 대해, 라틴계 미국인은 여자에 대해, 여자는 남자에 대해, 부유한 백인은 가난한 소수자에 대해 첫 번째로 거부된다. 하나님이 교회에서 일으키시는 혁명은 이 첫 단계를 넘지 못하고 끝난다. 우리는 하나님의 긍정이 모든 이들을 위한 것임을 받아들이든지 아니면 거부하든지, 둘 중 하나를 선택한다(FOD 31).

당신은 아마 바울의 이야기를 자세히 읽어보지 못했겠지만, 바울은 한때 대제사장 가야바의 명령을 받고 그리스도인들을 체포하기 위해 예루살렘을 떠난 사람이었다. 하나님이 그의 삶에 개입하셔서 그를 변화시켰을 때 그는 대제사장의 명령을 성공적으로 수행하고 있었다. 그로부터 3년이 지난 후 놀랍게도 바울은 랍비의 길에서 떠난 변절자이자 예수의 길로 들어선 전향자가 되어 예루살렘으로 돌아왔다.…바울은 자신이 은혜라고 불리는 자리에 있음을 알고 있었다.

은혜는 바울의 입에서 흘러나오는 첫 단어다.

은혜는 하나님의 편에 서는 행운 이상의 것이다.

은혜는 실패한 사람들에게 소낙비처럼 쏟아진 하나님의 선하심이다.

은혜는 자신이 사랑받을 만하다고 여기지 않는 이들에게 임한 하나님의 사랑이다.

은혜는 하나님께서 우리가 어떤 존재가 되도록 설계하셨는지를 아는 것이다.

은혜는 우리가 포기한 순간 하나님께서 우리를 믿으시는 것이다.

은혜는 밧줄 끝에 매달린 사람이 새로운 힘을 얻는 것이다.

그러나 은혜에는 더 많은 것이 있다. 은혜는 장소이자 능력이다.

은혜는 하나님께서 변화시키는 능력을 발산하시는 것이다.

은혜는 인생과 공동체를 재구성하고 그 진로를 바꾼다.

은혜는 최악의 원수가 가장 좋은 친구로 바뀌는 때다(FOD 38).

바울의 삶을 세 단어로 요약한다면 그것은 열정, 은혜, 변화일 것이다.

은혜는 하나님과 싸우는 자를 하나님의 수호자로 변화시킨다.

은혜는 예수님을 미워하는 자를 그분을 사랑하는 자로 변화시킨다.

은혜는 성령에 저항하는 자를 성령의 말씀을 듣는 자로 변화시킨다.

은혜는 이 일을 성취하기 위해 용서하고, 변화시키며, 고결하게 만들고, 능력을 준다. 은혜는 샐러드 그릇 안에 있는 사람들을 서로에게 편안한 존재로 만든다. 오직 은혜만이 그 일을 할 수 있다. 은혜는 그 일을 해낼 수 있다.

바울은 은혜의 장소나 교회를 가리켜 "샐러드 그릇"이라고 부르는 대신 그것이 "그리스도 안에" 있다고 말한다.…그리스도 안에 있다는 것은 우리가 그리스도 안에서 살다가 죽고 부활한다는 뜻이다. 그리스도 안에 있다는 것은 그분 안에 있는 다른 이들과 연합되는 것이다.…그리스도 안에 있다는 것은 한 종류의 은혜가 또 다른 종류의 은혜 위에 쌓이는 것이다. 은혜는 우리를 샐러드 그릇 안에 두고 우리에게 숙제를 주며 그 안에서 우리가 타인과 함께 살 수 있는 용기와 능력을 준다(FOD 39-40).

　　…은혜는 하나님의 분노나 진노에서 시작되지 않는다. 아니, 하나님의 은혜는 긍정하는 사랑의 어조에서 시작된다. 은혜는 우리를 향한 하나님의 정복할 수 없는 사랑과 함께 시작된다. 하나님은 우리에게 "그리스도 안에" 있는 자리를 주시고 하나님의 은혜는 우리에게 "그리스도 안에서" 번성할 수 있는 능력을 준다. 은혜는 세상에 침투하여 우리가 영원한 생명을 누릴 준비를 온전히 갖출 때까지 우리를 변화시킨다. 은혜는 우리 안에서 역사하시는 하나님의 자애롭고 새로운 창조의 능력이다(FOD 44).

읽은 내용을 되돌아보는 질문

1. 당신은 교회나 다른 그리스도인의 모임에서 어떻게 받아들여졌는가? 당신은 하나님의 사람들을 통해 그분의 긍정을 경험한 적이 있는가? 그리스도인들로부터 환영 대신 거부를 당한적이 있다면 그 경험에 대해 적어보자.

2. 당신은 그리스도인들이 "은혜"를 사용하거나 정의하는 것을 어떻게 듣게 되었는가?

3. 당신은 이 읽기 자료를 바탕으로 은혜를 어떻게 설명하겠는가?

은혜를 발견한 바울(행 26장과 엡 3장)

사도행전 26:1-23을 읽는다.

1. 여기서 벌어지고 있는 상황은 무엇인가? 바울은 왜 자신의 이야기를 하고 있는가?

2. 하나님은 바울의 인생에 어떻게 개입하셨는가?

3. 바울은 자신을 향한 예수님의 메시지에 대한 응답으로서 어떤 일을 했는가?

에베소서 3:1-8을 읽는다.

1. 바울은 어떻게 복음의 종이 되었는가?

2. 왜 하나님은 바울에게 이런 은혜의 선물을 주셨는가?

■ 기도

하나님은 세상 사람들에게 복음을 전하는 일과 관련하여 당신에게 어떤 역할을 맡기셨는가? 하나님이 당신에게 주신 은혜는 무엇인가? 당신의 은사는 무엇인가? 당신의 사명은 무엇인가? 이 밖에도 마음속에 떠오르는 질문이 있다면 모두 여쭤보라. 조용히 앉아 하나님이 당신에게 무엇을 알려주시는지 귀 기울여 들어보자.

주기도문으로 기도를 마치라.

> 하늘에 계신 우리 아버지여, 이름이 거룩히 여김을 받으시오며 나라가 임하시오며 뜻이 하늘에서 이루어진 것 같이 땅에서도 이루어지이다. 오늘 우리에게 일용할 양식을 주시옵고 우리가 우리에게 죄 지은 자를 사하여 준 것 같이 우리 죄를 사하여 주시옵고 우리를 시험에 들게 하지 마시옵고 다만 악에서 구하시옵소서. 나라와 권세와 영광이 아버지께 영원히 있사옵나이다. 아멘(마 6:9-13).

■ 활동

정치, 종교, 또는 사회과학 분야에서 당신에게 중요한 의미를 갖는 한 가지 문제에 대해 생각해보라. 당신과 반대되는 견해를 가진 사람이 쓴 에세이나 칼럼 기사를 인터넷에서 찾아보라. 관심을 둘 가치가 없을 만큼 성급하거나 극단적인 글이 아닌 개인적인 이야기와 경험이 담긴 사려 깊은 글을 찾아보라. 필자에게 공감하려는 목적을 가지고 그 글을 읽어보라. 당신의 생각과 공통점이 있는지 찾아보고 은혜의 시선으로 그 글을 대하라.

■ 묵상

은혜는 당신이 다른 사람들을 향해 하나님의 긍정을 반복하도록 돕는다. 은혜는 교회를 하나님의 긍정의 공간으로 만들어준다. 읽기 자료에서 다양한 민족, 사회 계층, 성별의 사람들을 언급할 때 누가 또는 무엇이 머릿속에 떠올랐는가? 당신이 일치감을 얻기 위해 애쓰는 사람들(개인이나 집단)이 있는가?

• 당신이 사랑해보려고 애쓰는 **다른** 사람들은 누구인가? 그 이유는 무엇인가? 그들과 관계를 맺을 때 당신이 하나님의 은혜를 통해서만이 할 수 있는 일은 무엇인가?

〈소모임 토론〉

소모임을 시작하면서 예수 신경을 함께 소리 내어 읽는다.

> 이스라엘아, 들으라. 주 곧 우리 하나님은 유일한 주시라. 네 마음을 다하
> 고 목숨을 다하고 뜻을 다하고 힘을 다하여 주 너의 하나님을 사랑하라 하
> 신 것이요. 둘째는 이것이니 네 이웃을 네 자신과 같이 사랑하라 하신 것
> 이라. 이보다 더 큰 계명이 없느니라.

다음 질문들은 당신이 앞서 마무리한 개인 성경공부에 바탕을 두고
있다. 소모임에서 토론할 수 있는 시간이 얼마나 되는지 살펴보고 가능
한 한 많은 질문에 함께 대답해보자.

■ 읽기

읽기 자료에 있는 "은혜는 ~이다"라는 진술들의 목록을 다시 살펴보자.
돌아가면서 어떤 진술이 자신에게 가장 눈에 띄었으며 그 이유는 무엇
인지 말해보라.

4장 • 복음 보여주기

■ 성경공부

사도행전 9:1-23에서 바울이 예수님과 만난 이야기를 찾아보라. 이 이야기를 사도행전 26장에서 바울 자신이 진술하는 이야기와 비교, 대조해보라.

■ 기도

복음을 선포하는 일에 관한 당신의 역할에 대해 기도할 때 어떤 생각이 떠올랐는가? 하나님께서 다른 사람들에게 복음을 전하는 일을 위해 당신에게 주신 은혜는 무엇인가?

■ 활동

당신의 소모임 안에서 민족적, 국가적, 문화적, 정치적, 사회경제적, 성적으로 다른 사람들에 대해 토론해보라. 당신과 그들은 어떤 점에서 같거나 다른가? 소모임 사람들을 통해 하나님의 긍정을 느꼈다면 어떻게 그럴 수 있었는가? 느끼지 못했다면 그 이유는 무엇인가? 서로에게 더 편안함을 느끼기 위해 은혜가 어떤 역할을 해야 한다고 보는가?

■ 묵상

원하는 사람들은 자신이 쓴 글에 담긴 몇 가지 생각을 서로에게 읽어 주자. 당신이 소통하려고 애쓰는 사람은 누구인가? 당신이 부정적으로 생각하는 사람들이 소모임에 속해 있을 수도 있다는 점을 인식하면서 신중한 자세로 말해보라.

■ 소모임 기도

서로 손을 잡고 기도하라. 큰 소리로 기도하고 싶은 사람은 누구든지 차례대로 소모임이 더 깊이 하나가 되고 회원들이 서로에 대해 은혜와 사랑 안에서 자라가기를 바라며 기도할 수 있다.

소모임을 마치면서 주기도문으로 함께 기도하라.

하늘에 계신 우리 아버지여, 이름이 거룩히 여김을 받으시오며 나라가 임하시오며 뜻이 하늘에서 이루어진 것 같이 땅에서도 이루어지이다. 오늘 우리에게 일용할 양식을 주시옵고 우리가 우리에게 죄지은 자를 사하여 준 것 같이 우리 죄를 사하여 주시옵고 우리를 시험에 들게 하지 마시옵고 다만 악에서 구하시옵소서. 나라와 권세와 영광이 아버지께 영원히 있사옵나이다. 아멘(마 6:9-13).

■ 안식

다른 사람과 함께 즐거운 활동을 해볼 계획을 세우고 밖으로 나가서 공통된 관심사를 경험해보자. 스트레스를 주거나 논쟁을 일으킬 만한 주제에 대해서는 이야기하지 말고 그냥 서로 어울리는 것을 즐겨라.

20과
사랑

- **학습 목표:** 제자들은 하나님이 보여주신 사랑의 본을 살펴봄으로써 사랑을 성경적으로 정의하는 법을 배우게 될 것이다.
- **영적 성장 목표:** 제자들은 그들이 아는 사람들에게 성경적인 사랑을 베풀기 위해 노력할 것이다.

〈개인 성경공부〉

■ 읽기

제자 훈련 시간을 시작하면서 예수 신경을 소리 내어 읽는다.

> 이스라엘아, 들으라. 주 곧 우리 하나님은 유일한 주시라. 네 마음을 다하고 목숨을 다하고 뜻을 다하고 힘을 다하여 주 너의 하나님을 사랑하라 하신 것이요. 둘째는 이것이니 네 이웃을 네 자신과 같이 사랑하라 하신 것이라. 이보다 더 큰 계명이 없느니라.

바울에게 사랑은 모든 것의 중심에 있다. 그랬던 이유는 바울이 로마 제국 곳곳에 흩어져 있는 가정 교회에서 서로 교제하고 있는 이들에게 주어진 그리스도인으로서의 삶의 과제가 무엇인지 알고 있었기 때문이다. 그들이 그 과제를 수행하는 유일한 길은 타인을 사랑하는 법을 배우는 것이다. 로마의 노예들과 일터의 주인들은 율법을 지키는 유대인들과 함께 한 상에 앉아 기도하는 일이 어색했고 정결한 유대인들은 창녀나 이주 노동자들과 함께 성경을 읽는 것이 익숙하지 않았다. 그렇지만 바울은 이 행동들이 하나님의 가장 위대한 삶에 대한 비전이라고 믿었다. 이는 우리에게 서로를 사랑해야 할 필요성을 상기시킨다.

사랑은 ~하기 전까지는 훌륭한 생각이다.

사랑은 당신이 사랑해야 할 사람이 당신과 서로 다른 사람이라는 것을 알기 전까지는 훌륭한 생각이다. 사랑은 당신의 이웃이 실제로 누구인지를 알기 전까지는 훌륭한 생각이다.…사랑은 당신의 아이들이 짜증을 부리기 전까지는 훌륭한 생각이다. 사랑은 누군가가 물이 넘치는 싱크대를 방치해서 당신의 집을 물바다로 만들기 전까지는 훌륭한 생각이다. 사랑은 주일 아침 교회에서 당신 옆에 누가 앉아 있는지를 보기 전까지는 훌륭한 생각이다(FOD 52).

그러나 정확히 무엇이 사랑인가?

하나님이 이스라엘과 그분의 아들과 교회—사실상 창조세계 전체—를 사랑하시는 모습을 관찰함으로써 성경에 나타난 사랑을 정의해보라. 하나님은 우리에게 사랑이 무엇인지를 보여주신다. 우리는 감정과 애정을 강조하는 사전적 정의에서 시선을 거두고 사랑이 무엇인지를 드러내는 성경의 특별한 방식으로 돌아가기 전까지는 질문에 대답할 수 없다.…

우리의 문화는 사랑을 감정적 경험, 즐거움, 만족으로 정의한다.…

우리를 둘러싼 문화—그리고 많은 그리스도인들—가 사랑에 대한 이런 의식에 문화적으로 과도하게 적응되어 있는 까닭에 우리는 결혼 생활, 가족, 가까운 친구들과 샐러드 그릇과 같은 모습을 보여야 할 교회 생활에서 맺는 관계를 다루면서 사랑의 문제로 씨름한다. 우리는 왜 씨름하는가? 우리의 마음이 사랑에 대한 잘못된 생각에 휩싸여 있기 때문이다. 성경의 사랑에 대한 의식은 도파민이 주는 기쁨에서 시작되는가? 아니다. 그것은 우리 문화에 속한 대부분의 사람들이 무시하고 싶어 하는 지점에서 시작된다. 그러므로 이제 성경에 나오는 사랑의 네 가지 요소 중 첫 번째 요소를 살펴보자 (FOD 53).

첫 번째 요소: 굳은 약속

성경은 하나님이 아브라함과 언약을 맺으셨다는 대단히 따분한 개념을 언급하면서 사랑이 무엇인지에 대한 이야기를 시작한다. (창세기 12장과 15장을 읽으라.)…그 언약은 다윗이 받은 약속을 통해 새롭게 표현되고, 예레미야 31장의 새 언약에 대한 예언에서 완전히 새로운 미래가 드러나며, 그다음에는 하나님이 예수 그리스도 안에서 우리와 맺으시는 최종적 언약 (우리가 그리스도의 "새 언약"이라고 부르는 것)으로 귀결된다. 따라서 사랑은 일차적으로 감정이나 애정이 아니라 다른 사람을 향한 언약의 약속을 의미한다. 약속은 감정을 부정하지 않는다. 약속은 감정을 재정리한다(FOD 53).

두 번째 요소: "함께"하시겠다는 굳은 약속

하나님이 주신 언약의 핵심은 이스라엘과 함께하시겠다는 약속이었다. 하나님은 어떻게 사람들과 함께하셨는가? 성경의 이야기가 전개됨에 따라 하나님은 구름기둥과 불기둥을 통해 이스라엘과 함께하심을 나타내셨고, 이어 "성막"이라고 불리는 이동식 성소로, 더 나아가 움직이지 않는 거대한 성전으로 함께하심을 드러내셨다.…그러나 "함께"하시겠다는 하나님의 가장 심오한 약속은 성육신을 통해 표현되었다.…예수님은 "임마누엘 곧…우리와 함께하신 하나님"이었고(마 1:23) 함께하심이라는 주제는 계속 이어진다. 예수님은 부활하신 후 우리와 함께하실 성령을 보내셨다.…하나님의 언약은 우리와 함께하시겠다는 약속이다(FOD 53-55).

사랑은 한 사람이 다른 사람에게 하는 약속으로서 결혼 관계에만 한정되지 않는다.…관계는 비바람을 맞을 수도 있지만 사랑은 그 고난을 견뎌낸다. 사랑은 계속해서 견디는 것이다.…그것은 사랑이 무엇인지를 잘 보여준다. A가 B에게 이렇게 말한다. "나는 무슨 일이 있어도 여기에 당신과 함께 있어요"(FOD 57).

세 번째 요소: 상대방 "편에" 서겠다는 굳은 약속

성경 속의 사랑은 어떤 사람을 위하겠다는 굳은 약속이다. 누군가를 사랑한다는 것은 그의 편에 서서 그를 옹호하는 것이다(FOD 57).

하나님은 우리와 함께 계시고 우리를 위하시겠다고 굳게 약속하셨다. 하나님의 위하심은 "나는 그들의 하나님이 되고 그들은 나의 백성이 되리라"는 구약의 언약 관용구를 통해 반복적으로 드러난다. 우리는 이 표현을 "나는 너의 편이다", "나는 네 곁에 있다" 또는 "나는 너를 위하는 하나님으로서 너와 함께 있다"는 말로 번역할 수 있다.…하나님의 사랑은 힘을 더해주는 언약이다. 하나님은 우리의 지지자다. 하나님은 우리의 옹호자다. 하나님은 우리 편이다(FOD 58).

네 번째 요소: 상대방을 "향한" 굳은 약속

우리는 하나님께서 우리와 함께하시며 우리 편에 서시겠다는 굳은 언약을 주시고—여기에 사랑의 네 번째 요소가 있다—우리를 위한 완벽한 계획에 이르기까지 사랑하시는 모습을 지켜봄으로써 사랑을 배운다.

"함께"가 임재의 원리이고 "위하여"가 옹호의 원리라면 "향하여"는 방향의 원리다. 하나님은 우리를 사랑하시고 그분의 사랑은 우리를 하나님 나라에 속한 자애롭고 거룩하며 그분을 영화롭게 하는 타자 지향적인 사람들로 변화시킨다. 하나님의 함께 계심은 단순한 임재와 옹호를 초월한다. 하나님의 함께하심과 위하심은 변화시키는 능력이다.…

쌍방향적인 진정한 친교는 언제나 변화를 일으킨다. 따라서 우리가 교회 안에서 다른 이들을 사랑하지 않는 한 가지 이유는 그들의 존재로 인해 영향을 받기를 원치 않기 때문이거나 우리가 그들에게 주는 영향을 통제할 수 없기 때문이다(FOD 59).

…어떤 사람을 사랑한다는 것은 우리가 그와 함께하고 더불어 존재하는 일에 열중한다는 뜻이다. 어떤 사람을 사랑한다는 것은 그 사람 역시 우리가 그를 위하고 있음을 알고 있다는 의미다. 그는 우리의 손이 그의 위와 뒤에 있음을 알 필요가 있다. 어떤 사람을 사랑한다는 것은 우리가 함께 서로의 마음 안에 거하면서 하나님 나라의 실재, 그리스도를 닮음, 거룩함, 사랑, 그리스도 안에서의 완전한 성숙을 위해 노력한다는 뜻이다(FOD 61).

1. 읽기 자료에 따르면 무엇이 성경적 사랑의 네 가지 측면인가?

2. 읽기 자료는 어떤 식으로 "사랑"에 대한 당신의 관점을 돌아보도록 만드는가?

3. 사랑에 대한 이런 정의와 정직한 자기 점검에 근거해볼 때 당신이 진정으로 사랑하는 사람들은 누구인가? 당신에게 이런 식의 사랑을 보여주는 사람은 누구인가?

■ 성경공부

예수님의 사랑의 모범(요 13장)

예수님은 "[하나님의] 본체의 형상"(히 1:3)이셨기 때문에 우리와 함께하시고 우리를 위하며 우리를 변화시키겠다는 하나님의 굳은 약속의 살아 있는 본보기를 제시하실 수 있었다. 이 장에서 요한은 그의 친구인 예수님이 돌아가시기 전날 밤에 대한 이야기를 1인칭 시점으로 들려준다.

요한복음 13:1-35을 읽는다.

1. 이 장에 나오는 사랑에 대한 모든 언급을 적어보라. 이 장은 예수님의 사랑의 유형에 대해 어떤 그림을 보여주는가?

2. 당신은 예수님이 그분의 친구들과 **함께**하신 것을 어떻게 보는가?

3. 당신은 예수님이 그분의 친구들 **편**에 계신 것을 어떻게 보는가?

4. 당신은 예수님이 그분의 친구들에게 경건에 **이르는** 변화를 촉구하시는 것을 어떻게 보는가?

■ 기도

하나님과 **함께**하는 시간을 가져보라. 최소한 30분 이상 혼자 있을 수 있도록 일정을 조정하라. 침묵을 선호한다면 조용한 환경을 조성하라. 하나님과 소통하는 데 음악이 도움이 된다면 좋아하는 스타일의 예배 음악을 틀어두어라. 하나님께 집중하는 데 도움이 될 위치를 선택하라. 육체적으로 가능하다면 땅바닥에 엎드려 있는 자세를 고려하라. 이렇게 엎드리는 자세는 항복이나 경배의 상징이다. 무릎을 꿇거나 손바닥을 펴서 위로 향한 채 앉아 있을 수도 있다. 잡생각을 떨쳐내고 하나님께 성령을 통해 당신과 함께해달라고 요청해보라. 당신은 의식적으로 하나님과 함께하려 애쓰고 있다. 그리고 하나님도 당신과 함께하시기를 원하신다는 것을 기억하라.

주기도문으로 기도를 마치라.

하늘에 계신 우리 아버지여, 이름이 거룩히 여김을 받으시오며 나라가 임하시오며 뜻이 하늘에서 이루어진 것 같이 땅에서도 이루어지이다. 오늘 우리에게 일용할 양식을 주시옵고 우리가 우리에게 죄 지은 자를 사하여 준 것 같이 우리 죄를 사하여 주시옵고 우리를 시험에 들게 하지 마시옵고 다만 악에서 구하시옵소서. 나라와 권세와 영광이 아버지께 영원히 있사옵나이다. 아멘(마 6:9-13).

■ 활동

• 지원이나 옹호나 격려가 필요한 친구를 떠올려보라. 당신이 그의 편에 서 있음을 보여주기 위해 할 수 있는 일은 무엇인가? 그 일을 함으로써 당신의 사랑을 보여주자.

■ 묵상

• 누군가를 위한 사랑의 마음으로 인해 어떤 일을 하고 있다고 여겼지만 사실은 사랑의 행동이 아니었음을 깨달은 적이 있는가? "사랑 안에서 진리를 말하고" 있다고 주장하면서 당신에게 상처를 주는 말을 한 사람이 있었는가? 성장의 방향을 제시하기 전에 함께 있음으로써 사랑을 베풀고 지지해주는 것이 왜 그토록 중요한지 생각해보라. 진짜 사랑과 진짜가 아닌 사랑에 대한 당신의 생각과 경험을 글로 적어보라.

⟨소모임 토론⟩

소모임을 시작하면서 예수 신경을 함께 소리 내어 읽는다.

이스라엘아, 들으라. 주 곧 우리 하나님은 유일한 주시라. 네 마음을 다하고 목숨을 다하고 뜻을 다하고 힘을 다하여 주 너의 하나님을 사랑하라 하신 것이요. 둘째는 이것이니 네 이웃을 네 자신과 같이 사랑하라 하신 것이라. 이보다 더 큰 계명이 없느니라.

다음 질문들은 당신이 앞서 마무리한 개인 성경공부에 바탕을 두고 있다. 소모임에서 토론할 수 있는 시간이 얼마나 되는지 살펴보고 가능한 한 많은 질문에 함께 대답해보자.

■ 읽기

- 당신이 경험하거나 보고 들은 진정한 사랑 이야기를 말해보라.

- 살면서 당신이 진정으로 사랑받고 있다는 느낌이 들게 한 사람은 누구인가?

■ 성경공부

• 예수님은 사람들을 사랑하시겠다는 하나님의 굳은 약속을 어떻게 보여주시는가?

• 제자들은 예수님이 자신들을 사랑하신다고 생각했을까? 그렇다면/그렇지 않다면 그 이유는 무엇인가?

■ 기도

당신은 기도하면서 하나님이 당신과 함께 계심을 어떤 식으로든 느꼈는가? 어떤 느낌이었는가? 느끼지 못했다면 다시 한번 하나님의 임재를 기다리는 일을 시도해보고 싶은가?

■ 활동

1. 읽기 자료를 통해 우리가 다른 사람과 같아지기를 원치 않거나, 또는 우리와 같아지도록 그들에게 영향을 줄 수 없을 것 같다는 이유로 타인을 사랑하는 데 어려움을 겪는 문제를 다뤘다. 당신과 다르며 성경적인 헌신으로 사랑하기 어려운 사람을 생각해보라. 소모임에서 함께 이 문제에 대해 토론하라(당신이 소개하는 사람들을 비하하지 않도록 주의하라). 각자 시간을 내어 자기와 다른 사람에게 쪽지를 써봄으로써

그와 함께하고 그의 편에 서겠다는 굳은 다짐을 어떤 식으로든 표현해보라.

2. 여건이 허락된다면 따뜻한 물이 담긴 그릇과 수건을 준비하라. 차례대로 서로의 발을 씻어주자. 이 행동은 현대 미국 문화에서는 낯설고 어색하게 느껴질 수도 있다. 발을 씻어주신 예수님의 모습을 따라 행동해봄으로써 다른 이들을 사랑하라는 그분의 명령을 어떻게 문자적으로 따를 수 있을지 생각해보라.

■ 묵상

누군가가 여러분과 함께 있고 여러분의 편에 서 있음을 보여줄 수 있는 몇 가지 방식을 서로에게 얘기해보자. 당신의 삶 속에서 사랑에 대한 필요는 어떨 때 나타나며 당신의 소모임 회원들은 어떻게 당신이 진정으로 사랑받고 있다고 느끼도록 도울 수 있는가?

■ 소모임 기도

하나님께 당신과 함께해달라고 간구한 것처럼 당신의 소모임과도 함께하시길 간구하라. 10~15분 동안 침묵하거나 음악을 들으며 앉아 있으라.

소모임을 마치면서 주기도문으로 함께 기도하라.

하늘에 계신 우리 아버지여, 이름이 거룩히 여김을 받으시오며 나라가 임하시오며 뜻이 하늘에서 이루어진 것 같이 땅에서도 이루어지이다. 오늘 우리에게 일용할 양식을 주시옵고 우리가 우리에게 죄지은 자를 사하여 준 것 같이 우리 죄를 사하여 주시옵고 우리를 시험에 들게 하지 마시옵고 다만 악에서 구하시옵소서. 나라와 권세와 영광이 아버지께 영원히 있사옵나이다. 아멘(마 6:9-13).

■ 안식

분주한 생각들과 바쁜 일정 가운데 하나님과 소통할 시간을 만드는 것은 어려운 일이지만 이를 통해 여러분이 회복될 수도 있다. 이 과의 공부를 마치고 휴식할 때 홀로 하나님과 있을 수 있는 시간을 더 많이 내고 안식하면서 그분께서 당신과 함께하시기를 간구하라.

21과
식탁

- **학습 목표**: 제자들은 1세기의 교회 생활과 식탁 교제의 관습에 대해 배우게 될 것이다.
- **영적 성장 목표**: 제자들은 바울 서신에 담긴 몇 가지 가르침의 배경을 살펴보고 그 원리들을 오늘날 문화 속에 어떻게 적용할 수 있는지 숙고할 것이다.

〈개인 성경공부〉

■ 읽기

제자 훈련 시간을 시작하면서 예수 신경을 소리 내어 읽는다.

이스라엘아, 들으라. 주 곧 우리 하나님은 유일한 주시라. 네 마음을 다하고 목숨을 다하고 뜻을 다하고 힘을 다하여 주 너의 하나님을 사랑하라 하신 것이요. 둘째는 이것이니 네 이웃을 네 자신과 같이 사랑하라 하신 것이라. 이보다 더 큰 계명이 없느니라.

1세기에 "교회에 가는 것"은 어떤 모습일지 상상해보라. 당신이 로마나 에베소나 폼페이와 같은 로마 제국의 주요 도시에서 산다면, 우선 가죽 샌들을 신고(또는 맨발로) 집을 나선 뒤에 포장된 도로를 따라 도시를 통과하여 걸어갈 것이다. 당시 도로는 오늘날 자동차 전용도로나 인도에 깔린 매끈하고 네모난 돌이 아닌 큰 돌덩어리로 포장되어 있어서 자칫하면 발가락이 걸리거나 발을 헛디디기 쉽다.

사람들이 모여 있는 가정 교회에 들어가면 곧바로 숨바꼭질 놀이 중인 "교회 아이들"과 마주치게 된다. 누군가의 노예가 구운 고기가 달린 쇠꼬챙이를 들고 당신 곁을 지나간다. 또한 당신은 과거에 아폴로를 섬기기 위해 지어졌던 그 집의 사당이 훼손된—더 잘 표현하자면 우상에서 해방된—모습을 발견한다. 저녁 해가 뉘엿뉘엿 지는 안뜰을 지나 몇 걸음 더 들어가면 사람들이 앉아 있는 큰 방이 나온다. 어떤 이들은 바닥 위에 느긋하게 앉아 있고, 또 어떤 이들은 소파 위에서 베개를 베고 누워 있다. 어떤 사람—노예—이 중요한 지도자처럼 보이는 사람에게 부채질을 해주고 있다. 작은 두루마리를 펴놓은 사람은 "장로"(우리가 "목사" 또는 "사제"라고 부르는 사람)이며 그는 두루마리의 내용에 관해 누군가와 대화를 나누고 있다.

방 밖에 있는 베란다에는 낮은 식탁이 있고 어떤 사람들은 저녁 식사를 위해 이미 자리를 잡았다. 식탁에는 포도주병과 물 항아리가 놓여 있고, 닭 요리와 생선이 담긴 접시 몇 개와 약간의 "채소" 및 구운 빵이 있다. 당신은 식탁에 앉아 얼마 전에 있었던 법률 사건으로 만난 로마의 치안 판사 옆에서 식사를 하고 있지만, 그는 당신을 기억하지 못한다. 하지만 그는 악수하고 볼에 입을 맞추며 "문안 인사"를 건넨다. 당신은 또 모세 율법을 따르면서 예수도 믿는 젊은 유대인 남자와 인사를 건네고, 그가 "정결한 음식"이라고 칭하는 것을 먹는 모습을 본다.

방 건너편에는 한 노예가 다른 사람들을 섬기는 대신 어떤 로마 시민 옆에 앉아 있다. 옷을 통해 짐작건대 그들의 신분은 다르지만 둘은 손을 맞잡고 함께 기도하고 있다. 다른 이들과의 대화가 진행되고 있을 때 누군가—장로—가 일어나 성찬식을 집례하기 위한 기도를 드린다. 장로는 몇 년 전 이 도시에 왔던 위대한 사도의 글을 읽는데, 그 내용은 예수님이 겪으신 배신, 그분의 죽음, 부활하여 하나님의 보좌에 오르신 일에 관한 것이다. 당신은 빵과 살, 포도주와 피에 관한 이야기를 듣고 장로는 방 안에 모인 사람들에게 빵과 포도주를 건넨다.

당신은 빵을 조금 떼어 먹은 후 포도주를 한 모금 들이킨다. 옆에 있는 치안 판사에게 빵과 포도주를 건네고 식탁 주위는 점점 조용해진다. 당신의 생각은 예수님께서 당신을 죄의 삶에서 구원하시고자 죽으신 일을 거쳐 당신에게 일어난 일로 흘러간다. 당신은 해방된 수십 명의 사람들과 함께 앉아서 당신 자신도 해방되었음을 기억한다. 당신의 세상은 뒤집어졌다. 남편은 당신이 믿고 있는 "미신"을 감내하고 큰아들은 당신을 어리석다고 생각하지만 딸과 작은아들은 때때로 당신과 동행한다. 당신은 언젠가 남편과 함께 이 자리에 참석하기를 원한다. 당신은 맏아들을 위해 기도하다가 위급함을 깨닫기 시작했고 때때로 마음이 뜨거워져 눈물을 흘리거나 불안을 느낀다. 맏아들은 로마인의 생활 방식에 익숙해져 있고, 당신은 그런 생활 방식을 고수하다 보면 결국 죄의 노예가 되어 지위를 탐하고 거리낌 없는 성적 표현을 일삼게 된다는 것을 알고 있다.

장로는 포도주잔에 대해 말하면서 그 잔이 하나님의 사랑이고 은혜이며 모든 이들을 위한 긍정의 대답이라고 선언한다. 장로는 그리스에 있는 한 교회(당신은 그가 고린도 교회에 대해 이야기한다고 짐작은 하지만 그가 도시 이름을 말하지는 않았다)에 관해 들은 슬픈 이야기를 전해주는데, 거기서 몇몇 부유한 예수님의 제자들이 가난한 사람들이 도착하기도 전에 음식을 먹었다고 한다. 장로는 로마의 생활 방식이 이곳에서는 더 이상 통용되지 않으며 남자와 여자, 노예와 자유인, 유대인과 그리스인, 부자와 가난한 자를 막론하고 모두가 다 그리스도 안에서 한 가족이라는 점을 분명히 밝힌다. 그리고 장로는 이 유월절 식사의 잔은 감사(eucharistia)의 잔이며 각 사람은 그 잔에 담긴 포도주를 마심으로써 유대인의 메시아이시며 로마인들을 해방하실 수 있는 예수님의 죽음에 참여하고 있다고 말한다. 당신은 이것이 얼마나 개인적인 일인지를 깨닫는다. 이어 장로는 빵을 먹는 것은 예수께서 여러분을 위해 주신 몸에 참여했음을 의미하며 그 몸은 유대인이든 로마인이든, 남자든 여자든, 노예든 로마 시민이든 여러분 모두를 하나로 만든 몸이라고 말한다.

이어 장로는 로마의 신전 예배에 참여함으로써 귀신들과 함께 춤추는 일에 대해 경고한다. 당신의 남편은 사는 곳의 정문 근처에 사당 하나를 지어놓았다. 이전에 장로는 이 집의 주인이 어떻게 회심했고 그가 집 안에 있는 아폴로 사당을 어떻게 부수고 헐어버렸는지를 당신에게 말해주었다. 장로는 이 집 주인이 지금도 유일한 참된 주님이신 예수님께 헌신하고자 분투하고 있으므로 우상에게 바쳐진 음식을 먹는 일에 대해서 극히 신중해야 한다고 당신에게 충고한다.

해가 지고 있을 때…당신은 그 해가 당신 위로 떨어지는 것처럼 하나님의 선하신 은혜의 손길이 당신 가족에게 임하게 해달라고 기도한다. 저녁 내내 장로는 삶 전체를 성찬식과 연관시켰다. 교회는 그 식탁에서 시작되기 때문이다. 당신이 그 저택에서 경험하는 것은 놀라운 교제, 새로운 종류의 가족이다.…

이제 그리스도 안에 있는 평범한 로마인들은 그런 환경에서 모든 사람이 평등한 존재로 대우받는 모습을 보며 놀랐을 것이다(FOD 96-98).

읽은 내용을 되돌아보는 질문

1. 1세기의 가정 교회에 대한 묘사 중 가장 놀라운 것은 무엇인가?

2. 당신이 그 시대에 살았다면 가정 교회에 모인 사람 중 어디에 속했을 것이라고 생각하는가? 당신은 노예였을까, 상인이었을까, 부유한 엘리트였을까? 그처럼 종교적·민족적·사회경제적으로 뒤섞여 있는 서로 다른 사람들과의 교제 속에서 당신은 어느 곳에 어울렸겠는가?

3. 이러한 초기 교회 모임은 오늘날의 교회 예배와 어떤 점에서 비슷하고 다른가?

■ 성경공부

바울의 식탁(고전 10-11장)

바울은 고린도의 가정 교회를 대상으로 성찬의 식탁에 함께 모이는 일에 대해 이런 가르침을 써서 보냈다.

고린도전서 10:14-33을 읽는다.

1. 바울이 다루고 있는 고린도 교회들의 문제점은 무엇인가? 바울은 그들에게 어떤 가르침을 주는가?

2. 바울은 24절에서 그들에게 자기의 유익 대신 남의 유익을 구하라고 말한다. 33절에서 바울은 자신이 충고를 실천하고 있음을 보여준다. 바울에 따르면 남의 유익을 구하는 이유는 무엇인가?

3. 상당수의 미국인들은 우상에게 바쳐진 고기를 먹는 일을 양심의 문제로 다룰 필요가 없다. 먹고 마시는 일에 관해 오늘날 당신이 직면한 양심의 문제는 무엇인가? 바울이 고린도 교인들에게 한 충고에서 오늘날 당신이 얻을 수 있는 지혜는 무엇인가?

고린도전서 11:17-28을 읽는다.

4. 고린도 교회에서 바울이 다루고 있는 문제는 무엇인가? 바울은 그들에게 어떻게 다르게 행동해야 한다고 말하는가?

5. 당신은 성찬의 식탁을 대할 때 바울의 충고에서 어떤 원리를 스스로에게 적용할 수 있는가?

6. 초기 교회에 대한『다른 사람들과의 교제』의 발췌문을 읽은 후 성경 본문을 읽을 때 성경이 당신에게 새로운 방식으로 살아 있는 것처럼 보였는가? 만일 그렇다면 구체적으로 어떻게 보였는가?

▧ 기도

바울은 왕이신 예수님을 따르는 고린도 성도들에게 성찬을 대하기 전 스스로를 살펴보라고 권면했다. 바울은 그들 중 가난한 이들과 관련된 그들의 탐욕과 이기심에 대해 구체적으로 이야기했다. 오늘 기도하면서 스스로를 살필 수 있게 해달라고 하나님께 간구하라. 당신의 마음속에 당신과 다른 그리스도인들을 나누는 어떤 구별이 존재하는가? 당신 안에는 탐욕이나 이기심 또는 가난한 이들에 대한 푸대접이 있는가?

주기도문으로 기도를 마치라.

> 하늘에 계신 우리 아버지여, 이름이 거룩히 여김을 받으시오며 나라가 임하시오며 뜻이 하늘에서 이루어진 것 같이 땅에서도 이루어지이다. 오늘 우리에게 일용할 양식을 주시옵고 우리가 우리에게 죄 지은 자를 사하여 준 것 같이 우리 죄를 사하여 주시옵고 우리를 시험에 들게 하지 마시옵고 다만 악에서 구하시옵소서. 나라와 권세와 영광이 아버지께 영원히 있사옵나이다. 아멘(마 6:9-13).

■ 활동

당신의 지역 사회에 거주하는 굶주린 사람들과 함께 식사할 수 있는 방법이 있는가? 식량 저장 배급소나 식사를 제공하는 기관을 찾아보고 그들에게 필요한 것이 무엇인지 물어보라. 그들을 위해 식료품점을 방문하라.

■ 묵상

• 바울은 고린도 신자들이 겪는 교제의 문제에 도움이 되는 구체적인 지침을 주었다. 당신은 성경공부에서 다룬 본문을 통해 오늘날의 문화 속에서도 하나님을 높이는 데 도움이 되고 시대를 초월하는 어떤 원리를 발견했는가?

〈소모임 토론〉

소모임을 시작하면서 예수 신경을 함께 소리 내어 읽는다.

> 이스라엘아, 들으라. 주 곧 우리 하나님은 유일한 주시라. 네 마음을 다하고 목숨을 다하고 뜻을 다하고 힘을 다하여 주 너의 하나님을 사랑하라 하신 것이요. 둘째는 이것이니 네 이웃을 네 자신과 같이 사랑하라 하신 것이라. 이보다 더 큰 계명이 없느니라.

다음 질문들은 당신이 앞서 마무리한 개인 성경공부에 바탕을 두고 있다. 소모임에서 토론할 수 있는 시간이 얼마나 되는지 살펴보고 가능한 한 많은 질문에 함께 대답해보자.

■ 읽기

• 소모임 회원들과 지난 몇 달에 걸쳐 함께 했던 모임들에 대해 토론해보라. 당신으로 하여금 1세기 교회의 모임을 떠오르게 하는 순간이 있었는가?

■ 성경공부

• 당신은 교회에서 많은 시간을 보내면서 성찬이 거행되는 모습을 어떻게 보았
  는가? 성찬은 얼마나 자주 있었는가? 어떤 방식으로 거행되었는가?

• 교회 지도자들이 성찬 예배 때 고린도전서 11:23-26을 읽는 것을 들어본 적이 있
  는가? 그들은 바울의 가르침이 어떤 배경에서 나왔는지에 관해 설명해주었는가?

• 그런 배경을 이해하고 그 본문을 읽는다면 성찬의 전통에 대한 바울의 말을 더
  잘 이해하는 데 어떻게 도움이 되는가?

■ 기도

원하는 사람은 기도 중에 하나님이 자신에게 깨닫게 해주신 것을 말해
보자.

■ 활동

1. 1세기 교회가 종종 함께 식사하고 성찬에 참여한 것처럼, 만일 여러
   분이 속한 교파적 전통이 빵과 포도주를 축복할 성직자 없이도 성찬
   식을 거행하는 것을 허용하고 소모임 회원들이 이에 불편함을 느끼
   지 않는다면 모임 전체가 함께 식사하고 성찬을 거행하라. 누군가가

빵과 포도주 또는 포도 주스를 가져오면 된다. 한 사람이 고린도전서 11:23-26을 큰 소리로 읽는 동안 모두 함께 왕이신 예수님을 기억하자.

2. 소모임 전체가 함께 성찬에 참여하는 것을 선호하지 않는다면 다같이 식사할 계획이라도 세워보라.

■ 묵상

당신의 생각을 글로 쓰는 동안 하나 됨과 나눔을 위한 바울의 조언을 오늘 당신의 삶 속에서 실천할 수 있는 방법에 대해 어떤 아이디어를 떠올렸는가?

■ 소모임 기도

소모임의 회원이 돌아가면서 오늘날 세계의 교회나 지역 교회에서 발견되는 분열을 놓고 큰 소리로 기도하자.

소모임을 마치면서 주기도문으로 함께 기도하라.

하늘에 계신 우리 아버지여, 이름이 거룩히 여김을 받으시오며 나라가 임하시오며 뜻이 하늘에서 이루어진 것 같이 땅에서도 이루어지이다. 오늘 우리에게 일용할 양식을 주시옵고 우리가 우리에게 죄지은 자를 사하여 준 것 같이 우리 죄를 사하여 주시옵고 우리를 시험에 들게 하지 마시옵고 다만 악에서 구하시옵소서. 나라와 권세와 영광이 아버지께 영원히 있사옵나이다. 아멘(마 6:9-13).

■ 안식

잘 자는 것은 휴식과 건강 유지의 핵심이다. 밤새 숙면을 취할 수 있도록 일정을 잘 배분하라. 수면 장애를 겪고 있거나 그와 관련된 정신적, 신체적 문제를 겪고 있다면 이를 해결하기 위해 취할 수 있는 조치가 있는가? 이것은 당신을 탓하거나 기분을 나쁘게 하려는 것이 아니다. 안식은 하나님께 중요한 일이며 당신은 제자도의 과정에서 시간을 내어 건강을 유지하기 위해 노력할 필요가 있다는 점을 기억하라. 잠에 관한 몇 가지 성경 구절을 읽고 싶다면 시편 3:4, 4:8, 잠언 3:24을 보라.

22과
거룩함

- **학습 목표:** 제자들은 거룩함이란 하나님이 특별히 사용하실 수 있도록 구별되고 바쳐지는 것이라는 사실을 배우게 될 것이다.
- **영적 성장 목표:** 제자들은 그들을 거룩하게 만드시는 성령의 변화시키는 사역에 열린 마음을 갖게 될 것이다.

〈개인 성경공부〉

■ 읽기

제자 훈련 시간을 시작하면서 예수 신경을 소리 내어 읽는다.

이스라엘아, 들으라. 주 곧 우리 하나님은 유일한 주시라. 네 마음을 다하고 목숨을 다하고 뜻을 다하고 힘을 다하여 주 너의 하나님을 사랑하라 하신 것이요. 둘째는 이것이니 네 이웃을 네 자신과 같이 사랑하라 하신 것이라. 이보다 더 큰 계명이 없느니라.

바울은 (명백히 죄악에 물든) 이방인들과 (그들만큼 명백히는 아니지만 죄악에 물든) 유대인들을 향한 사명에 매일 마음을 쏟았지만, 율법에 충실한 유대인이었던 바울에게 거룩함이란 숨 쉬는 공기이자 교회와 관련해 그가 인식하고 있던 과제였다. 바울은 매일 같이 그의 교회들이 각기 하나님께 헌신된 삶을 살 수 있는 기회에 집중했다. 거룩함에 대한 성경의 중요한 개념은 레위기 11:44-45에 드러난다. "나는 여호와 너희의 하나님이라. 내가 거룩하니 너희도 몸을 구별하여 거룩하게 하고 땅에 기는 길짐승으로 말미암아 스스로 더럽히지 말라. 나는 너희의 하나님이 되려고 너희를 애굽 땅에서 인도하여 낸 여호와라. 내가 거룩하니 너희도 거룩할지어다." 우리는 이 구절을 통해 성경에 나오는 거룩함의 두 가지 주요 요소를 확인할 수 있다.

1. 하나님은 거룩하시다.
2. 따라서 하나님의 백성도 거룩해져야 한다.

우리의 거룩함은 하나님의 거룩함에 근거하고 있으며, 이는 우리가 교회라고 불리는 이 엉망이 된 교제 속에서 거룩함의 의미가 무엇인지를 깨달아야 한다는 뜻이다. 사도 바울보다 거룩함에 대한 도전을 더 많이 경험한 사람은 없다. 로마 제국의 가정 교회들은 "거룩함"이 무엇을 의미하는지 전혀 알지 못하는 사람들로 가득했다(FOD 115-16).

하나님이 **거룩하시다면**, 하나님이 **모든 피조물보다 먼저 계신다면**, 거룩함이란 다른 어떤 존재나 사람과 다르거나 구별되는 것이라면, 하나님이 **"홀로" 계시고 다른 아무것도 존재하지 않았을 때 그분은 거룩하셨는가?** 그렇다. 실제로 하나님은 거룩하셨고 지금도 거룩하시며 언제나 거룩하실 것이다. 우리는 이 사실을 통해 한 가지 중요한 요점에 이른다. 거룩함은 분리나 차이로 환원될 수 없다. 보다 심오한 차원에서 거룩함은 "헌신"을 의미한다. 해야 할 일과 하지 말아야 할 일의 측면에서 본다면 거룩함은 해야 할일에 초점을 맞추어야 한다. 다시 말해 분리가 세상과의 차이에 초점을 맞춘다면, 보다 깊은 차원의 헌신은 하나님께 헌신된 삶에 초점을 맞춘다. 둘은 서로 연결되어 있고 우리는 두 가지가 모두 필요하다(FOD 117).

거룩함에는 세 가지 요소가 있다. 첫째, 우리는 우리 자신을 거룩하게 만들지 못한다. 거룩함은 내적인 하나님의 역사다. 둘째, 거룩함은 죄를 피하는 삶을 사는 법을 배우는 것이다. 셋째, 거룩함은 하나님께 헌신된 삶을 사는 법을 배우는 것이다. 우리는 바울이 그랬던 것처럼 두 번째와 세 번째 요소를 결합시킬 것이다. 바울도 자주 그렇게 하기 때문이다(FOD 117-19).

사도 바울은 우리를 영적인 삶의 근원으로 인도한다. **그것은 우리 안에서 거룩함을 낳는 하나님의 영의 역사다.** 이 점을 분명히 밝혀줄 바울 서신의 몇 구절을 인용해보겠다. 나는 거룩함의 원천이 되시는 하나님을 강조하는 단어들을 굵은 글씨로 표기했다.

"평강의 하나님이 **친히** 너희를 온전히 **거룩하게 하시고**"(살전 5:23).

"하나님이 처음부터 너희를 택하사 **성령의 거룩하게 하심**과 진리를 믿음으로 구원을 받게 하심이니"(살후 2:13).

바울의 최초의 편지부터 마지막 편지에 이르기까지 이 주제는 그대로 유지된다. 거룩함은 우리 안에서 일어나는 하나님의 역사다. 따라서 우리의 교회가 거룩해지기를 원한다면 우리는 하나님의 임재 안에서 시간을 보내며 그분의 거룩하심이 발하는 빛을 쬐는 법을 배울 필요가 있다(FOD 119).

우리가 행했을 때 하나님께서 싫어하시는 행동이 있고 좋아하시는 행동이 있다. 하나님은 우리가 그분의 백성의 표지가 될 만한 행동을 하길 원하신다. 그러나 거룩함은 헌신과 관련된 것이므로 "해야 할 일과 하지 말아야 할 일"에 대해 말하기보다는 "해야 할 일로 인해 하지 말아야 할 일"에 대해 말하는 편이 좋다. 즉 우리는 하나님께 헌신하고 있기 때문에 죄를 짓고 싶어 하지 않는다(FOD 120).

에베소서 4, 5장만큼 거룩함을 잘 가르쳐주는 성경 본문은 없다. 우리는 이 본문을 일컬어 바울식의 "해야 할 일로 인해 하지 말아야 할 일"이라고 부를 수 있다. 우리는 이 본문을 읽으면서 가게 점원들, 노예들, 이주 노동자들, 교회에서 배우고 있는 것과 씨름하고 있는 남자들로 가득한 바울의 가정 교회들을 상상해야 한다. 바울은 교회들이 하나님께 헌신된 삶을 살아냄으로써 거룩해지기를 원했다. 그러나 바울은 그리스도인의 삶을 이야기하면서 하지 말아야 할 일들의 목록으로 시작하지 않았다. 그는 우리 각자가 하나님께 전적으로 헌신하기 위한 비전을 언급하면서 그리스도인의 삶을 이야기하기 시작했다(FOD 120).

읽은 내용을 되돌아보는 질문

1. "거룩함"이라는 말에 대해 골똘히 생각해본 적이 있는가? 이 읽기 자료를 보기 전에 당신은 거룩함을 어떻게 정의했는가?

2. 죄를 피하는 일(구별됨)과 하나님께 헌신하는 일의 차이점은 무엇
   인가?

3. 읽기 자료에 따르면 예수님을 따르는 이들의 삶에서 발견되는 거룩
   함의 원천은 무엇인가? 거룩함으로의 변화는 어떻게 효력을 발휘하
   는가?

■ 성경공부

거룩함에 관해 해야 할 일과 하지 말아야 할 일(엡 4-5장)

바울이 에베소의 그리스도인들에게 가르쳐준 거룩해지기 위해 해야 할
일과 하지 말아야 할 일이 무엇인지 살펴보자.

에베소서 4:1-4과 4:14-32을 읽는다.
에베소서 5:1-20을 읽는다.
1. 아래 공간을 해야 할 일과 하지 말아야 할 일 두 칸으로 나누고, 앞서
   열거한 구절들을 둘로 분류하여 해당하는 칸 밑에 써넣으라.

■ 기도

당신이 성경공부를 하면서 만든 목록으로 돌아가서 해야 할 일과 하지 말아야 할 일 중 당신이 어려움을 겪는 일을 한 가지씩 고르라. 성령께 당신의 삶 속에 변화를 일으키는 능력으로 임하셔서 당신이 구별되어 헌신하는 삶을 살 수 있게 도와달라고 기도하고 간구하라.

주기도문으로 기도를 마치라.

> 하늘에 계신 우리 아버지여, 이름이 거룩히 여김을 받으시오며 나라가 임하시오며 뜻이 하늘에서 이루어진 것 같이 땅에서도 이루어지이다. 오늘 우리에게 일용할 양식을 주시옵고 우리가 우리에게 죄 지은 자를 사하여 준 것 같이 우리 죄를 사하여 주시옵고 우리를 시험에 들게 하지 마시옵고 다만 악에서 구하시옵소서. 나라와 권세와 영광이 아버지께 영원히 있사옵나이다. 아멘(마 6:9-13).

■ 활동

당신이 하지 말아야 했는데도 해버린 일 하나를 생각해보라. 거짓말이나 분노로 파괴적인 결과를 가져왔거나 무언가를 훔쳤거나 누군가에게 말로 상처를 주거나 욕심을 부린 적이 있는가? 아니면 앞의 목록에 나오는 다른 어떤 행동을 했는가? 오늘 이것을 고백하고 그 문제를 바로잡기 위한 일을 하라. 충분하고 진심 어린 사과면 충분할 수도 있고 모

종의 배상을 해야 할 수도 있다. 이 일을 해결함으로써 거룩함을 향해
한 걸음 더 나아가라.

■ 묵상

• 당신은 해야 할 일과 하지 말아야 할 일 중 어느 것을 놓고 더 많이 씨름하는가?
당신은 작위에 의한 죄(적극적으로 잘못된 일을 함)와 부작위에 의한 죄(옳은 일
을 하지 않음) 중 어떤 죄를 더 많이 저지르는가? 당신에게 거룩함을 위한 가장
큰 싸움은 무엇인가? 이 문제에 대한 글을 써보라.

〈소모임 토론〉

소모임을 시작하면서 예수 신경을 함께 소리 내어 읽는다.

> 이스라엘아, 들으라. 주 곧 우리 하나님은 유일한 주시라. 네 마음을 다하고 목숨을 다하고 뜻을 다하고 힘을 다하여 주 너의 하나님을 사랑하라 하신 것이요. 둘째는 이것이니 네 이웃을 네 자신과 같이 사랑하라 하신 것이라. 이보다 더 큰 계명이 없느니라.

다음 질문들은 당신이 앞서 마무리한 개인 성경공부에 바탕을 두고 있다. 소모임에서 토론할 수 있는 시간이 얼마나 되는지 살펴보고 가능한 한 많은 질문에 함께 대답해보자.

■ 읽기

• 교회 안에서 각 지체의 거룩함 또는 거룩함의 부재는 교회의 통일성에 어떻게 영향을 미치는가?

• 사람들이 모두 거룩해진다면 당신이 다니고 있는 교회나 소속된 신자 집단이 어떻게 변화되겠는가? (다른 사람들을 손가락질하는 데만 전념하지 말고 이 일과 관련하여 당신이 기여할 수 있는 부분을 생각하라!)

■ 성경공부

• 해야 할 일이나 하지 말아야 할 일에 대한 지침 중 당신에게 새롭게 다가온 것이 있는가?

• 거룩함을 우리가 피해야 할 일 못지않게 해야 할 일에 관한 문제로 간주하는 것에 대해 어떻게 생각하는가?

■ 기도

원하는 사람은 자신이 거룩함을 위해 어떻게 분투하고 있는지 이야기해보라. 또한 성령께서 그 부분을 변화시키기 위해 역사하셨다는 느낌이 드는지 이야기해보라.

■ 활동

골프 애호가라면 못을 박는 데 자신이 소장한 특별한 골프채를 사용하려 하지 않을 것이다. 특별한 목적을 위해 그것에 합당한 도구를 갖추는 일은 거룩함의 "구별됨"을 보여주는 하나의 예다. 소모임을 갖기 전에 도구를 써야 하는 취미―요리부터 목공까지 어떤 것이든―를 가진 사람이 모임 안에 있는지 알아보고 그에게 몇 가지 샘플을 가져와달라고 부탁하라(신기한 것일수록 더 좋다). 다른 소모임 회원들은 각 도구들의 용도가 무엇인지 알아맞혀보라.

■ 묵상

당신은 거룩함을 추구하는 과정에서 해야 할 일을 안 하는 죄, 하지 말아야 할 일을 하는 죄와 어떻게 씨름하는가? 존 에이커프(Jon Acuff)는 "그리스도인들이 좋아하는 것"(Stuff Christians Like)이라는 자신의 블로그에 "두 번째로 나서기의 선물"이라는 개념에 대한 글을 올렸다. 그는 종종 사람들이 소모임 안에서 성경을 충분히 읽지 않는 것과 같은 "안전한 죄"를 고백한다고 말했다. 기꺼이 먼저 나서서 자신의 연약함을 모범적으로 고백하는 용감한 소모임 회원은 다른 회원들에게 두 번째로 나설 수 있는 선물을 주는 것이다. 바라건대 여러 달 동안 만나온 모임이라면 회원들 간에 안전장치와 신뢰감이 생겨났을 것이다. 먼저 나서서 죄와 거룩함에 대한 자신의 경험을 이야기함으로써 다른 사람들이 더 쉽게 말할 수 있도록 배려할 사람이 있는가?

■ 소모임 기도

성령이 당신으로 하여금 구별되고 헌신할 수 있도록 도움을 주실 때 거룩함을 향해 계속 성장하도록 서로를 위해 온유하고 진실하게 기도하라. 소모임 회원들이 나눈 구체적인 문제들을 다루라.

소모임을 마치면서 주기도문으로 함께 기도하라.

하늘에 계신 우리 아버지여, 이름이 거룩히 여김을 받으시오며 나라가 임
하시오며 뜻이 하늘에서 이루어진 것 같이 땅에서도 이루어지이다. 오늘
우리에게 일용할 양식을 주시옵고 우리가 우리에게 죄지은 자를 사하여
준 것 같이 우리 죄를 사하여 주시옵고 우리를 시험에 들게 하지 마시옵고
다만 악에서 구하시옵소서. 나라와 권세와 영광이 아버지께 영원히 있사
옵나이다. 아멘(마 6:9-13).

■ 안식

사람들은 때때로 공개적으로 무언가를 이야기한 후 염려나 후회를 경험
한다. 특별히 이번 주 소모임 나눔 시간이 지나고 거친 감정을 느낀다면
시간을 내어 스스로를 건강하게 만들 수 있는 편안한 활동을 해보자.

- **학습 목표**: 제자들은 하나님의 정치가 세상의 정치와 어떻게 다른지를 배우고 바울의 삶과 가르침에서 도출된 새로운 방식의 정치적 상호작용의 네 가지 원리를 살펴볼 것이다.
- **영적 성장 목표**: 제자들은 때로는 정치라는 불편한 주제에 직면할 때 다른 이들을 사랑하고 교회에서 새로운 정치를 형성함으로써 세상의 정치 체제가 아닌 하나님 나라에 충성의 초점을 맞출 수 있는 방법들을 살펴볼 것이다.

〈개인 성경공부〉

■ 읽기

제자 훈련 시간을 시작하면서 예수 신경을 소리 내어 읽는다.

이스라엘아, 들으라. 주 곧 우리 하나님은 유일한 주시라. 네 마음을 다하고 목숨을 다하고 뜻을 다하고 힘을 다하여 주 너의 하나님을 사랑하라 하신 것이요. 둘째는 이것이니 네 이웃을 네 자신과 같이 사랑하라 하신 것

이라. 이보다 더 큰 계명이 없느니라.

스캇의 책 『다른 사람들과의 교제』에서 뽑은 다음 발췌문에서는 우리가 교회에서 경험할 수 있는 그리스도인의 삶이 보여주는 새로움의 네 가지 유형, 즉 새로운 자유, 새로운 신실함, 새로운 인도, 새로운 정치에 대해 논한다. 네 가지 모두 중요하지만 이 읽기 자료에서는 새로운 정치 한 가지만 다룬다. 왜냐하면 이것이야말로 다른 사람들과 하나가 되려고 할 때 가장 큰 도전이 되는 문제이기 때문이다.

> 이 세상에서 우리가 추구할 하나님의 사명은 모든 백성이 그분의 뜻을 삶으로 실천하는 교회를 창조하는 것이다. 하나님의 새 창조의 은혜와 사랑은 그리스도인의 교제의 식탁에서 경험되는 것이며 로마 제국이 경멸했고 공동체 안에서 구현되는 것을 한 번도 보지 못한 거룩함을 특징으로 삼음으로써 새로운 백성, 새로운 공동체, 새로운 삶의 방식을 창조한다.…교회가 추구해야 할 하나님의 사명은 그분의 방식대로 이루어지는 정치지만, 하나님의 정치는 세상의 정치가 아니다.…
>
> 이 주제를 더 자세히 살펴보기 전에 우리는 궁극적인 기독교의 진리를 다시 유념해야 할 필요가 있다. 즉 최종적인 통치는 신정 체제일 것이다. 하나님은 왕이신 예수님을 통해 온 세상을 다스리실 것이다. 모든 정치적 논쟁과 선거의 시작을 알리는 그런 중요한 암시와 더불어 우리는 그사이에서 어떻게 살아야 하는지 묻는다(FOD 180).

바울에게 주어진 하나님의 부르심은 로마의 이방인들을 구원하고 구원

받은 이방인들이 구원받은 유대인과 교제하며 평화롭게 살아가도록 하는 것이다.…바울의 계획이 지닌 모든 요소는 그가 이끌던 가정 교회마다 소망을 불러일으키고 경이감을 자아냈다.

하나님식의 정치는 이런 요소들과 함께 시작된다.

1. (로마의 신들에 역행하는) 한 하나님이 존재한다.
2. 하나님은 그의 아들이자 왕이신 예수, 즉 유대인과 이방인 모두를 구원하시는 주님 안에서 알려진 이스라엘의 하나님이다(이는 황제의 형상과 높은 지위를 모독하는 것이었다).
3. 참된 하나님의 백성인 "에클레시아"(교회)는 예수님을 믿고 그분의 통치 아래 살아가는 이들로 구성된다(이는 로마의 특권 의식을 부정하는 것이었다).
4. 모세 오경부터 예수님과 사도들의 가르침에 이르기까지 성경의 가르침을 따라 살아야 한다(그리고 이는 로마의 법률과 문화 체계의 기본 구조 속에 침투해 있다).

나는 바울로부터 다음 네 가지 원리를 배울 것을 제안한다.

제국 안의 선한 그리스도인들이 되라

…바울은 로마에 대해 말할 때 존중하는 자세로 말하며 어떤 차원에서는 하나님의 손이 로마까지 통제한다고 믿었다(롬 13:1-7). 바울은 로마 권력자들의 패기넘치는 주장에 도전적으로 맞섰지만, 그럼에도 불구하고 그는 자신을 따르는 이들이 스스로의 자유를 제한하고(고전 7:17-24) 통치자들을 위해 기도해야 한다고 믿었다(딤전 2:1-4). 우리는 바울이 이 말을 했을 때

권좌에 있었던 통치자가 다름 아닌⋯[아마도] 베드로와 바울을 죽인⋯네로 였다는 점을 기억할 필요가 있다. 따라서 바울은 미래에 자신을 살해할 사람을 위해 기도하고 있는 것이다!(FOD 183)

그러나 거친 권력의 혀와 권력자가 쥔 날카로운 칼날을 경험한 초기 그리스도인들에게 좋은 시민이 된다는 것은 결코 로마 황제가 요구하는 일을 다한다는 뜻이 아니었다. 좋은 시민은 자신의 일차적인 시민권이 왕이신 예수님께 속해 있는 사람에게 합당한 자세를 보여야 한다. 그것은 하나님 나라를 위한 참여의 자세지만 로마 황제에 대한 전적인 복종이나 굴종의 자세는 아니다(FOD 184).

국가를 일시적인 선으로 인식하라

로마서 13:1-7에서 바울은 하나님의 섭리에 통치자와 국가가 포함된다고 주장한다. 데살로니가후서 2:5-11에서 바울은 하나님을 세상 속의 "억제자"로 지칭한다. 바울 서신의 두 부분은 모든 국가 권력은 일시적이라는 결론으로 이어진다.⋯

그러나 우리 대다수는 이것이 단지 시작점에 불과하다는 것을 알고 있다. 우리가 [악한 지도자를] 만날 때 무슨 일이 벌어지는가? 그 순간 바울이 말한 "선한 정부"는 틀림없이 정반대로 뒤집혀 하나님의 계획을 변질시키는 악한 "정사와 권세"로 드러나게 될 것이다. 따라서 우리와 국가 간의 관계는 "상반된 감정이 공존하는" 그 어떤 것에 지나지 않는다. 그렇다. 국가는 하나님의 계획 속에 있지만, 국가가 사람들을 압제할 때 그리스도인은 국가를 지지할 수 없다(FOD 184).

복음이 저항을 의미하더라도 복음으로 국가에 도전하라

그리스도인은 좋은 시민이 될 수 있지만, 시민의 자격과 애국주의 또는 민족주의라는 개념에는 한계가 있다. 그리스도인은 국가를 선한 것으로 간주할 수 있지만, 국가는 일시적인 선이지 영원한 선이 아니다. 우리의 정치는 "예수님의 정치" 또는 하나님의 정치다. 하나님은 궁극적으로 왕이신 예수님을 통해 다스리시며 우리는 그분의 시민으로서 그분 아래서 살아간다. 복음의 메시지는 예수님의 요구보다 더 근본적인 요구를 하는 다른 일체의 메시지를 전복시킨다. 국가의 요구가 왕이신 예수님의 요구와 일치하는 한에서만 그리스도인은 좋은 시민이 된다. 국가가 예수님의 요구를 능가하는 순간 그리스도인은 그것이 자신의 삶에서 무엇을 의미하는지와 상관없이 예수님을 따라야 한다(FOD 185).

정치적이 될 수 있는 가장 좋은 길은 교회가 되는 것이다

바울이 **교회**라는 단어로 자신이 속한 모임을 구체화하기로 결정했을 때 그는 하나님 나라가 예수님에게 의미하는 바, 즉 하나님의 새로운 사회를 의미하는 단어를 선택한 것이다.

이 새로운 피조물의 모임인 교회는 지극히 정치적인 삶의 방식이지만 새로운 종류의 정치이기도 하다. 우리는 **정치적**이 되어야 한다. 그러나 우리는 지극히 **교회**답게 됨으로써 그렇게 되어야 한다. 가장 좋은 교회들은…하나님의 생명을 모든 이에게 가져다주는 문화를 창조함으로써…그 시대의 정치를 전복시킨다. 이처럼 샐러드 그릇과 같은 모습의 교회, 서로 다른 사람들의 모임은 정치적인 모습을 띨 수 있는 새로운 방식이다.

이 모든 것은 한 가지 요점으로 귀결된다. 그리스도인과 국가가 맺는 일차적인 관계는 우리가 그리스도의 몸인 교회 안에서 세상에 증언하는 방식으로 그리스도를 닮은 모습을 구현함으로써 왕이신 예수님 아래서 살아가는 모습으로 드러나야 한다.…우리는 새롭게 창조된 사회에서 로마인과 그리스인이, 유대인들과 이방인들이, 남자와 여자가, 노예와 자유로운 유력자들이, 민주당원과 공화당원이 어울리는 모습을 발견한다. 바울의 정치 이론이 표방하는 것은—하나님식의 정치인—교회다(FOD 187).

읽은 내용을 되돌아보는 질문

1. 당신은 교회가 "정치적"이 되어서 강단에서 정부와 정당에 대해 언급하는 것을 어떻게 생각하는가?

2. 읽기 자료는 하나님의 정치에 대해 어떻게 말하는가?

3. 바울의 네 가지 정치적 원리 중 당신이 받아들이고 실천하기에 가장 어려운 것은 무엇인가? 그 이유는 무엇인가?

■ 성경공부

로마 시민 바울(행 16장)

바울과 그의 동역자들은 오늘날의 그리스 북부 지역으로 갔다가, 그곳에서 여성 사업가인 루디아를 만났다. 그녀는 예수님을 따르기로 결심하고 바울과 그의 동료들에게 환대를 베풀었다. 그들은 빌립보에 머무는 동안 법과 싸웠다.

사도행전 16:16-40을 읽는다.

1. 이야기의 첫 부분에서 바울은 위정자들과 어떻게 소통하는가? 중간 부분과 끝 부분에서는 어떻게 소통하는가?

2. 바울은 자신의 로마 시민권을 어떻게 이용하는가?

3. 읽기 자료에 나오는 바울의 네 가지 원리 중 여기서 눈에 띄는 행동은 무엇인가?

■ 기도

바울과 실라는 끔찍한 상황에 처해 있었을 때도 기도하고 찬송을 불렀다. 당신의 삶에서 지금 어떤 상황이 그토록 힘들거나 소망이 없는 것 같이 느껴지는가? 오늘 그런 상황에 직면해 있다면 실라와 바울이 보여준 소망의 정신을 품고 하나님께 찬양하거나 기도해보라.

주기도문으로 기도를 마치라.

> 하늘에 계신 우리 아버지여, 이름이 거룩히 여김을 받으시오며 나라가 임하시오며 뜻이 하늘에서 이루어진 것 같이 땅에서도 이루어지이다. 오늘 우리에게 일용할 양식을 주시옵고 우리가 우리에게 죄 지은 자를 사하여 준 것 같이 우리 죄를 사하여 주시옵고 우리를 시험에 들게 하지 마시옵고 다만 악에서 구하시옵소서. 나라와 권세와 영광이 아버지께 영원히 있사옵나이다. 아멘(마 6:9-13).

■ 활동

데렉 웹(Derek Webb)이 부른 "한 왕과 한 왕국"(A King and a Kingdom)이라는 노래를 유튜브나 스포티파이에서 검색해서 들어보라. 어떤 깃발이나 나라보다 왕이신 예수님께 충성을 맹세하라는 이 노래의 가사를 들으면서 어떤 생각이 드는가?

■ 묵상

당신과 다른 정치적 입장을 가지고 투표하는 그리스도인들과 하나 되기가 어려운가? 그런 사람들이 스스로 그리스도인이라고 주장할 때 당신은 그들이 그리스도인이 아니라고 생각하기도 하는가?

- 읽기 자료의 원리들은 당신이 하나님의 정치와 이 세상 정치 간의 차이를 이해하고 정치의 영역에서 서로 다른 그리스도인들과 하나 됨을 이루는 법을 배우는 데 어떤 도움을 주는가? 당신은 교회에서 왕이신 예수님 아래 그들과 함께 살 수 있는가?

〈소모임 토론〉

소모임을 시작하면서 예수 신경을 함께 소리 내어 읽는다.

이스라엘아, 들으라. 주 곧 우리 하나님은 유일한 주시라. 네 마음을 다하고 목숨을 다하고 뜻을 다하고 힘을 다하여 주 너의 하나님을 사랑하라 하신 것이요. 둘째는 이것이니 네 이웃을 네 자신과 같이 사랑하라 하신 것이라. 이보다 더 큰 계명이 없느니라.

다음 질문들은 당신이 앞서 마무리한 개인 성경공부에 바탕을 두고 있다. 소모임에서 토론할 수 있는 시간이 얼마나 되는지 살펴보고 가능한 한 많은 질문에 함께 대답해보자.

■ 읽기

· 소모임 회원들과 애정 어린 태도로 다른 의견을 말할 수 있을 만큼 강한 신뢰 관계가 형성되었다면 각자의 정치적 입장을 놓고 서로 토론해보라. 당신은 어떻게 투표하는가? 당신이 그런 식으로 투표하는 이유는 무엇인가? 당신은 하나님의 정치의 어떤 원리를 투표에 적용하는가? 공감하는 자세로 서로의 말을 경청하라.

· 소모임 도우미가 판단하기에 이런 식의 대화를 나눌 수 있는 준비가 되어 있지 않다고 생각한다면, 대신 통치자들을 위해 기도하라는 바울의 조언에 대해 특히 우리가 이제 알게 된 사실—바울이 로마인들에게 죽임을 당했다는—에 비추어 토론해보라. 당신은 권력자들을 위해 기도하는 일에 대해 어떻게 생각하는가?

■ 성경공부

· 당신은 바울의 복종하는 행동을 어떻게 보는가?

· 당신은 바울의 저항하는 행동을 어떻게 보는가?

■ 기도

· 지금 이 순간 당신은 어떤 상황에서 하나님을 찬양하려 노력하고 있는가?

4장 • 복음 보여주기

■ 활동

권력자들은 당신의 삶에서 어떤 방식으로 선을 위해 노력하고 있는가? 당신은 어떻게 좋은 시민이 될 수 있는가? 권력자들은 어떤 식으로 예수님의 방식과 반대되는 주장을 하는가? 당신의 소모임은 정부가 당신에게 가하는 경건치 않은 압력에 저항하기 위해 어떤 조치를 취할 수 있는가? 토론을 한 후 무언가 할 일을 계획해보라.

■ 묵상

당신이 쓴 글을 다른 회원들에게 읽어주자. 서로 다름을 인정하고 교회 안에서 하나 됨을 이루기 위해 당신이 생각해낸 아이디어는 무엇인가?

■ 소모임 기도

종이 위에 한 가지 기도 제목을 쓰되 자기 이름은 적지 말라. 쪽지들을 모아 섞은 후 각자 쪽지를 하나씩 뽑아서 그 기도 제목을 놓고 큰 소리로 기도하라.

소모임을 마치면서 주기도문으로 함께 기도하라.

하늘에 계신 우리 아버지여, 이름이 거룩히 여김을 받으시오며 나라가 임하시오며 뜻이 하늘에서 이루어진 것 같이 땅에서도 이루어지이다. 오늘

우리에게 일용할 양식을 주시옵고 우리가 우리에게 죄지은 자를 사하여 준 것 같이 우리 죄를 사하여 주시옵고 우리를 시험에 들게 하지 마시옵고 다만 악에서 구하시옵소서. 나라와 권세와 영광이 아버지께 영원히 있사옵나이다. 아멘(마 6:9-13).

■ 안식

당신이 주일 아침마다 교회에 간다면 이번 주에는 건너뛰는 것을 고려해보라. "교회 가는 일"은 때때로 기계적인 일상이 되거나 부담이 될 수 있다. 일요일 하루를 온전히 쉬어라.

당신이 일요일에 교회에 가지 않는다면 이번 주에는 한번 가보라. 다른 점이 있더라도 같은 왕을 따르는 사람들과 함께 하나님을 예배하고 배우는 경험이 당신에게 편안하게 느껴지는지 살펴보라.

- **학습 목표:** 제자들은 성령이 어떻게 각 지체에게 영적인 은사들을 주심으로써 교회 안에서 일치를 이루어 가시는지를 알게 될 것이다.

- **영적 성장 목표:** 제자들은 성령이 그들에게 주신 은사들을 살펴보고 서로를 사랑하고 섬기기 위해 그 은사들을 사용하는 법을 숙고하게 될 것이다.

〈개인 성경공부〉

■ 읽기

제자 훈련 시간을 시작하면서 예수 신경을 소리 내어 읽는다.

이스라엘아, 들으라. 주 곧 우리 하나님은 유일한 주시라. 네 마음을 다하고 목숨을 다하고 뜻을 다하고 힘을 다하여 주 너의 하나님을 사랑하라 하신 것이요. 둘째는 이것이니 네 이웃을 네 자신과 같이 사랑하라 하신 것이라. 이보다 더 큰 계명이 없느니라.

하나님의 거대한 실험이기도 한 교회 안에서 우리가 번성하기 위해 필요한 것은 바로 하나님의 영이다. 우리는 하나님이 원하시는 일을 이루기 위해 그분의 능력이 필요하다.…

우리의 능력, 소망, 노력, 전략으로는 온전히 한 몸이 될 수 없다. 어떤 사람들은 회중교회처럼 각자 독립된 동등한 교회들에 매력을 느끼고 또 어떤 사람들은 감독교회처럼 일치에 의한 동일성을 지닌 교회들에 의존한다. 양자 모두 "우리 됨"(our-ness)의 능력을 믿는다. 전자에는 민족적, 문화적, 성적인 경계선을 넘으려는 도전이 없는 반면 후자에는 동의 아니면 포기라는 선택지만 있다. 어느 쪽이든 우리는 "우리의" 소원을 이룬다. 교회가 2천 년 동안 보여온 우울한 분열과 갈라진 증거를 보면서 우리는 스스로 하나님이 원하시는 교회가 될 수 없는 원초적인 무능력을 깨달아야 한다. 이 책은 하나님이 의도하신 교회 즉 샐러드 그릇 같은 서로 다른 사람들의 교제 속에서 번성하는 교회가 되겠다는 새로운 다짐에 의해 역사가 뒤바뀌길 소망한다. 그러나 여기에는 복음—부활과 새 창조—이 있다. 성령은 우리의 능력을 사용하셔서 그 능력을 초월하실 수 있고 더 나아가 그것을 은혜로운 연합의 능력으로 바꾸실 수 있다. 교회가 하나님 방식의 교회가 될 수 있는 유일한 길은 성령의 능력을 입는 것이다. 성령만이 우리에게 차이를 초월하고 우리의 기호를 타인에 대한 사랑으로 바꿀 수 있는 능력을 주신다(FOD 191-92).

성령과의 접촉은 우리를 더 위대하게 만든다.

성령은 어떻게 우리를 더 위대하게 만드시는가? 성령은 크고 우주적인 하나님의 사명 안에서 우리에게 은사를 주심으로써 그렇게 하신다. 우리는 성령의 은사를 통해 참여자가 되고, 하나님이 마련하신 무대 위의 배우가

되며, 교회에서 가져야 할 의무와 책임과 함께 은사를 받은 사람들이 된다. 또한 우리는 여기서 하나님의 은사가 우리를 궁핍하게 만듦으로써 더 위대하게 만든다는 역설을 발견한다. 어떻게 그런 일이 가능한가? 하나님께서는 다른 모든 이에게도 은사를 주심으로써 우리가 서로를 필요로 하게 만드시고 그 과정을 통해 그리스도의 몸이 제 기능을 할 수 있게 계획하셨다(FOD 204).

성령이 임하시면 성령은 교회 안의 모든 사람에게 책임을 맡기신다. 그렇게 함으로써 성령은 우리가 이기심과 개인적인 삶으로부터 벗어나 더 위대하게 되도록 만드신다. 우리는 이 세상에서 펼쳐지는 하나님의 크신 사역 속에서 번성한다. 영적인 은사의 네 가지 목록은 서로 다르기 때문에, 나는 이 목록이 성령이 주시는 직분들의 대표적인 예라고 생각한다. 나는 이 목록들을 비교하여 서로 맞춰보고 약 스무 가지의 영적인 은사의 목록을 만들어낸 이들을 존중한다. 더 나아가 나는 그들이 사람들로 하여금 그들의 교회 안에 어떤 은사가 **"있는지"** 깊이 생각하게 만든 일이 고무적이라고 여긴다. 모든 그리스도인은 하나님의 직분을 숙고해야 한다. 그러나 이 목록에 사로잡혀 있다 보면 때때로 상황을 뒤로 후퇴시키게 될지도 모른다. 그 목록을 바라보면서 어느 것이 나의 은사인지를 묻는 대신 이렇게 질문하는 편이 좋다. "내가 공동체 안에서 사용할 수 있도록 성령께서 내게 주신 것이 무엇인가?" 그 질문에 대한 대답이 당신의 "은사"다.

당신과 나에게 주어진 과제는 크신 하나님께서 이 세상에서 하고 계신 일 가운데서 우리의 위치를 찾는 것이다. 그 과제는 단연코 우리를 더 위대하게 만든다. 이렇게 해서 "더 위대해"지는 일은 어떤 방향을 향하고 있다. 우리의 은사는 그리스도의 몸의 유익과 연합을 위한 것이다. 바울은 마지막으로 쓴 편지 중 하나에서 이 점을 매우 분명히 말했다. 따라서 나는 에베소서

4:12-13을 인용하고 분석함으로써 하나님이 우리에게 은사를 주시는 이유를 더 알기 쉽게 보여주고자 한다. 첫째, 은사는 하나님의 백성에게 과제로 주어졌다.

이는 성도를 온전하게 하여 봉사의 일을 하게 하며…

그 이유는 무엇인가? 이것이 얼마나 교회의 "우리"를 지향하고 있는지 눈여겨보라.

…[단지 "나"만이 아니라] 그리스도의 몸을 세우려 하심이라.…

이제 은사의 최종 목적이 나온다.

…우리가 다 하나님의 아들을 믿는 것과 아는 일에 하나가 되어 온전한 사람을 이루어 그리스도의 장성한 분량이 충만한 데까지 이르리니.

이것이 바로 하나님의 큰 계획이다. 은사는 우리를 그 계획에 끼워 넣음으로써 우리가 더 위대해지도록 만든다(FOD 205-6).

읽은 내용을 되돌아보는 질문

1. 우리가 교회에서 번성하기 위해 필요한 것은 무엇인가?

2. 영적인 은사들은 어떻게 우리를 "더 궁핍"하게 만드는가?

3. 하나님께서 예수님의 각 제자에게 영적인 은사를 주신 이유는 무엇
   인가?

■ 성경공부

은사들(엡 4장, 벧전 4장, 롬 12장, 고전 12장)

이 본문들은 읽기 자료에서 언급한 은사들의 네 가지 목록이다. 이것은
아마도 모든 가능한 은사를 포괄하기보다는 대표적인 표본을 제시하려
는 목록일 것이다.

에베소서 4:11-16을 읽는다.

1. 이 구절에 언급된 영적인 은사들을 나열해보라.

2. 15-16절은 사랑에 대해 어떻게 말하는가?

베드로전서 4:8-11을 읽는다.

3. 이 구절에 언급된 영적인 은사들을 나열해보라.

4. 8절은 사랑에 대해 어떻게 말하는가?

고린도전서 12:4-11과 13:1-4을 읽는다.

5. 이 구절에 언급된 영적인 은사들을 나열해보라.

6. 13:1-4은 사랑에 대해 어떻게 말하는가?

로마서 12:4-10을 읽는다.

7. 이 구절에 언급된 영적인 은사들을 나열해보라.

8. 9-10절은 사랑에 대해 어떻게 말하는가?

■ 기도

성령이 당신에게 충만히 임하셔서 교회 안의 다른 사람들을 사랑으로 섬기는 데 도움이 되는 은사를 주시도록 기도하라.

주기도문으로 기도를 마치라.

> 하늘에 계신 우리 아버지여, 이름이 거룩히 여김을 받으시오며 나라가 임하시오며 뜻이 하늘에서 이루어진 것 같이 땅에서도 이루어지이다. 오늘 우리에게 일용할 양식을 주시옵고 우리가 우리에게 죄 지은 자를 사하여 준 것 같이 우리 죄를 사하여 주시옵고 우리를 시험에 들게 하지 마시옵고

다만 악에서 구하시옵소서. 나라와 권세와 영광이 아버지께 영원히 있사옵나이다. 아멘(마 6:9-13).

■ 활동

• 더윈 그레이(Derwin Grey) 박사는 과거 스캇의 지도를 받은 학생이었다. 그는 다민족 교회를 이끄는 일에 관해 연구하는 목사이자 저자다. 그의 책 『선명한 지도자』를 요약한 "크리스채너티 투데이"의 기사(https://www. christianitytoday.com/ edstetzer/2015/september/20-truths-from-high-definition-leader-by-derwin- gray.html)를 읽고 제대로 된 샐러드와 같은 다민족 사역에 대해 눈에 띄는 요점들을 적어보라.

• 당신이 다니는 교회보다 다양한 민족적, 문화적 구성을 가진 교회를 방문하고 그곳에서 받은 주된 인상을 짧게 기록해보라.

■ 묵상

• 교회 안의 일치에 관한 이 여섯 과를 공부하면서 당신이 느낀 기쁨은 무엇으로 인한 것이었는가? 당신이 샐러드 그릇 안에서 더 잘 어울리기 위해 스스로 가장 바꿀 필요가 있는 것은 무엇인가? 당신은 이제 어떻게 다른 자세로 교회에 접근 하겠는가?

〈소모임 토론〉

소모임을 시작하면서 예수 신경을 함께 소리 내어 읽는다.

> 이스라엘아, 들으라. 주 곧 우리 하나님은 유일한 주시라. 네 마음을 다하
> 고 목숨을 다하고 뜻을 다하고 힘을 다하여 주 너의 하나님을 사랑하라 하
> 신 것이요. 둘째는 이것이니 네 이웃을 네 자신과 같이 사랑하라 하신 것
> 이라. 이보다 더 큰 계명이 없느니라.

다음 질문들은 당신이 앞서 마무리한 개인 성경공부에 바탕을 두고
있다. 소모임에서 토론할 수 있는 시간이 얼마나 되는지 살펴보고 가능
한 한 많은 질문에 함께 대답해보자.

■ 읽기

- 이 공부를 끝내면서 당신이 교회에 대해 품게 된 소망은 무엇인가?

- 당신의 교회가 좀 더 다양한 사람들의 모임이 될 수 있도록 어떤 일을 할 수 있
  는가?

■ 성경공부

성경공부 시간에 열거한 영적인 은사들을 살펴보고 당신이 사람들에게서 발견한 은사와 능력을 언급함으로써 서로를 격려하라. 반드시 각 사람에게 있는 은사를 언급하고 한 사람도 배제하지 말라.

■ 기도

이번 주에 기도하면서 발견한 자신의 은사는 무엇인가? 교회를 섬기는 일 중에서 당신이 열정을 품고 행하고 있는 것은 무엇인가?

■ 활동

이 공부를 마치면서 각자 음식을 가져오는 샐러드 바 식사를 계획하라. 각자가 전체의 유익의 중요한 부분이 될 수 있도록 회원들에게 가져올 재료를 할당하라.

■ 묵상

서로 즐거웠던 점과 불편했던 점을 말해보라.

■ 소모임 기도

서로 어깨동무를 하고 둘러서서 자기 자신, 상대, 소모임 전체, 교회, 세상을 위해 기도하라.

소모임을 마치면서 주기도문으로 함께 기도하라.

> 하늘에 계신 우리 아버지여, 이름이 거룩히 여김을 받으시오며 나라가 임하시오며 뜻이 하늘에서 이루어진 것 같이 땅에서도 이루어지이다. 오늘 우리에게 일용할 양식을 주시옵고 우리가 우리에게 죄지은 자를 사하여 준 것 같이 우리 죄를 사하여 주시옵고 우리를 시험에 들게 하지 마시옵고 다만 악에서 구하시옵소서. 나라와 권세와 영광이 아버지께 영원히 있사옵나이다. 아멘(마 6:9-13).

■ 안식

이제 다 끝났다. 여러분은 온전히 하루의 휴식을 누릴 자격이 있다. 아무것도 읽거나 공부하지 말고, 그저 아무것도 하지 말고, 편히 쉬라!

부록

이 책의 소모임 공부를
활성화하는 법

소모임 도우미가 해야 할 가장 중요한 일은 분명한 의사소통이다. 사람들에게 언제 어디서 모이고 무엇을 할지 알려주어야 한다. 소모임 시간에 당신은 인도자의 역할을 할 것이다. 교재에 있는 질문들을 던지면서 토론을 이끌어 가되 가끔씩 제안된 질문에서 벗어나도 괜찮다. 누군가가 함께 탐구하길 원하는 흥미로운 요점을 제기하면 그 주제로 토론을 유도하라.

시간을 지켜라. 모임이 두 시간 동안 진행될 것이라고 말했다면 그 약속을 지켜라. 공식적으로 정해진 시간에 모임을 끝내고 나서 (모임에 초대한 사람이 괜찮으면) 더 머물러 있기를 원하는 회원들과 계속 이야기를 나누자고 제안하라. 그렇게 하면 가야 할 사람들이 불편한 감정을 느끼지 않고 떠날 수 있다.

사람들에게 말할 기회를 주라. 평소에 질문에 대답하지 않는 사람이 있으면 그의 이름을 불러 의견을 물어보라. 질문을 한 뒤에는 사람들이 생각을 하거나 조용한 사람들이 할 말을 정리할 수 있도록 침묵을 지켜라.

소모임 회원들의 안전과 비밀을 지켜라. 만약 한 회원이 다른 회원에게 언어적 공격이나 모욕을 가한다면 개입하여 중단시켜라. 토론 중에 어떻게 말하고 행동하는 것이 좋은지에 대한 분명한 지침을 정하고 회원들이 그것을 위반할 때 지침을 상기시키라. 소모임 안에서 나눈 이야기를 모임 밖으로 옮기지 말고 회원들에게도 이를 지켜달라고 말하라. 다만 어떤 회원이 그 자신이나 다른 누군가에게 위협이 될 수 있다는 우려가 들 경우에는 예외적인 조치를 취해야 한다. 이에 대해서는 목회적 돌봄에 관한 단락에서 더 자세히 다루겠다.

모임을 며칠 앞두고 공부할 과에 대한 토론 가이드를 쭉 읽어보라. 어떤 활동들은 준비가 필요하다. 모임을 진행하다 보면 소모임의 특성을 알게 될 것이다. 때로는 어떤 활동이 당신의 소모임에 적절하고 어떤 활동이 그렇지 않을지, 그리고 어떤 토론 질문을 건너뛰어야 하는지 주관적으로 결정을 내려야 할 필요가 있다.

그 과정의 모든 단계를 분명히 전달하라. 당신의 소모임이 하나님과 서로와 맺는 관계에서 성장하는 모습을 즐겁게 지켜보라.

환대

소모임 도우미와 모임 초대자는 동일한 사람이어도 괜찮지만 꼭 그럴 필요는 없다. 소모임 회원 중 전체가 모일 수 있을 만큼 충분히 큰 거실을 갖고 있으며 그곳에서 모임을 열 의향을 가진 사람이 있는가? 회원들이 각자 책임을 분담함으로써 영적인 은사를 실천할 수도 있고 번갈아가며 사람들을 초대해도 좋다.

식당이나 카페에서 모임을 가질 수도 있지만 토론 주제 중 개인적인 내용이 포함된 경우에는 공공장소에서 이야기를 나누는 일이 불편할 수도 있다는 점을 명심하라. 카페에서 만난다면 그 공간에 함께 있는 다른 손님들을 존중해야 한다. 또한 음식과 음료수를 충분히 주문하고 팁을 후하게 지불함으로써 모임 장소를 제공해준 가게에 합당한 대가를 제공하라.

첫 모임 전 모든 소모임 회원들에게 만나는 장소의 상세한 약도를 보내라. 그들이 알아서 내비게이션을 참고하기를 기대하지 말고 정문까지 확실히 찾아올 수 있도록 하라. 주차할 곳, 주차 비용, 헷갈리기 쉬운 지점, 특히 큰 아파트 단지에서 만날 경우 특정한 위치를 찾는 방법까지 함께 알려주라. 만날 장소를 찍은 사진과 지도를 보내주면 도움이 된다. 누군가가 혼자 힘으로 이동하기 어렵거나 건강 문제가 있다면 그들이 오기 편한 곳으로 만남 장소를 정할 수 있다.

모임에서 함께 식사할지 여부는 소모임 회원들과 함께 결정하라. 소모임 활동 중에 몇 가지는 식사를 포함하고 있다. 함께 식사하는 것은 대인 관계의 장벽을 허물고 소모임의 소통에 도움을 준다. 각자 음식을 가져오는 식사는 사람들에게 모임을 위해 무언가 기여할 수 있는 기회를 준다. 함께 식사하지 않기로 한 경우에도 약간의 간식과 음료를 제공하도록 노력하라. 모임 초대자가 먹을거리를 준비하는 책임을 맡거나 회원들이 돌아가며 일을 분담하면 된다.

초대자의 가장 중요한 역할은 사람들을 편안하게 해주는 것이다. 모든 사람들이 개별적으로 환영받는다고 느낄 수 있도록 배려하라. 모두에게 충분한 자리를 제공하라. 화장실이 어디 있는지 알려주라(그리고 화장지를 충분히 준비하라). 편안하고 안전한 환경은 사람들이 마음을 열고 이야기를 나누는 데 도움이 된다.

리더십

스캇에 따르면 리더십의 은사는 금세 분명하게 눈에 띈다. 당신은 모임 전체의 분위기를 주도하고 다른 회원들에게 영감을 주며 다른 회원들이 따를 수 있도록 모범을 보이는 회원을 발견할 수도 있다. 아니면 성경 본문이나 신학적 개념을 사람들이 쉽게 이해하도록 잘 설명하는 회원이 있을 수도 있다. 그런 사람들에게 도와달라고 부탁해보라. 그들이 돌아가면서 토론을 이끌거나 기도 시간을 인도할 수 있다.

만일 가르침, 환대, 자비, 도움 같은 영적인 은사를 가진 사람들을 발견한다면, 그들이 모임에서 그 은사를 사용할 수 있도록 격려하라. 또는 소모임 회원들이 모임을 인도하는 법을 배울 수 있는 환경을 조성하는 것도 도움이 된다.

목회적 돌봄

당신은 소모임 회원들이 매주 각자의 삶에 대해 이야기하는 것을 들음으로써 그들의 삶의 문제를 처음으로 발견하는 사람이 될 수도 있다. 예수님의 방식으로 그들을 목자처럼 돌볼 준비를 하라. 어떤 소모임 회원이 손해나 비극을 경험한다면 그곳에 가서 그를 위로하고 지지하라. 화가 난 채로 모임에 온 사람이 있다면 모임의 토론 주제를 잠시 미뤄두고 전체가 그 사람을 돌보는 것도 괜찮다.

학대, 정신적 외상, 정서적 건강, 정신 질환에 대한 글을 읽어보라.

당신은 사람들의 영혼뿐만 아니라 감정과 몸을 돌볼 기회를 얻게 될 것이다. 사람들이 소모임에서 제기할 수 있는 문제들에 대비하라.

소모임의 한 회원이 범죄나 상해를 암시하는 발언을 할 경우에는 비밀 유지 법칙이 적용되지 않는다. 만일 누군가가 아동이나 미성년자에 대한 학대를 폭로한다면 당신은 이를 경찰에 신고할 의무가 있다. 교회 지도자들에게 이런 문제를 맡기지 말고 직접 행정 당국에 찾아가라. 만일 누군가가 성인에 대한 학대를 폭로한다면 피해자와 대화를 시도하고 학대 신고를 도와주겠다고 제안하라. 만일 누군가가 "나는 그저 고통을 멈추고 싶다"거나 "나는 더 이상 살아야 할 이유가 없다"는 식으로 자살 의지를 드러내는 말을 한다면 대화를 이어나갈 수 있는 질문을 하라. 만일 그 사람이 자해나 자살 방법을 알고 있고 그런 시도를 할 계획이 있다면, 반드시 정신과 의사에게 데려가서 정신 건강 평가와 자살 위험 검사를 받을 수 있도록 하라. 만약 그 사람이 즉시 자해를 저지를 위험에 처해 있다면 응급실로 데려가라.

당신은 이렇게 생각할지도 모른다. "와, 이건 내가 제자 훈련 교재에서 기대한 내용이 아닌데, 이건 너무 극단적이지 않은가?" 나와 나에게 훈련받은 소모임 지도자들은 이 모든 상황을 겪었다. 우리는 매번 잘 준비되어 있지도 않았고 모든 상황에 잘 대처하지도 못했다. 하지만 그런 경험을 통해 영적인 보살핌을 베푸는 사람들은 정신적, 정서적인 건강 문제도 잘 다룰 준비를 해야 한다는 사실을 배웠다. 당신이 모든 해답을 갖고 소모임 전원의 필요에 적절히 대처할 수 있는 사람이 될 필요는 없다. 그러나 당신은 그들 중 누군가가 처음으로 마음을 여는 사

람이 될지도 모른다. 그러므로 당신의 공동체에 어떤 가용 자원이 있는
지 알아두고 각자에게 필요한 전문적인 돌봄을 받을 수 있도록 도움을
주길 바란다.

감사의 글

나의 소명을 지원해주기 위해 열심히 노력하는 남편 매튜 밀러와 우리 아이들—캐서린, 조슈아, 에스텔, 프로비던스, 유니아—에게 감사의 뜻을 전한다. 내가 이 책을 쓰는 동안 우리 아이들과 가정을 함께 돌봐준 헤더 컬리, 로지 로이스, 애비 데일리, 그리고 우리 엄마 도나 캐슬에게 감사의 뜻을 전한다.

이 교재를 만드는 동안 『파란 앵무새』 자료를 가지고 성경해석 및 신학에 관한 수업을 진행하는 것도 큰 즐거움이었다. 성경에 대해 많은 질문을 던지고 빵과 쿠키를 넉넉히 준비해준 제시카 마킹크, 톰 거벗, 애쉬나 실라스, 케일라 글레위, 로지 로이스, 애비 데일리, 프라빈 샘, 루실 르쉬어, 렌스키 레트마, 그리고 우리 목사님 매튜 룬더스에게 감사의 뜻을 전한다. 원고를 읽고 토론해주고 편집을 통해 다듬어준 매튜와 내가 글을 쓰는 동안 아이들을 돌보는 일을 도와주신 엄마 도나 캐슬에게 다시 한번 큰 감사를 전한다.

저술가인 내게 장기적인 투자로 지속적인 우정과 지원을 베풀어준 마스트리히트 저술가 그룹에도 감사의 뜻을 전한다.

나의 친구이자 정신적 스승인 노던 신학교의 교수님들, 스캇 맥나이트 박사와 체리스 피 노들링 박사에게 감사를 드린다. 두 분이 삶과 가르침과 말과 글로 예수님을 따르는 모습을 보며 영감을 얻는다.

나를 이 프로젝트에 참여하게 해주고 저술과 목양에 관해 많은 것들을 가르쳐준 스캇에게 감사의 뜻을 전한다. 교회에서의 제자도에 대한 열정과 이 교재에 대한 비전을 품고 일을 진행해준 존더반 출판사의 편집자 존 레이먼드에게도 감사의 뜻을 전한다.

함께 섬기면서 나를 믿어주고 제자도와 소모임에 대해 배울 수 있는 많은 기회를 준 다메섹 도상 국제 교회의 지도자들에게 감사를 전한다.

왕이신 예수 따르기 프로젝트

복음을 알고, 읽고, 실천하고, 보여주는 방법

Copyright ⓒ 새물결플러스 2021

1쇄 발행 2021년 1월 25일
2쇄 발행 2021년 2월 8일

지은이   스캇 맥나이트, 베키 캐슬 밀러
옮긴이   이용중
펴낸이   김요한
펴낸곳   새물결플러스

편 집   왕희광 정인철 노재현 한바울 정혜인
             이형일 나유영 노동래 최호연
디자인   윤민주 황진주 박인미 이지윤
마케팅   박성민 이원혁
총 무   김명화 이성순
영 상   최정호 곽상원
아카데미 차상희

홈페이지 www.holywaveplus.com
이메일   hwpbooks@hwpbooks.com
출판등록 2008년 8월 21일 제2008-24호
주 소   (우) 04118 서울시 마포구 마포대로19길 33
전 화   02) 2652-3161
팩 스   02) 2652-3191

ISBN 979-11-6129-189-5 03230

책값은 뒤표지에 있습니다.